Beach-Volleyball-Taktik für Gewinner

Jörg Ahmann

der ahmann

Beach-Volleyball-Taktik für Gewinner

NEUER SPORTVERLAG

Vorbemerkungen

In diesem Buch wird immer wieder von bestimmten Leistungsklassen gesprochen. Der Begriff „Hobbybereich" betrifft die ambitionierten Freizeitspieler, die an den Turnieren auf Landesebene ohne DVV-Punkte teilnehmen. Spieler und Spielerinnen des „mittleren Leistungsniveaus" besitzen bereits DVV-Ranglistenpunkte und spielen sowohl auf den höherwertigen Landesverbandsturnieren als auch bei den Turnieren der Smart Beach Tour, während die Spieler des „Leistungsbereichs" an der Deutschen Beach-Volleyball Meisterschaft in Timmendorf teilnehmen.
Die hier aufgeführten Tabellen beziehen sich nur auf den internationalen Spitzenbereich der Männer und sind deshalb nicht immer uneingeschränkt auf alle Leistungsklassen anzuwenden.

Verwendete Symbolik

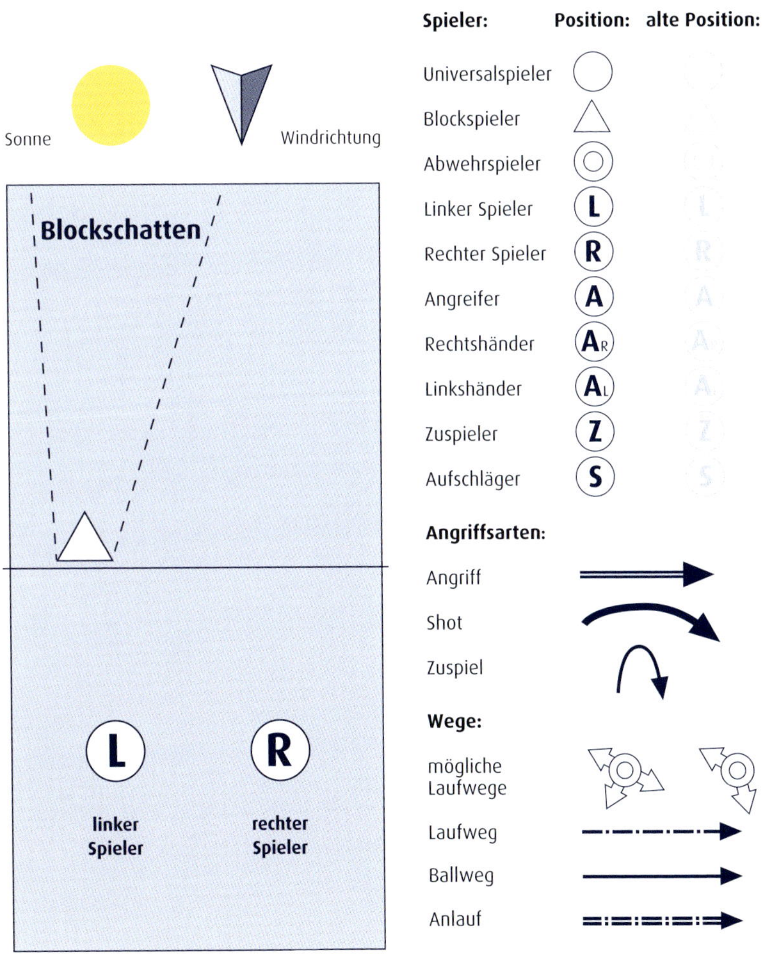

Abbildung 1:
Die in diesem Buch verwendeten Symbole.

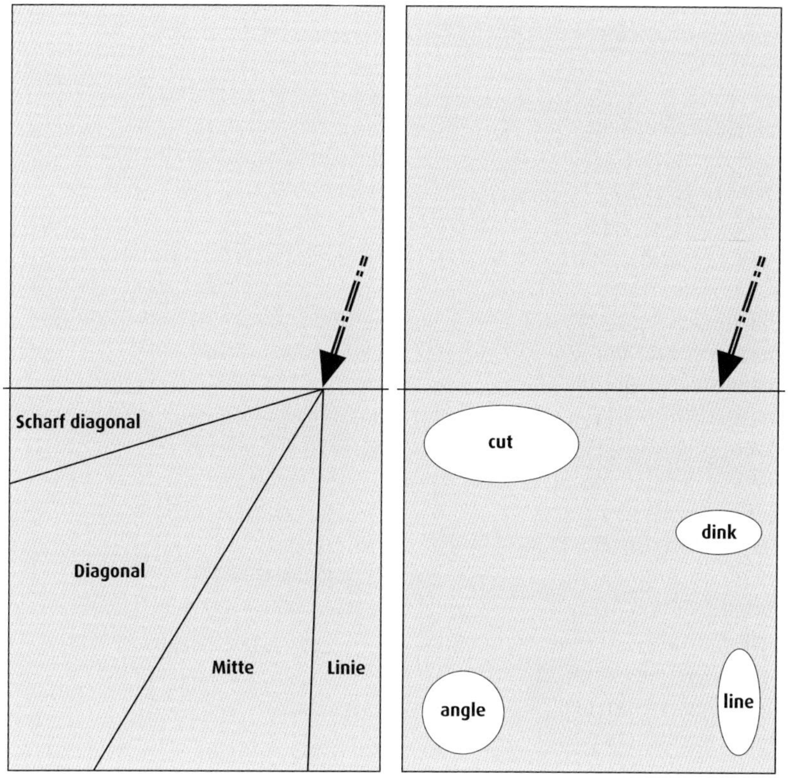

Abbildung 2: Angriffsterminologie bei harten Angriffen (links) und bei Shots (rechts), wenn über die linke Feldhälfte angegriffen wird (bei Angriffen über die rechte Seite entsprechend spiegelbildlich).

Vorwort zur 2. Auflage

Schon fast 12 Jahre ist es her, seit die erste Auflage dieses Buches veröffentlicht wurde. Erscheinen sollte eine ganze Reihe zum Thema Beach-Volleyball. Gereicht hat es bisher leider nur zu einem weiteren Band, den „Beach-Volleyball-Übungen für Gewinner". Der Beach-Volleyballtrainer hat definitiv weniger Zeit als der Beach-Volleyballspieler.

Da aber die erste Auflage nun fast vollständig vergriffen ist, möchte ich nicht einfach eine zweite unveränderte Auflage drucken lassen. Dazu haben sich das Spiel in dieser Zeit und seine Taktik auch durch die diversen Regeländerungen seitens des Internationalen Volleyballverbands und ganz besonders durch den neuen Spielball verändert und weiterentwickelt.

Also haben wir uns entschlossen, eine neue Auflage mit Ergänzungen, Berichtigungen und ganz vielen neuen Fotos auf die Beine zu stellen, die in Sachen Aktualität wieder ganz vorne ist. Nur einige der kleinen Geschichten zu Beginn eines jeden Kapitels sind die alten geblieben. Für andere jedoch konnte ich auch passende Anekdoten aus meiner Trainerzeit finden.

FACHBEGRIFFE

SUPERCUP:
Höchstdotiertes Beach-Volleyball Turnier innerhalb der deutschen Beach-Volleyball Tour

Wie wichtig ist Taktik beim Beach-Volleyball?

Wer kennt das Problem nicht? Du bist schneller als dein Gegner, du bist kräftiger, springst höher, trainierst vielleicht sogar härter, schlägst auf jeden Fall härter auf den Ball, aber trotzdem verlierst du das Match. Gut, es gibt Naturtalente (gibt es nicht so viele!), der Gegner hatte Glück (Glück kann man sich erarbeiten!), der Schiedsrichter war schlecht (wirklich?). Aber meistens ist der Grund viel einfacher: Der Gegner war einfach taktisch besser, hat in den entscheidenden Situationen genau das Richtige gemacht.

Kent Steffes, Olympiasieger in Atlanta 1996, zusammen mit Karch Kiraly, hat einmal in einem amerikanischen Volleyball-Magazin gesagt: „Der Unterschied zwischen einer guten und einer normalen Saison besteht darin, die knappen Spiele zu gewinnen."

Und darum geht es in diesem Buch: im entscheidenden Moment die richtige Taktik anwenden: Beach-Volleyball-Taktik für Gewinner!

Beach-Volleyball ist wie kaum eine andere Sportart von der Taktik geprägt, da nur 2 Spieler pro Seite 64 m^2 Sandfläche verteidigen müssen. Auch wenn mit den neuen Regeln (siehe unten) das Feld verkleinert wurde, ist der Punktgewinn der annehmenden Mannschaft, der so genannte Sideout, mit steigendem Spielniveau immer noch die Regel. Da die Block-Abwehr niemals alle Schläge und Shots blocken oder abwehren kann, heißt es, sich auf einen Teil der Möglichkeiten des Angreifers einzustellen.

Die Auswirkungen der Regeländerungen und des neuen Spielballs Mikasa VLS300

Mit den Regeländerungen hat sich der Weltverband diesmal zurückgehalten. Die wichtigste ist dabei keine wirkliche Regeländerung sondern nur eine Änderung der Regelinterpretation und betrifft das obere Zuspiel. Während in den ersten Jahren des neuen Jahrhunderts der sogenannte Deep-Dish, also das Herunternehmen und lange Begleiten – manch einer nannte es nicht ganz zu Unrecht auch Führen – des Balles die Regel war, versucht die FIVB nunmehr die Regeln im Beach-Volleyball denen der Halle anzunähern. Daher darf der Ball seit 2011 nicht mehr gehalten werden und auch keine nennenswerte Bewegung nach unten haben, sobald er die Hände des Zuspielers berührt. Im Gegenzug dazu werden die Doppelberührungen beim Zuspiel etwas kulanter behandelt. Weiterhin versucht die FIVB seit einiger Zeit die Pausen zwischen den Ballwechseln strenger zu reglementieren und hat diese sogenannte 12-Sekunden-Regel im Jahr 2011 erstmals konsequent umgesetzt. Nach eigenen Berechnungen verkürzte sich die Pausenzeit zwischen den Ballwechseln bei der WM 2011 in Rom zur WM 2009 in Stavanger um 4 Sekunden bei Damen und Herren. Interessant ist dabei auch, dass die Pausenzeiten der Männer im Durchschnitt um 2 Sekunden höher liegen, weil sie besser verzögern. Dies bedeutet für die Spieler, dass die typischen taktischen Gepflogenheiten, wie Feld ebnen, Linie gerade ziehen, Brille putzen usw. sehr

FACHBEGRIFFE

FIVB:
Internationaler Volleyball-Verband mit Sitz in Lausanne.

CEV:
Europäischer Volleyball-Verband mit Sitz in Luxemburg.

DVV:
Deutscher Volleyball-Verband mit Sitz in Frankfurt.

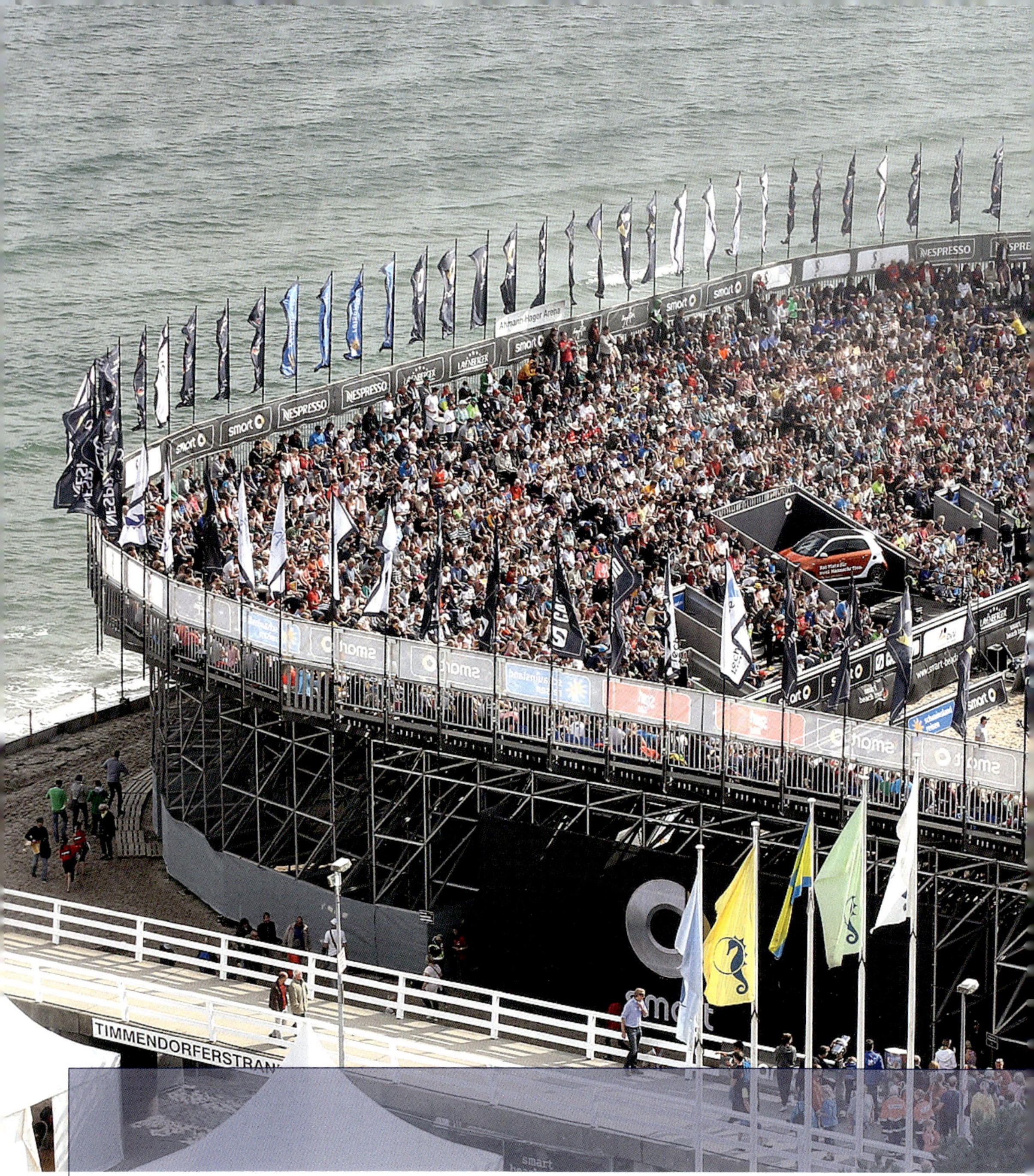

Individualtaktische Über Grundtechniken

Man unterscheidet im Allgemeinen zwischen Individual- und Mannschaftstaktik. In diesem Kapitel geht es um die taktischen Überlegungen zur Ausführung der Grundtechniken. Natürlich beinhalten die hier vorgestellten taktischen Anweisungen zum Teil auch Hinweise zur

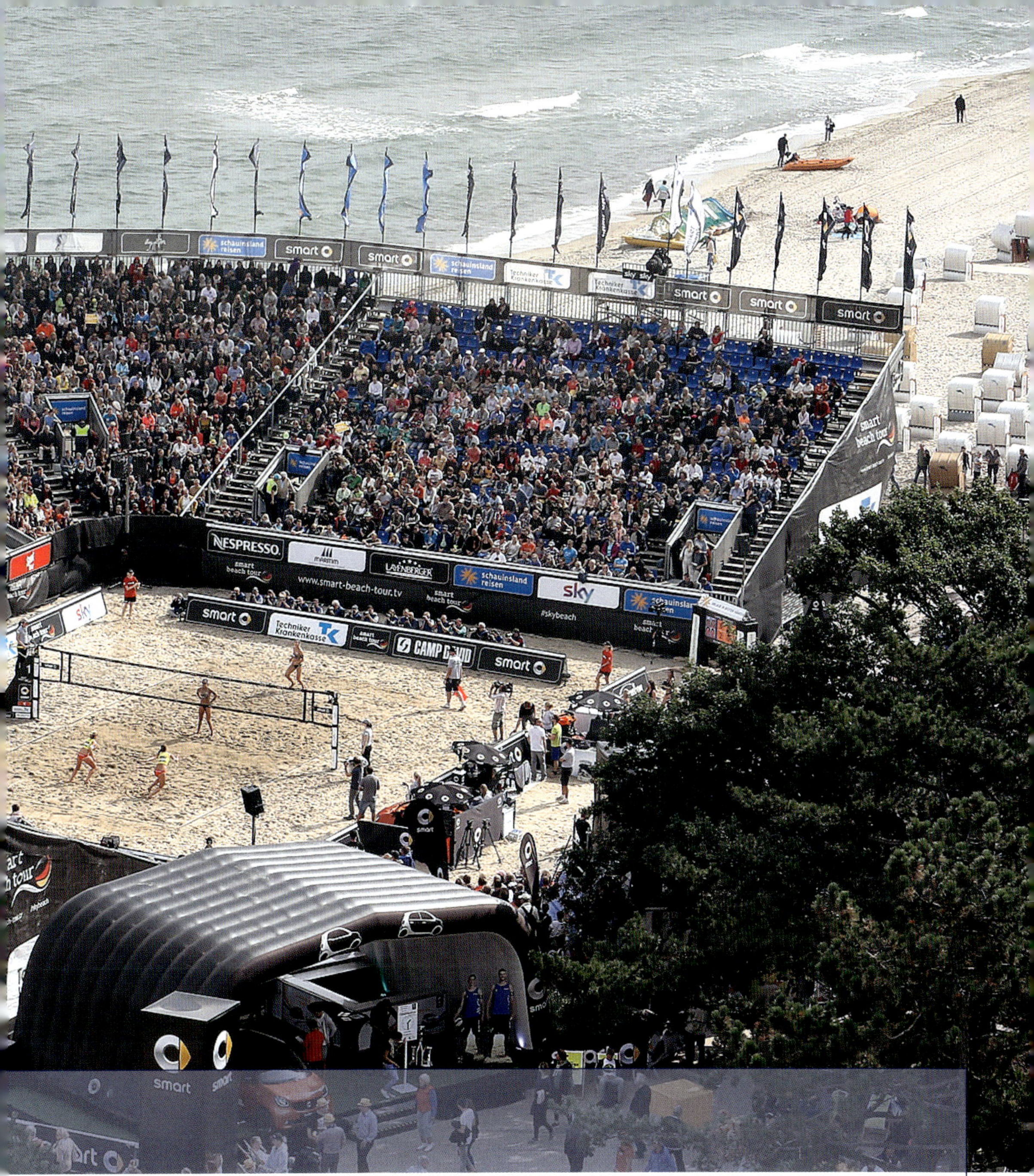

egungen zu den

technischen Ausführung der individuellen Technik, sie sind jedoch nicht Hauptbestandteil dieses Buches. Sie werden in einem eigenen Band dargestellt.

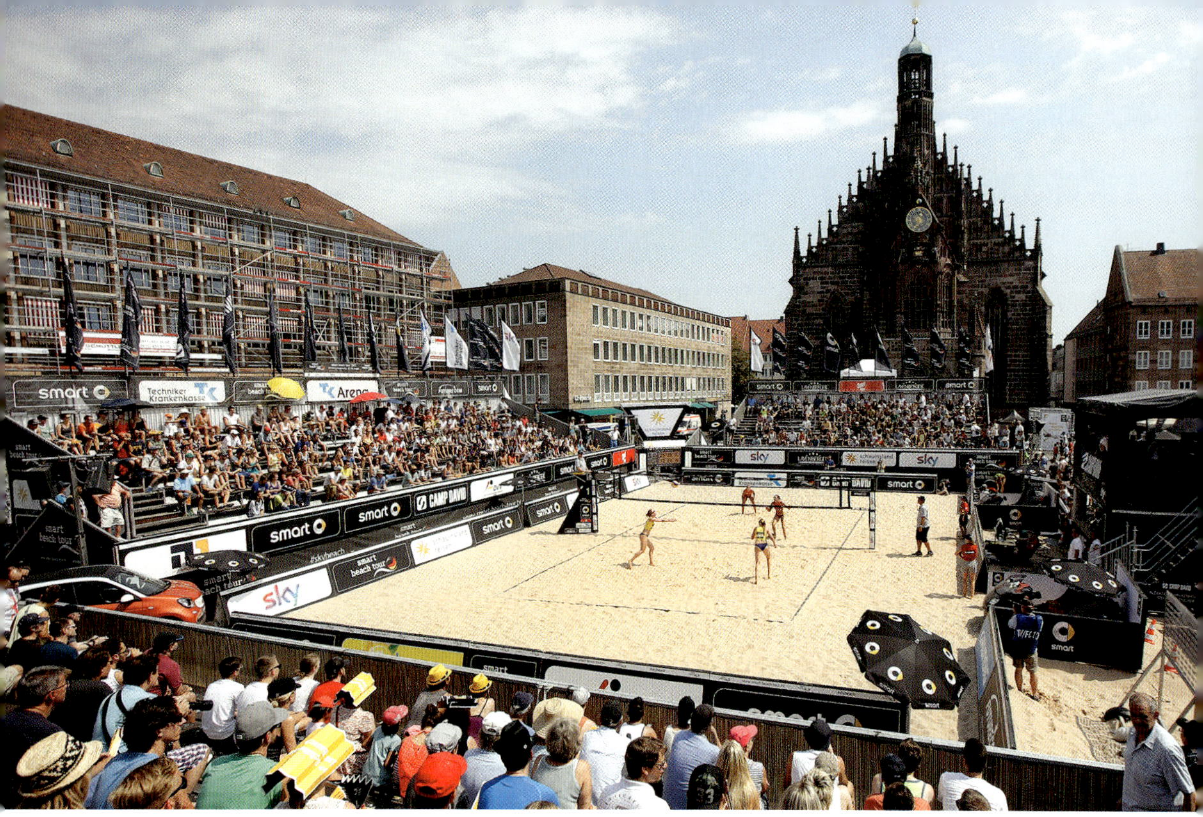

Das Spiel in die richtige Bahn lenken

Frauen WM 2013 in Polen. Beim entscheidenden Gruppenspiel zwischen Borger/Büthe (GER) und Menegatti/Ciccolari (ITA) ging es in den 3. Satz. Bisher hatten die deutschen Frauen fast ausschließlich auf Greta Ciccolari aufgeschlagen, so dass sich der Annahmeriegel der Italiener immer weiter in Richtung Pos. V verschoben hatte, in der Folge Ciccolari ihre Annahme stabilisieren konnte und Italien den Satzausgleich erspielen konnte. Gleich mit dem ersten Aufschlag nutzte Karla Borger die große Lücke auf Pos. II mit einem Linieass. Damit gelang ihr nicht nur ein schnelles erstes Break, sondern auch eine Rückorientierung der gegnerischen Annahmeformation, die Grundlage für den Gewinn des dritten Satzes und des so wichtigen Gruppensieges war. Wie alles endete, ist bekannt: Borger/Büthe gewannen Silber und Karla Borger wurde zur besten Aufschlagspielerin gewählt.

FACHBEGRIFFE

ACE = Aufschlagass: Direkter Aufschlagpunkt, ohne Ballberührung des Gegners.

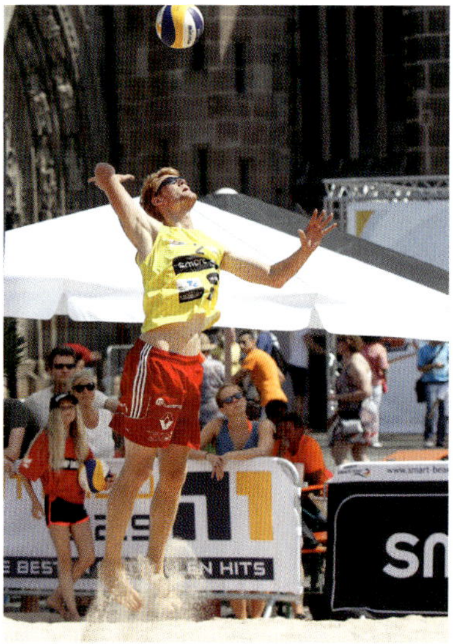

Bild 3: Sprungaufschlag (Yannick Harms).

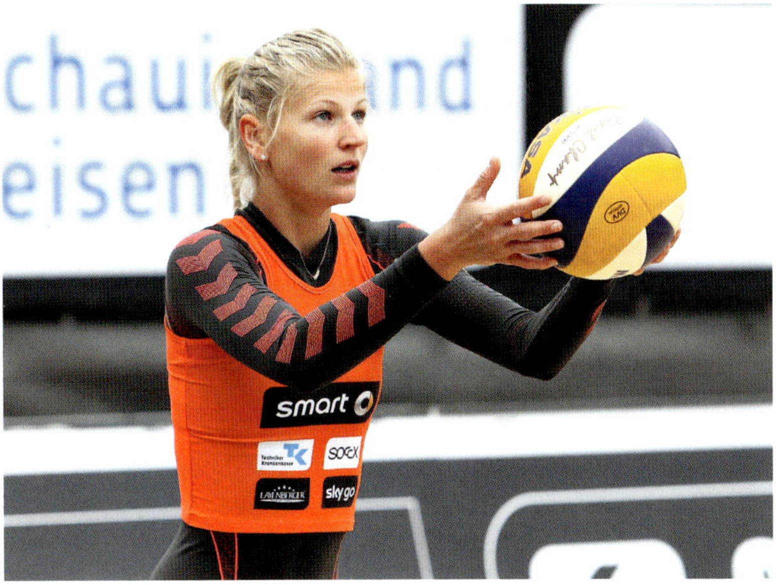

Bild 4

FACHBEGRIFFE

FLOATSERVE = Flatteraufschlag:
Von den Frauen am häufigsten angewendete Aufschlagtaktik.

Nutze die Zeit

Der eigene Aufschlag ist die einzige Aktion im Spiel, die der Spieler unabhängig vom Gegner und unabhängig von seinem Spielpartner durchführen kann. Damit kann der Aufschläger alle taktischen Varianten im Rahmen seiner technischen Möglichkeiten ausschöpfen, um den Ballwechsel zu seinem Vorteil zu gestalten.

Noch bevor der Schiedsrichter mit seinem Anpfiff den Aufschlag freigibt, muss sich der Aufschläger klar darüber sein, welchen Aufschlag mit welcher Taktik er anwendet. Nach dem Anpfiff sollte er die 5 Sekunden nutzen, die er bis zur Ausführung des Aufschlags hat. Ganz wichtig kann es dabei sein, sich ein bestimmtes Ritual anzugewöhnen, um den richtigen Rhythmus zu finden. Gerade dann, wenn der Aufschläger mit einer Technik Probleme hat, kann er sich die für ihn wichtigen Knotenpunkte kurz ins Gedächtnis rufen. „Knotenpunkte" sind einzelne Bestandteile einer Bewegungsausführung, die diese genau charakterisieren.

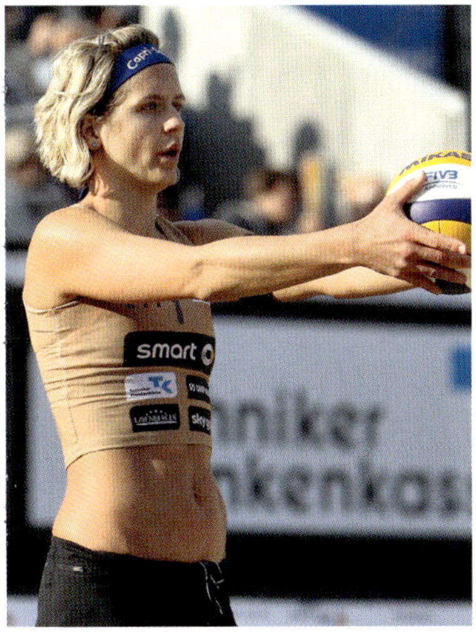

Bild 5:
Konzentration vor dem Aufschlag (Laura Ludwig).

Beim Sprungaufschlag könnte das beispielsweise die Anweisung an sich selbst sein, den Ball hoch genug anzuwerfen. Eine gute Angewohnheit ist es auch, sich den folgenden Aufschlag in seiner Ausführung und ganz besonders die gewünschte Wirkung vor dem inneren Auge vorzustellen, diesen Aufschlag also positiv zu visualisieren.

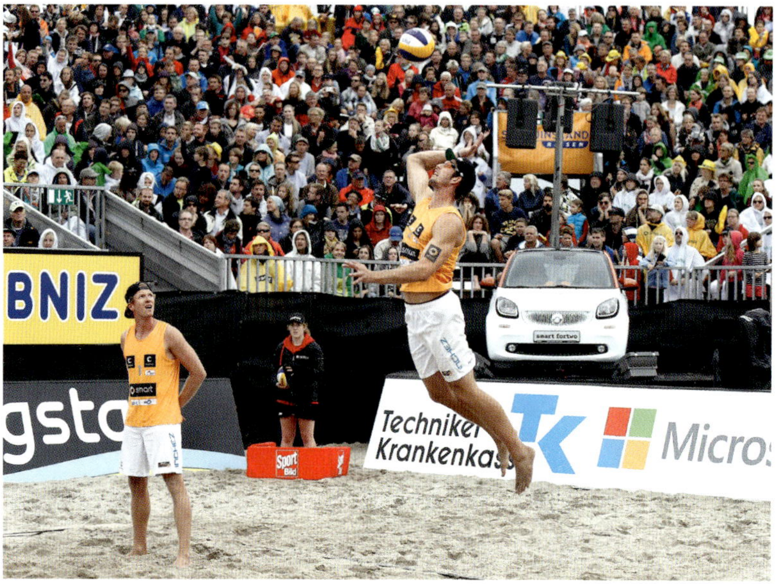

Bild 6

FACHBEGRIFFE

AUFSCHLAGWINNER: Direkter Punktgewinn mit dem Aufschlag.

Aufschlagtechniken richtig einsetzen

Prinzipiell ist es gut, den Gegner mit dem Aufschlag zu bewegen. Jedoch gibt es gerade bei scharfen Flatteraufschlägen Richtung Brust des Gegners die Möglichkeit zum Erfolg zu kommen, da nicht nur die räumliche Wahrnehmung eines frontal auf den Annahmespieler gespielten Balles, sondern auch das Ausweichen schwieriger ist als bei der seitlichen Annahme. Je höher das gespielte Niveau, desto mehr muss auch die Aufschlagtechnik variiert werden. Der beste Aufschlag wird für den Gegner zum Dankeball, wenn er sich einmal darauf eingestellt hat. Und spätestens dann muss man eine andere Aufschlagvariante einsetzen, um den Gegner damit vor neue Probleme zu stellen oder wenigstens seinen Annahmerhythmus zu unterbrechen. Doch kann man ein Aufschlagass auch vorbereiten, indem man den Gegenspieler durch eine Aufschlagtaktik in eine gewünschte Annahmeaufstellung drängt, um ihn dann mit einem neuen Aufschlag zu überraschen. Ebenso kann man einen Spieler, der noch nicht annehmen musste, ganz unvorbereitet erwischen, wenn man ihn unverhofft anspielt. Gute Spieler entwickeln ein Gefühl dafür, wann es an der Zeit ist, diesen speziellen Aufschlag auszuführen.

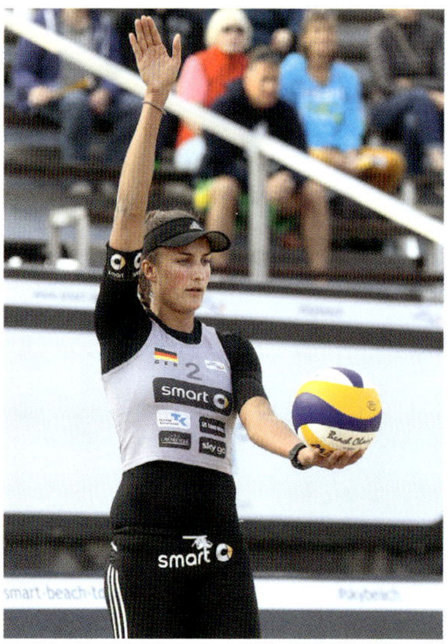

Bild 7: Flatteraufschlag (Ilka Semmler).

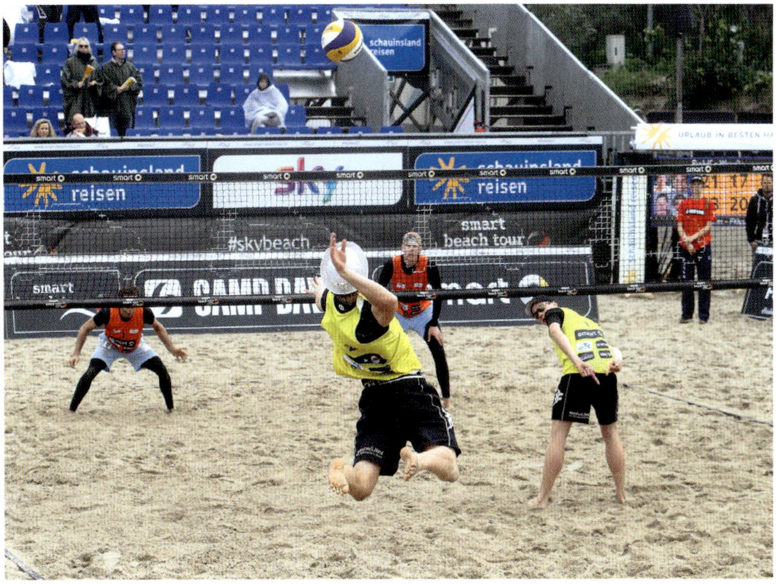

Bild 8

FACHBEGRIFFE

JUMPSERVE = Sprungaufschlag: Aufschlagvariante, mit der die meisten direkten Punkte erzielt werden.

Der Sprungaufschlag

Auch wenn der momentane Trend gegen den Sprungaufschlag spricht, wird er keinesfalls seine Bedeutung verlieren. Gerade, wenn sich die Teams im Training zunehmend auf die Annahme der Flatteraufschläge konzentrieren, wird ein guter Sprungaufschläger weiterhin sehr viel Druck erzeugen können. Will man den Ball sehr hart aufschlagen, sollte man die Mitte anvisieren, um Annahmefehler auf Grund von Verständigungsproblemen zu erzwingen und um Fehlaufschläge ins Seitenaus zu vermeiden. Auch sollten Sprungaufschläge eher zu hoch als zu tief angesetzt werden, weil Aufschläge

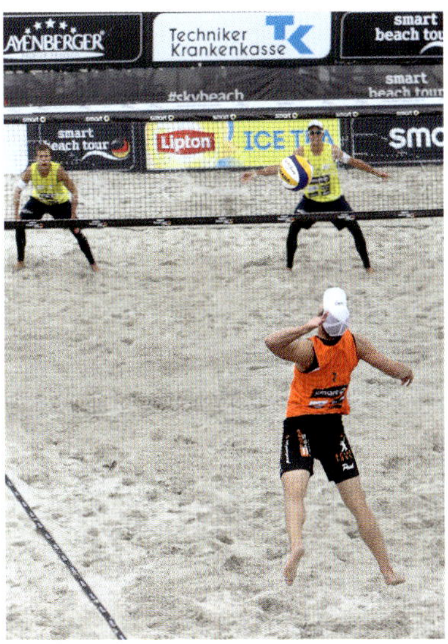

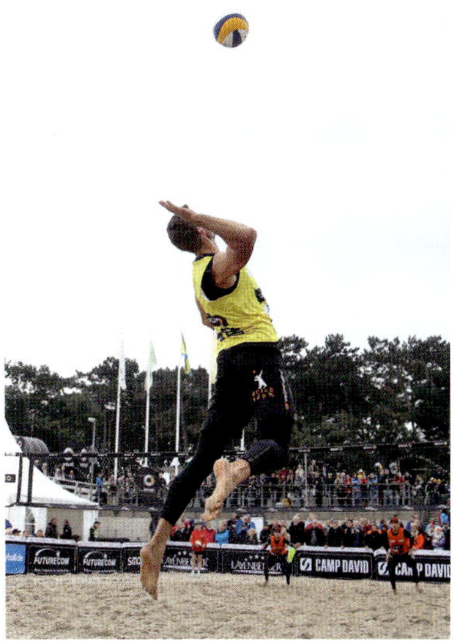

Bild 9 (links): Sprungaufschlag von der Mitte aus (Paul Becker).

Bild 10 (rechts): Sprungaufschlag (Jan Romund).

FACHBEGRIFFE

TOPSPIN:
Rotation des Balls, die ihn bei Aufschlag und Angriff schneller zu Boden fallen lässt, besonders wirksam bei Gegenwind.

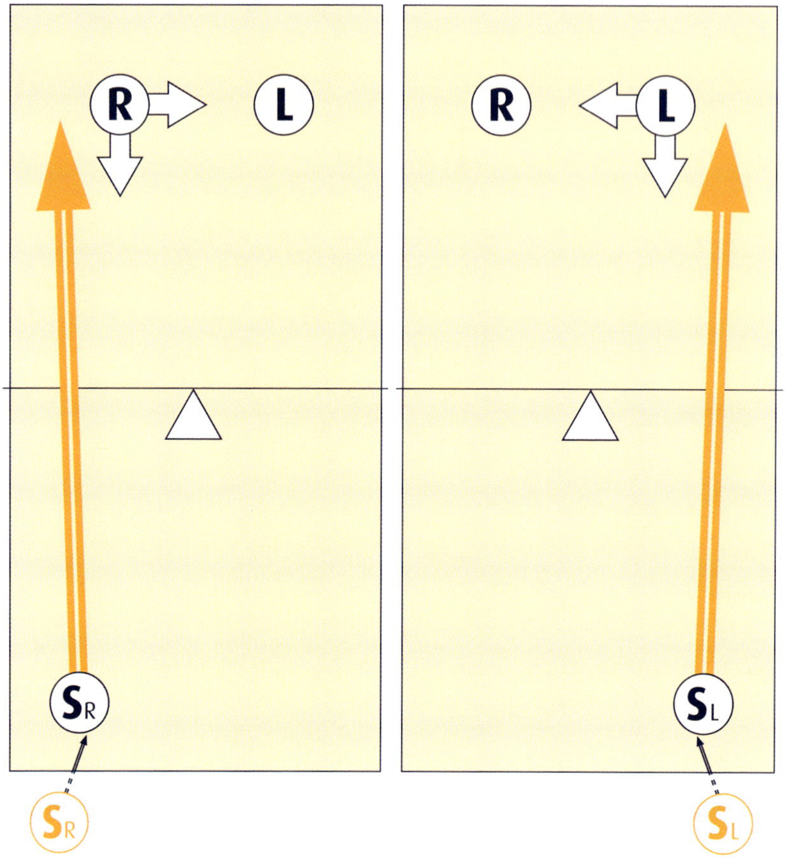

Abbildung 8: Aufschlagvarianten beim Insideout; links optimal für Rechtshänder, rechts für Linkshänder.

mit Topspin auch noch angenommen werden, wenn sie vielleicht ins Aus gehen.

Sehr platzierte Sprungaufschläge sind besonders effektiv, wenn sie von der Mitte des Aufschlagraums ausgeführt werden. Dabei bestimmt die Drehung des Handgelenks im letzten Moment die Richtung des Balls.

Das Gleiche gilt für einen Offspeed-Aufschlag, bei dem man erst ganz am Ende der Bewegungsausführung den Schwung herausnimmt und der Ball kurz hinter dem Netz landet.

Mit dem so genannten Insideout-Sprungaufschlag (siehe Abbildung 8), bei dem der Aufschläger nach innen springt, dann aber nach außen hin schlägt, erreicht man beim Annahmespieler im Optimalfall eine Gewichtsverlagerung nach innen und erwischt ihn dann unvorbereitet und unfähig, auf seiner Außenseite zu reagieren. Prinzipiell kann man als Rechts- oder als Linkshänder diesen Aufschlag von beiden Seiten her ausführen. Einfacher ist es jedoch für den Rechtshänder von der linken Außenseite und umgekehrt, für den Linkshänder von der rechten Seite. Ist der Aufschläger in der Lage, beim Aufschlag außer dem Topspin auch noch einen guten Seitspin einzubringen, kann wieder die Husband-and-Wife-Zone, der Bereich zwischen den beiden Annahmespielern, angespielt werden. Dazu muss sich der Aufschlag vom entfernteren Annahmespieler zum näheren Aufschlagspieler drehen. Ungleich risikoreicher ist es, den Aufschlag mit Seitspin auf die Außenlinie zu platzieren, da der Ball dabei bei ungenügendem Spin im Aus landet.

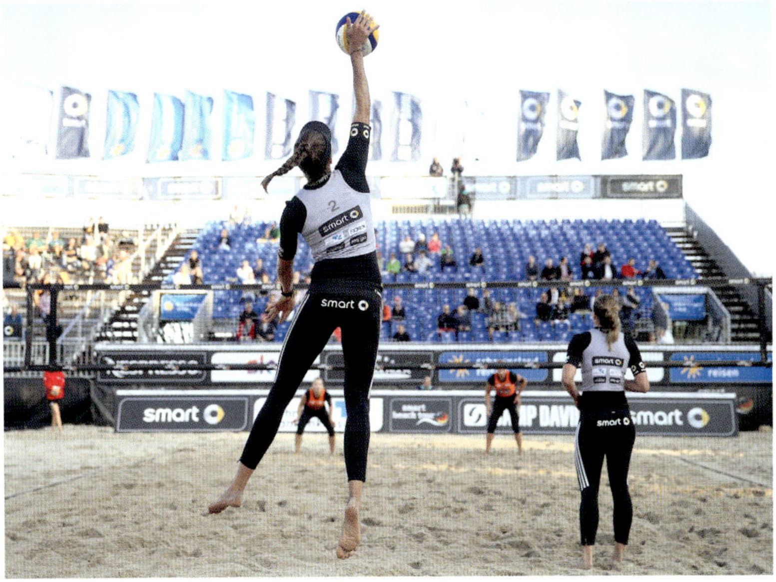

Bild 11

FACHBEGRIFFE

JUMPFLOAT = Sprungflatter:
Seit der Feldverkleinerung die effektivste Aufschlagvariante.

Der Flatter- bzw. Sprungflatteraufschlag: Voll im Trend

Mit dem neuen Ball ist der Sprungflatteraufschlag zur dominierenden Aufschlagtechnik geworden. Der Sprungflatteraufschlag kann in allen Varianten – wie Offspeed, Insideout, hart oder platziert – gespielt werden. Dank der kürzeren Ausholbewegung kann der Gegner die entsprechende Aufschlagvariante nicht so leicht erkennen wie beim Sprungaufschlag. Sehr wirkungsvoll ist auch hier wieder der Aufschlag von außen in die Husband-and-Wife-Zone. Mit dem Flatteraufschlag kann nicht ganz so hart, dafür aber am zielgenauesten aufgeschlagen werden. Er eignet sich ganz besonders dafür, den Gegner in einen gewünschten Angriffsaufbau zu führen.

Sowohl Flatter- als auch Sprungflatteraufschläge sollten die Netzoberkante so niedrig wie möglich überqueren, um dem Annahmespieler möglichst wenig Zeit zu lassen. Auch darf in meinen Augen ein schneller Flatteraufschlag eher an der Netzkante hängen bleiben als Hinten ins Aus fliegen. Wer dies beherzigt, wird auch mit dem einen oder anderen Netzkantenass belohnt. Da die Flattereigenschaften des neuen Balls mit der Aufschlaggeschwindigkeit zunehmen, sieht man viele Spieler nun häufiger 3–4 Meter hinter der Grundlinie aufschlagen. Dadurch kann der Aufschlag mit höherer Geschwindigkeit aufgeschlagen werden, ohne dabei vermehrt ins Aus zu fliegen. Untersuchungen im Training zeigen, dass Sprungflatteraufschläge von der Grundlinie nur bis etwa 65 km/h noch ins Feld gespielt werden können, während es bei Sprungflatteraufschlägen aus der Distanz bis zu 75 km/h sein können. Dies führt so weit, dass zwar Höhe und Härte des Aufschlages sehr gut variiert werden können, das Aufschlagziel dagegen nicht so genau angespielt werden kann.

Eine neue Variante des Sprungflatteraufschlages hat Julius Brink im Top-Bereich etabliert. Hierbei steht der

FACHBEGRIFFE

STALKER:
Aufschlag, der den Annahmespieler verfolgt.

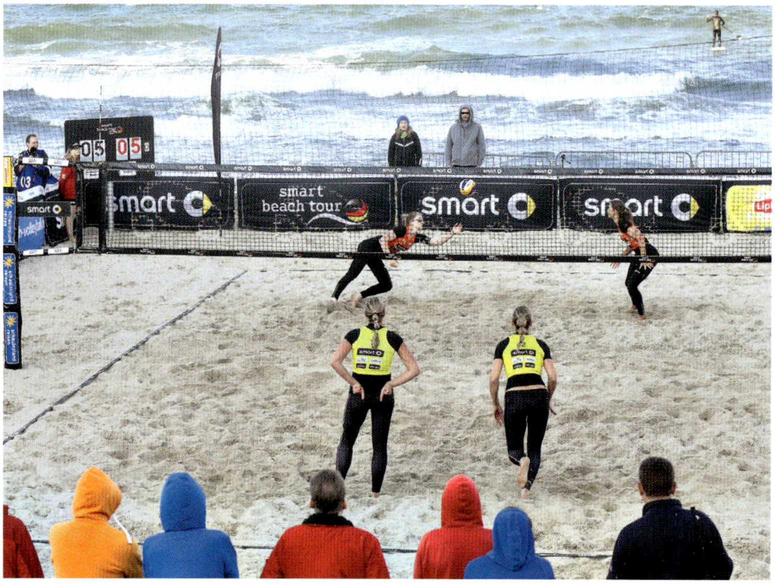

Bild 12:
Erfolgreicher Flatteraufschlag Mitte-Mitte des Blockspielers (Tatjana Zautis).

Aufschläger bereits an der Linie und springt ohne Anlaufschritt aus dem Stand ab, um eine möglichst geringe Bewegungskomponente auf den Ball zu übertragen und damit den optimalen Flattereffekt zu erzeugen.

Besonders effektiv ist dieser Aufschlag für den Blockspieler, wenn er diesen von der Mitte ausführt, da er von dort aus relativ schnell ans Netz vorlaufen kann.

Eine Bemerkung noch zum Thema Flatter im Stand oder Flatter im Sprung: Wenn der Aufschläger wirklich springt und den Ball in einer deutlich erhöhten Position trifft, so ist der Sprungflatteraufschlag eindeutig die bessere Variante, vorausgesetzt die Zielgenauigkeit stimmt noch. Vielfach erfolgt jedoch nur ein kleiner Hüpfer mit einem Treffpunkt auf Kopfhöhe, so dass sich der Aufschläger diesen zusätzlichen Aufwand sparen kann, der meist noch mit einer geringeren Zielgenauigkeit verbunden ist.

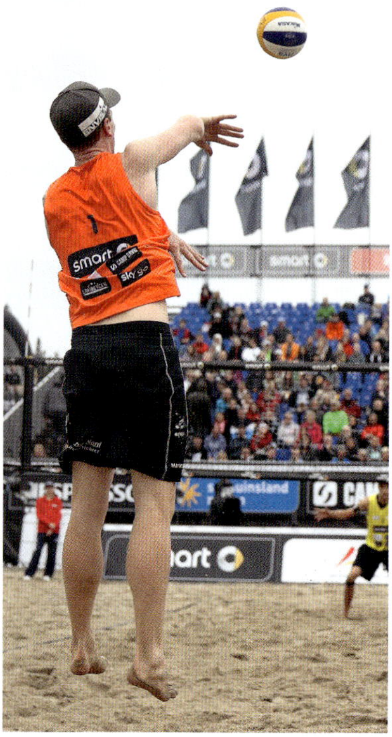

Bild 13:
Sprungaufschlag von der Grundlinie (Markus Böckermann).

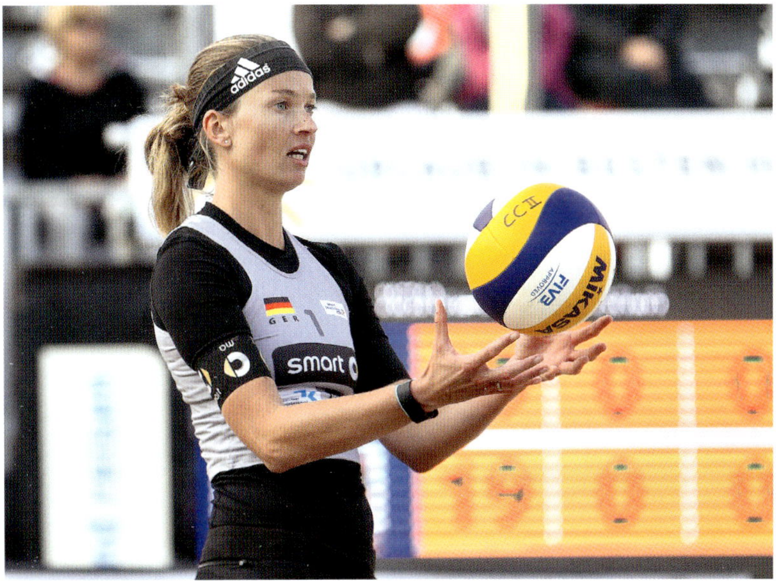

Bild 14

FACHBEGRIFFE

LOLLIPOP:
Langer, hoher Aufschlag in Richtung Grundlinie.

Taktische Aufschläge: Mal lang, mal kurz

Eine unterschätzte Aufschlagvariante sind die ganz kurzen oder hoch nach hinten ausgeführten taktischen Aufschläge. Diese Aufschläge sind besonders geeignet, den Anlaufrhythmus des Annahmespielers zu stören. Kurze Aufschläge bereiten häufig den Angreifern Probleme, die einen langen Anlauf benötigen und damit stark unter Zeitdruck gebracht werden. Wichtig ist es, den Ball auf die ersten ein bis zwei Meter hinterm Netz zu platzieren, weil sonst die gewünschte Wirkung nicht erreicht wird.

Ähnlich ist es bei dem hohen Aufschlag, dem so genannten Lollipop auf die Grundlinie. Dieser ist nur dann wirksam, wenn der Annahmespieler wirklich ganz bis zur Grundlinie zurück muss, um von dort aus seinen Anlauf zu gestalten. Der lange und hohe Aufschlag bietet dem aufschlagenden Blockspieler zudem die Möglichkeit, selbst rechtzeitig ans Netz zu kommen.

Beide Aufschläge sind nur dann sehr effektiv, wenn sie perfekt platziert werden. Ansonsten sind diese Bälle eine leichte Beute des Annahmespielers!

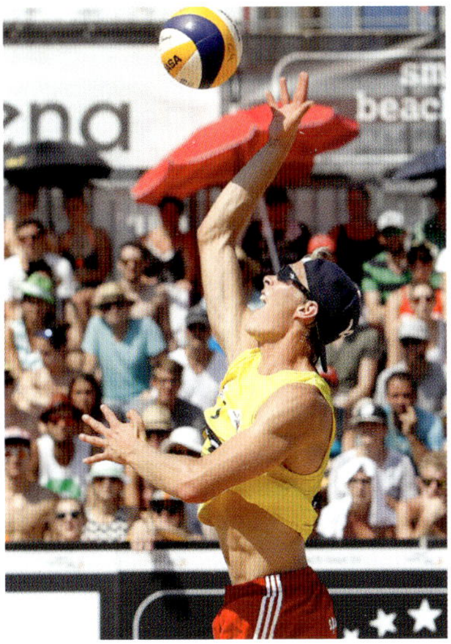

Bild 15:
Taktischer Aufschlag (Philipp Bergmann).

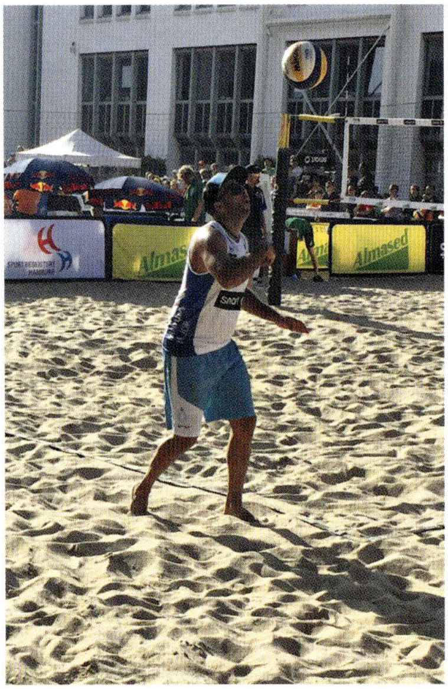

Bild 16

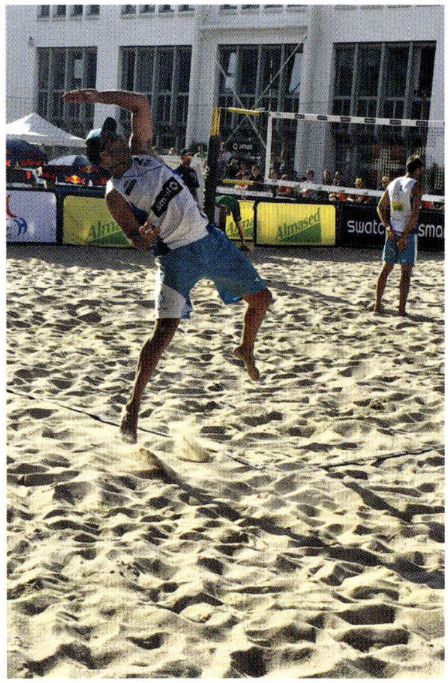

Bild 17

BEACH-TALK

SUNSERVE oder SKYSERVE:
Hoher Aufschlag von unten.

Sunserve

Diese Aufschlagtechnik hat im „Leistungsbereich" fast völlig an Bedeutung verloren und wird nur noch bei speziellen Witterungsbedingungen angewendet. Daher waren die mit hohem Risiko und vollem Einsatz gespielten Sunserves von Adrian Carambula (siehe Bild 16+17) mitunter sehr erfolgreich.
Man kann zwischen dem rotationsfreien Sunserve und dem rotierenden Sunserve unterscheiden, der hauptsächlich bei starkem Wind angewendet wird. Im „Hobbybereich" und auch noch im „mittleren Leistungsbereich" haben gute und hohe Sunserves durchaus ihre Wirkung, wenn die gegnerischen Annahmespieler diese Aufschlagvariante nicht gewohnt sind. Wegen der langen Flugdauer dieser Bälle reicht es aber schon, wenn einer der beiden Annahmespieler sie sicher annehmen kann.
Vom taktischen Standpunkt aus eignen sich Sunserves auch dazu, das Spiel etwas zu verlangsamen, um den Gegner damit aus dem Rhythmus zu bringen.

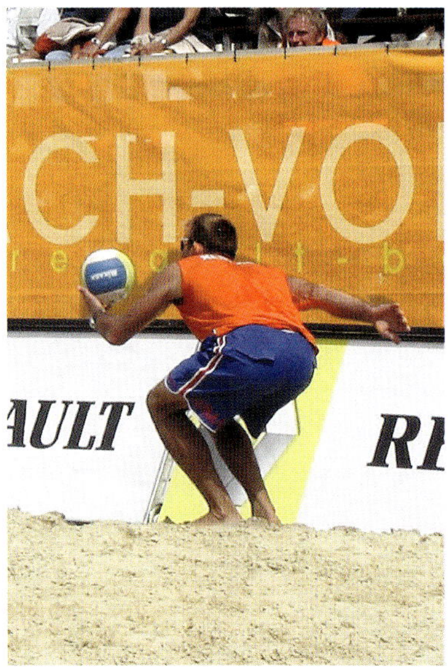

Bild 18:
Sunserve bei Rückenwind (Jörg Ahmann).

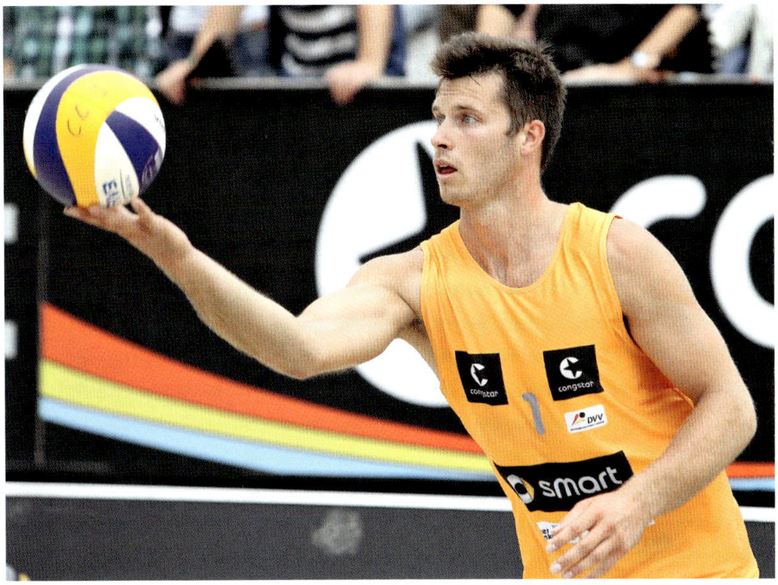

Bild 19

BEACH-TALK

„ARSCH" oder KÖNIG: Aufschlag mit vollem Risiko.

Wie hoch soll das Risiko sein?

Ganz gleich auf welchem Leistungsniveau man sich bewegt, immer wieder stellt sich einem die Frage, mit welchem Risiko man aufschlagen soll. Natürlich kann und soll man auch versuchen, mit dem Aufschlag direkte Punkte zu erzielen. Aber je besser die Teams auf der Gegenseite sind, desto schwieriger wird es und desto mehr Risiko muss man eingehen, um ein Ass zu erzielen.

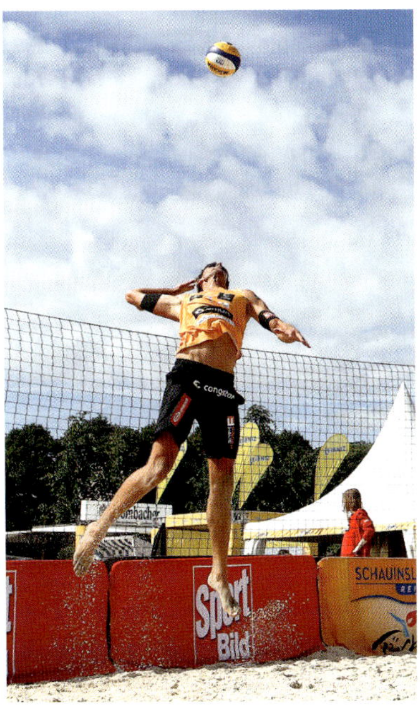

Bild 20: Guter Sprungaufschläger mit viel Mut zum Risiko (Jan Romund).

Es muss nicht immer mit vollem Risiko aufgeschlagen werden. Viel wichtiger ist es, den Gegner konstant unter Druck zu setzen, so dass es nur eine Frage der Zeit ist, bis man selbst punkten kann. „Unter Druck setzen" bedeutet nicht unbedingt risikoreiches Aufschlagverhalten, sondern heißt im einfachsten Fall, den Spielaufbau des Gegners zu erschweren. Mehr dazu im Kapitel zur Mannschaftstaktik bei eigenem Aufschlag.

Immer gibt es auch Situationen, in denen mit vollem Risiko serviert werden muss. Liegt ein Team zurück und findet es in der Block-Abwehr definitiv kein Mittel gegen die gegnerischen Angreifer, so kann man es einmal mit der Brechstange versuchen, um mit dem einen oder anderen Ass den

BEACH-TALK

EINWURF:
Aufschlag, der dem Gegner keine Probleme bereitet.

Spielrhythmus des Gegners zu unterbrechen oder um selbst wieder ins Spiel zurückzufinden.
Genauso gibt es Momente im Spiel, in denen der Aufschlag sicher ins Feld gebracht werden muss. So darf zum Beispiel nach einer kontroversen Schiedsrichterentscheidung zugunsten des eigenen Teams, nach einer Auszeit des Gegners, nach mehreren eigenen Punktgewinnen in Folge, oder wenn der Gegner eine Punktchance nicht genützt hat, der Aufschlag nicht verschlagen werden.
Aber Vorsicht: Wer schon mit dem Gedanken „Ich darf jetzt keinen Fehler machen!" zum Aufschlag geht, hat fast schon verschlagen.

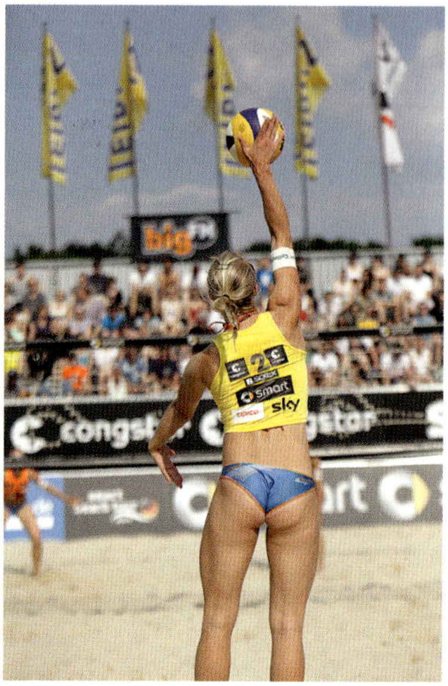

Bild 21: Sprungflatteraufschlag (Kim Behrens).

DIE 10 GOLDENEN REGELN ZUR AUFSCHLAGTAKTIK

1. Nutze die Zeit nach dem Anpfiff konsequent aus
2. Den Gegner konstant unter Druck setzen.
3. Sowohl Aufschlagtechnik als auch Härte variieren.
4. Den Gegner zur Bewegung in der Annahme zwingen.
5. Keinen Aufschlagfehler nach:
   - einer kontroversen Schiedsrichterentscheidung zugunsten des eigenen Teams,
   - einer gegnerischen Auszeit,
   - mehreren eigenen Punkten in Folge,
   - einer ungenutzten Punktchance des Gegners.
6. Harte Aufschläge in die Mitte des Felds platzieren.
7. Bei Topspinaufschlägen eher zu lang als ins Netz.
8. Bei scharfen Flatteraufschlägen eher ins Netz als zu lang aufschlagen.
9. Je niedriger das Spielniveau, desto geringer das Aufschlagrisiko.
10. Mit kurzen und langen Aufschlägen den Anlaufrhythmus des Gegners stören.

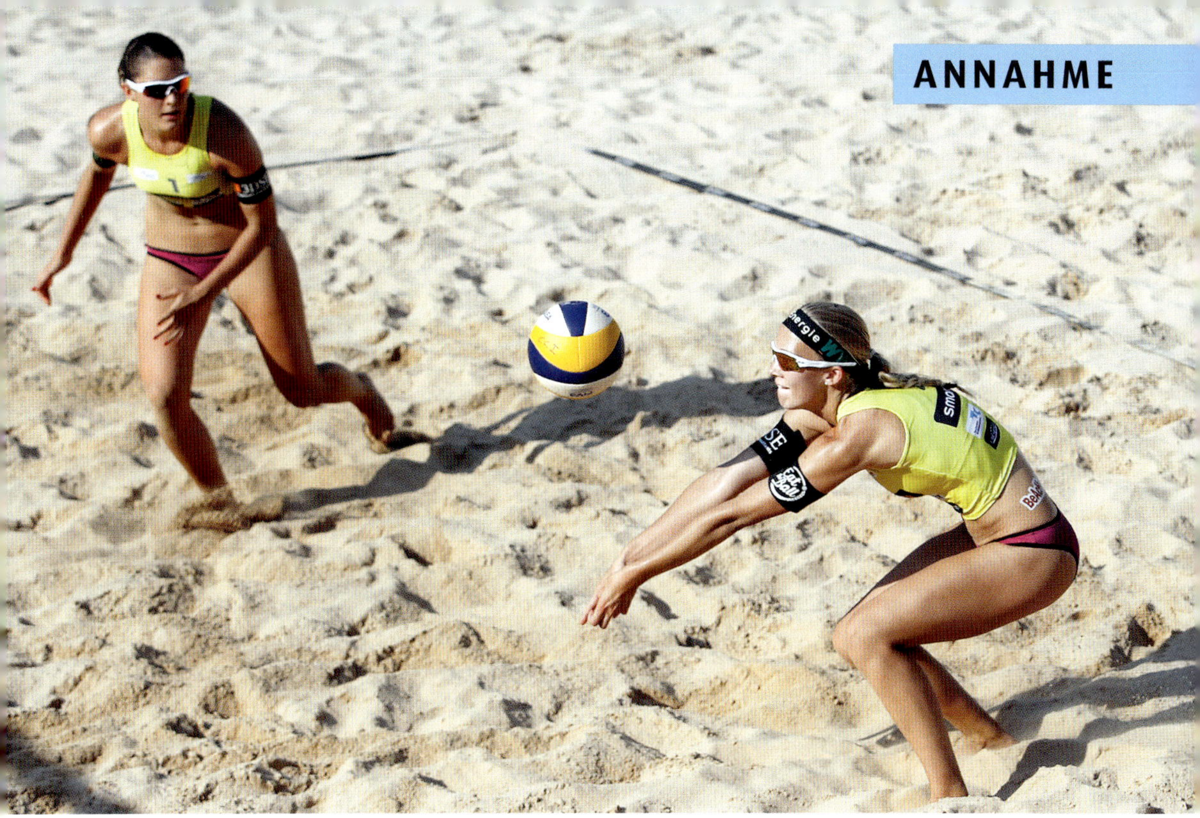

Der erste Schritt zum sicheren Sideout

Poolplay beim Grandslam in Klagenfurt 2003 gegen das amerikanische Duo Eric Fonoimoana und Daxter Holdren. Nach meinem Muskelfaserriss zu Beginn der Saison und der daraus resultierenden 8-wöchigen Pause nahmen wir zum ersten Mal wieder an einem Turnier teil, obwohl ich noch nicht springen durfte. Die Taktik war klar. Für unsere Gegner hieß es: jeden Aufschlag auf mich. Und für mich: jede Annahme so ans Netz baggern, dass Axel direkt den zweiten Ball angreifen konnte. Zwar gingen zwei von drei Spielen relativ klar verloren, aber beim Spiel gegen den Olympiasieger von Sydney gelang uns ein sensationeller 2:1-Erfolg, ohne dass ich auch nur einen richtigen Angriffssprung gemacht hatte.

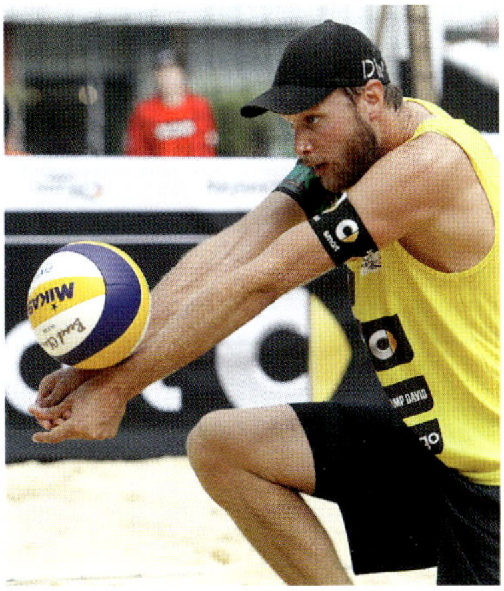

Bild 23:
Annahmebagger mit perfekten Spielpunkt (Armin Dollinger).

FACHBEGRIFFE

ONE, TWO – BARBECUE = UNO, DOS – ADIOS:
Beim Double-Elimination-System die ersten beiden Spiele verlieren.

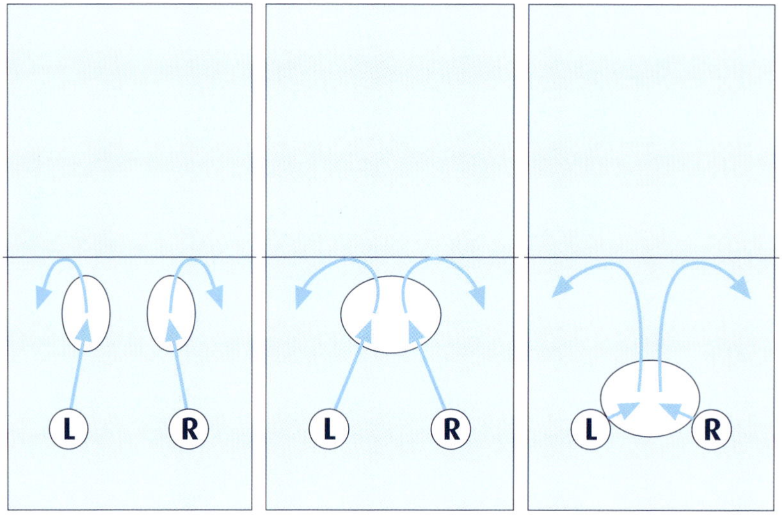

Abbildung 9:
Bereich der optimalen Annahme (links), der guten Annahme (Mitte) und der Sicherheitsannahme (rechts).

FACHBEGRIFFE

SPIELBRETT:
Durch das Zusammenlegen der Unterarme schafft man sich eine möglichst breite Spielfläche zum Baggern des Balls.

Mit einer guten Annahme lässt sich der eigene Sideout perfekt aufziehen. Doch was ist eine perfekte Annahme? Im Gegensatz zum Hallen-Volleyball fehlt dem Annahmespieler hier der Bezugspunkt für die Annahme, da der Partner immer zunächst die Annahme abwarten muss, bevor er zum Zuspiel nach vorne laufen kann. Es gibt auch keinen optimalen Ort für die perfekte Annahme, sie ist abhängig von den Fähigkeiten des Zuspielers und den eigenen Angriffsgewohnheiten. Trotzdem gibt es natürlich einige wichtige Grundlagen für eine gute Annahme.

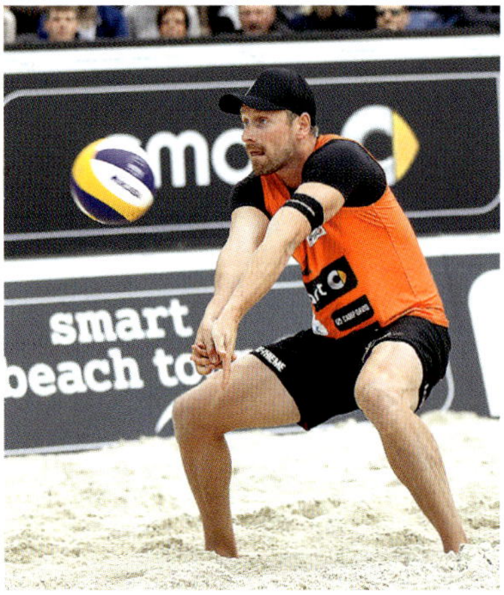

Bild 24:
Sicherer Stand in der Annahme (Kay Matysik).

Die Annahme muss gerade nach vorne geschoben werden, um einen schmalen Spielkorridor aufzuspannen, und sollte ein bis zwei Meter vom Netz entfernt zuspielbar sein. Je kürzer die Entfernung zwischen Zuspiel- und Angriffsort, desto dichter muss man den Ball ans Netz spielen, um den Zuspielwinkel nicht zu spitz werden zu lassen. Weiterhin sollte die Annahme nicht zu hoch sein, damit ein technisch einwandfreies Zuspiel nicht unnötig erschwert wird – aber auch nicht zu flach, damit dem Zuspieler ein stressfreies Nachvornelaufen möglich ist. Definitiv schwieriger für den Zuspieler sind auch Annahmen, die sehr stark rotieren.

Bei Annahmeproblemen oder nach einem Annahmefehler kann statt der optimalen eine gute Annahme gemacht werden, die etwas weiter vom Netz weg ist und etwas höher ausfällt. Zur Vermeidung eines Eigenfehlers kann der Annahmespieler auch einfach nur eine Sicherheitsannahme in die Mitte des Felds machen.

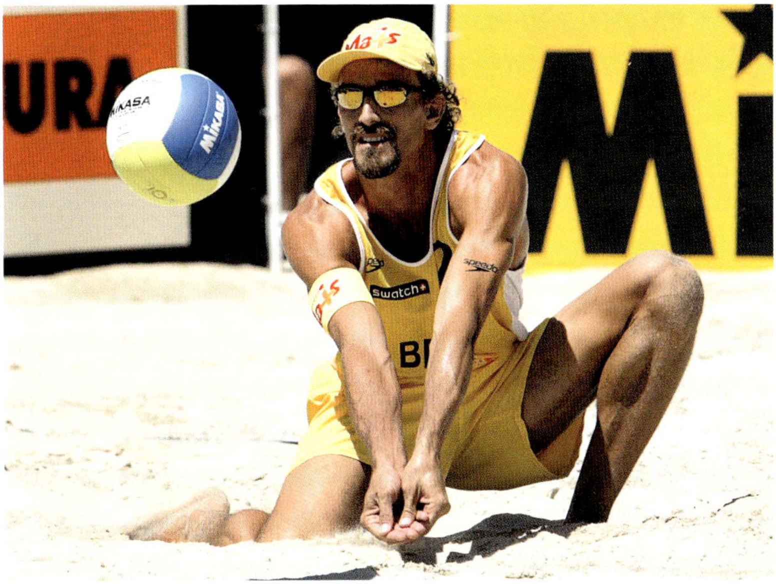

Bild 25

ANMERKUNG

„Versuche immer die Annahme aus einer stabilen Position durchzuführen."

Individualtaktik: Auf alles gefasst sein

Da die Annahme im Pritschen verboten ist, sollte der Annahmespieler sich in der Erwartung des gegnerischen Aufschlags im hinteren Teil des Felds postieren, bei einem Sprungaufschlag weiter hinten als bei Flatteraufschlägen. Je nach Größe des Spielers sollte der Annahmeort beim Sprungaufschlag so gewählt werden, dass Aufschläge, die oberhalb der Schulterhöhe ankommen, im Aus sind. Das bedeutet, dass kleinere Spieler weiter hinten im Feld starten. Bei Flatteraufschlägen – insbesondere bei denen aus der Langdistanz – startet der Spieler weiter vorne. Dabei hängt der Annahmeort zusätzlich von der Fähigkeit ab, Aufschläge auch in oder über Schulterhöhe anzunehmen.

Der Annahmespieler muss den kommenden Aufschlag so früh wie möglich antizipieren, um schnell die richtige Annahmeposition einzunehmen. Dabei sollte er immer versuchen, die

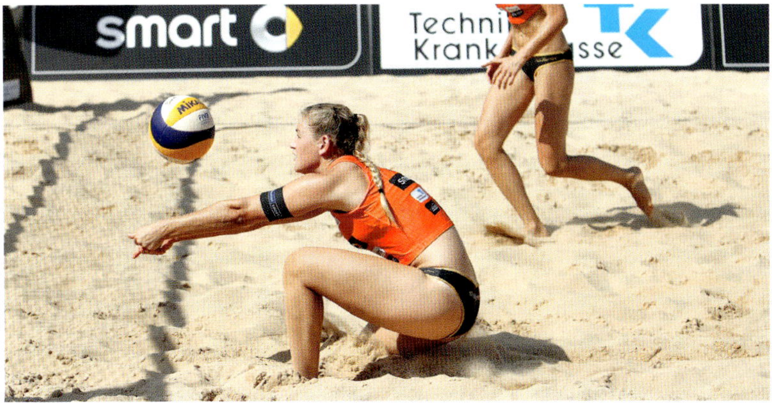

Bild 26: Annahme kurzer Aufschlag (Cinja Tillmann).

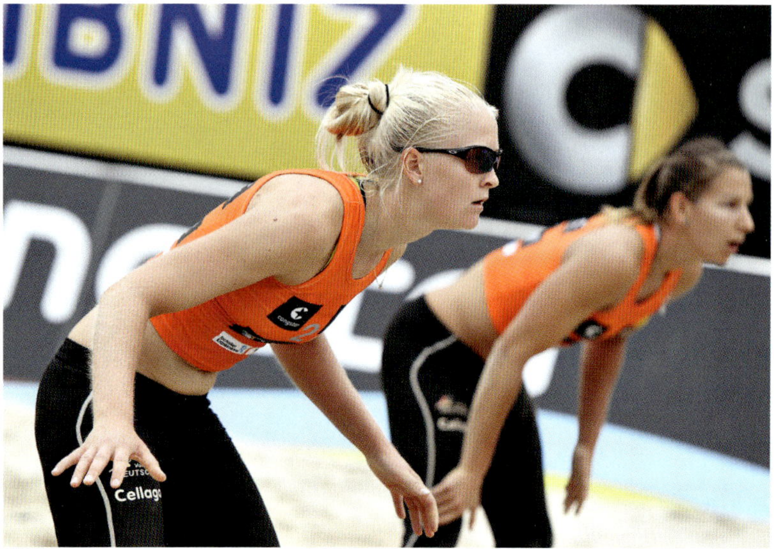

Bild 27:
Bereitschaft in der Annahme (Großner/Heinemann).

Annahme frontal nach vorne zu schieben. Da dies jedoch bei zwei Spielern im Feld faktisch unmöglich ist, muss jeder Spieler die seitliche Annahme beherrschen. Ab einer bestimmten Aufschlaggeschwindigkeit ist die Wahrnehmung des Balls seitlich vom Körper besser als wenn dieser frontal auf den Spieler zufliegt.

Auch hohe taktische Aufschläge sollte der Annahmespieler seitlich in oder oberhalb Schulterhöhe annehmen, um seinen eigenen Anlauf zu verkürzen. Bei kurzen taktischen Aufschlägen muss die Annahme unbedingt vom Netz weggehalten, im Extremfall also sogar nach hinten gespielt werden.

Einer der wichtigsten Punkte für den Annahmespieler ist die Bereitschaft, beim gegnerischen Aufschlag auf alles gefasst sein. Das bedeutet zum Beispiel, dass man sich durch drei kurze Aufschläge des Gegners beim nächsten Aufschlag nicht zu einem voreiligen Schritt nach vorne verleiten lässt. Dazu gehört es auch, sich vor jedem Aufschlag des Gegners dessen besonders gefährliche Aufschläge ins Gedächtnis zu rufen. Gerade in der Endphase des Spiels wird er ja versuchen, seine besten Aufschläge zu bringen, um damit die Entscheidung herbeizuführen.

Bei nur knapp 2 % der Aufschläge kommt es zu Netzkantenaufschlägen, die für den eigentlichen Annahmespieler nicht erreichbar sind. Dann muss sein Mitspieler bereit sein, den Ball zu retten, da er ja ohnehin auf dem Weg nach vorne zum Zuspiel ist.

Ist der Annahmespieler im Zweifel, ob der Ball ins Feld geht oder nicht, muss er den Ball annehmen, damit es dem Gegner nicht zu einem leichten Punkt verhilft.

Zusammenfassung Annahme

Die Abbildung zeigt den individualtaktischen Ablauf in der Annahme, wobei ein besonderes Augenmerk auf den Wahrnehmungsbereich gelegt wird:

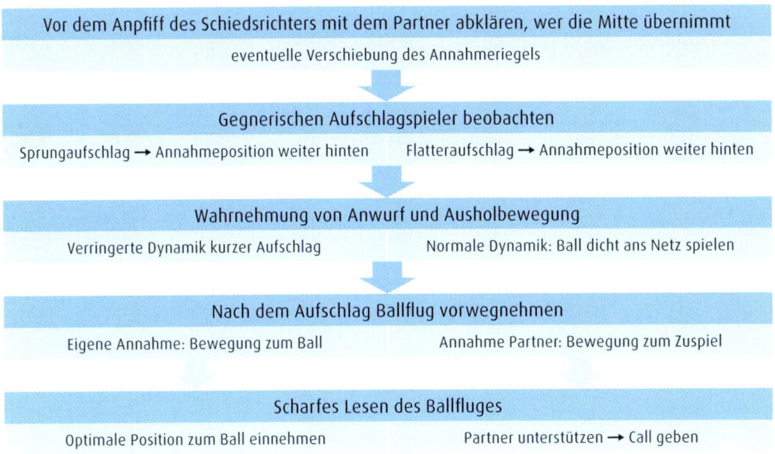

Abbildung 10

DIE 10 GOLDENEN REGELN ZUR ANNAHMETAKTIK

1. Keine einseitige Körperbelastung vor dem Aufschlag.
2. Nicht spekulieren, sondern sich erst nach dem Aufschlag bewegen.
3. Kleinere Spieler fangen in der Annahme weiter hinten an als größere.
4. In der Annahme hinter den Ball kommen.
5. Schau zuerst auf den Arm des Aufschlägers und dann auf den Ball.
6. Besser einen Ball zu viel annehmen, als auch nur einen Ball ins Feld fallen lassen.
7. Nicht zu hoch, aber auch nicht zu flach annehmen.
8. Je kürzer das Zuspiel, desto dichter am Netz muss die Annahme sein.
9. Mit wenig Rotation annehmen.
10. Bei Problemen in der Annahme und zur Vermeidung von Eigenfehlern den Ball in der Mitte des Felds annehmen.

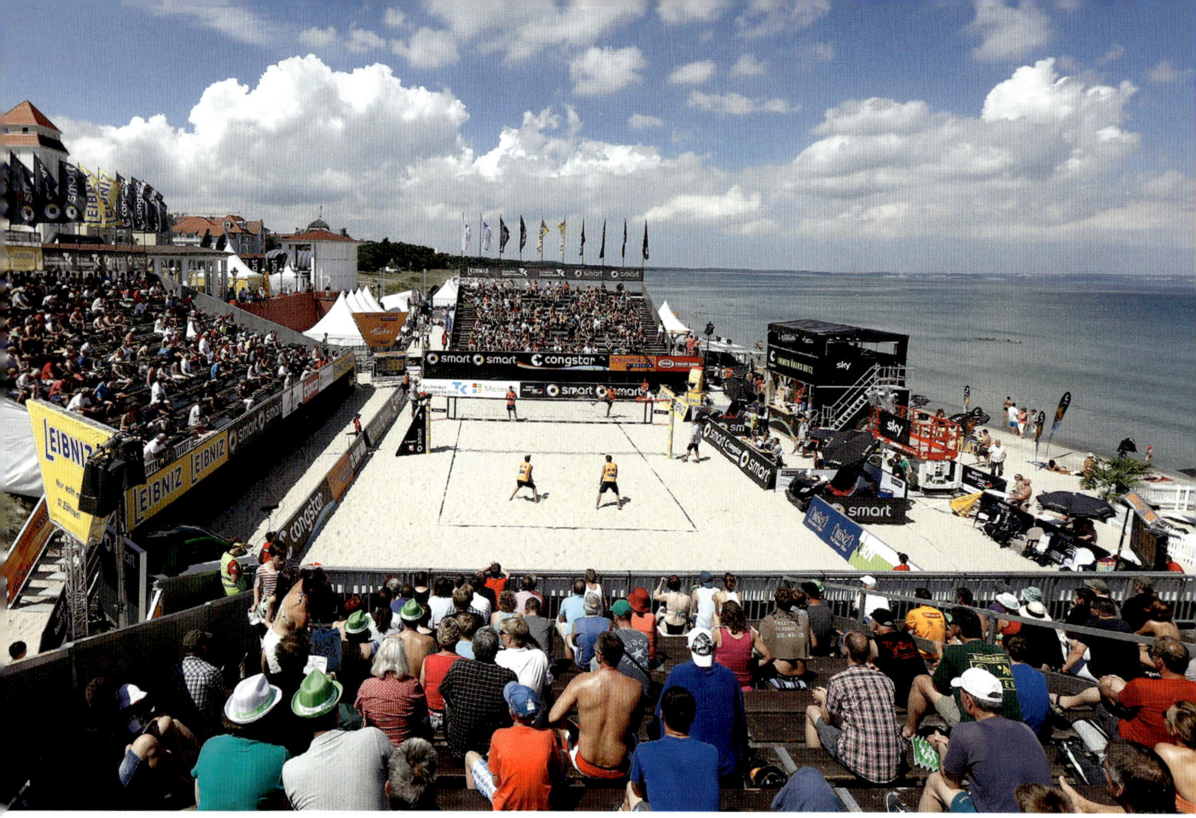

Der kleine Unterschied

Olympiaqualifikationsturnier 1999 in Toronto. In der Verliererrunde stand es im Spiel gegen Sotello/Ibarra aus Mexiko bei eigenem Aufschlag 14:12 für uns. Axel zog sich nach einem guten Aufschlag vom Block zurück und wehrte den Ball perfekt in meine Richtung ab. Anstatt den Ball zu baggern und Axel ein sicheres Zuspiel zu geben, wollte ich ein perfektes Zuspiel im Pritschen geben. Leider rutschte mir der Ball durch die Hände und der Schiedsrichter entschied auf technischen Fehler. Statt einem sicheren unteren Zuspiel, verbunden mit dem verwandelten Matchball, verloren wir den Spielzug und danach noch das ganze Spiel.

FACHBEGRIFFE

DEEP DISH:
Zuspiel, bei dem der Ball sehr tief nach unten genommen wird.

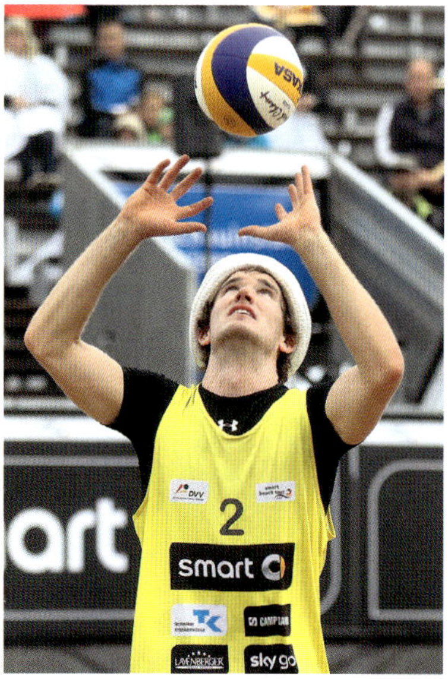

Bild 29:
Oberes Zuspiel (Lars Flüggen).

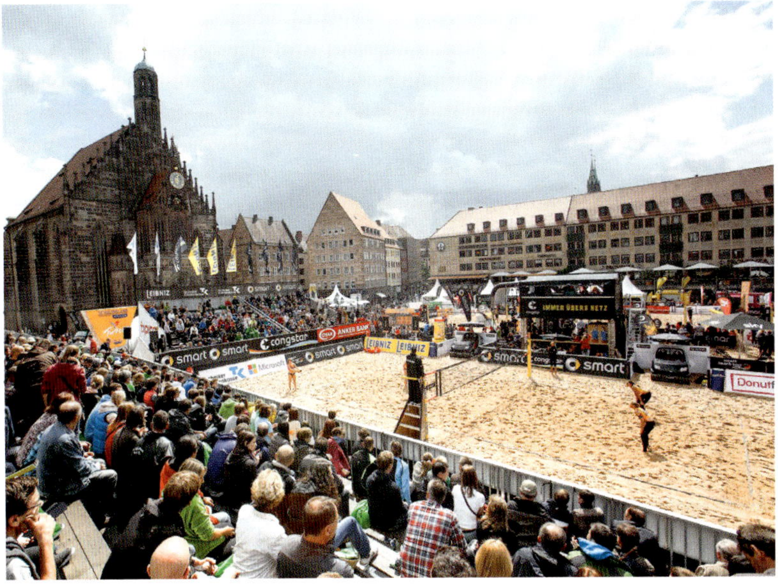

Bild 30

FACHBEGRIFFE

DOUBLE = DOPPELBERÜHRUNG: Technischer Fehler beim oberen Zuspiel, meist erkennbar an einer übermäßigen Ballrotation.

Pritschen oder baggern: Nicht nur eine Frage der Technik

Beim Zuspiel stellt sich als Erstes die Frage: Benutze ich das untere oder das obere Zuspiel? Einfach ausgedrückt heißt das: Pritschen oder baggern.
Da das obere Zuspiel mit den Händen immer genauer ist als das Baggerzuspiel, sollte immer dann im Pritschen zugespielt werden, wenn dies ohne die Gefahr eines technischen Fehlers möglich ist.

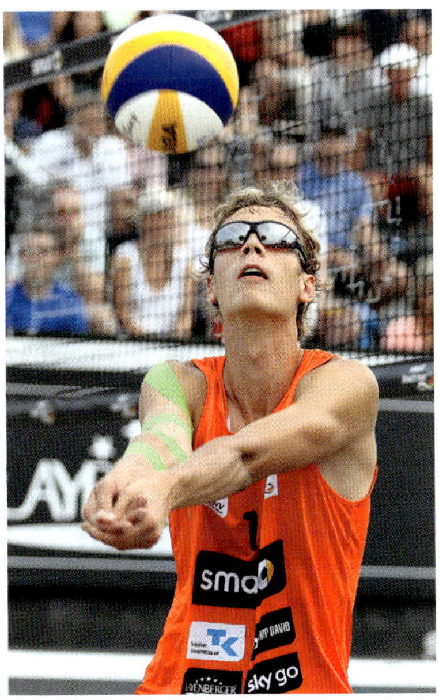

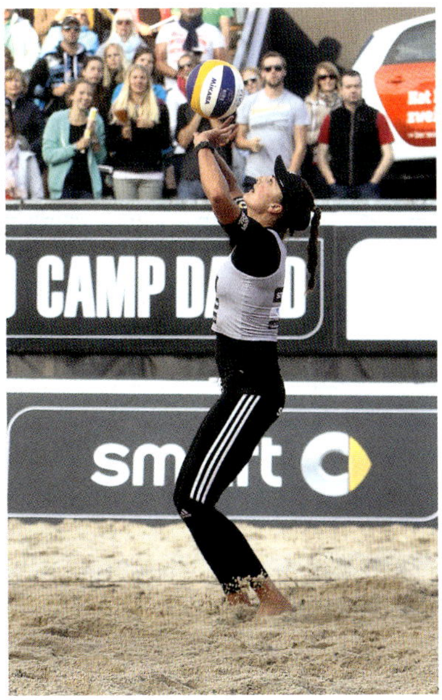

Bild 31 (links): Unteres Zuspiel (Julius Thole).

Bild 32 (rechts): Laterales oberes Zuspiel (Ilka Semmler).

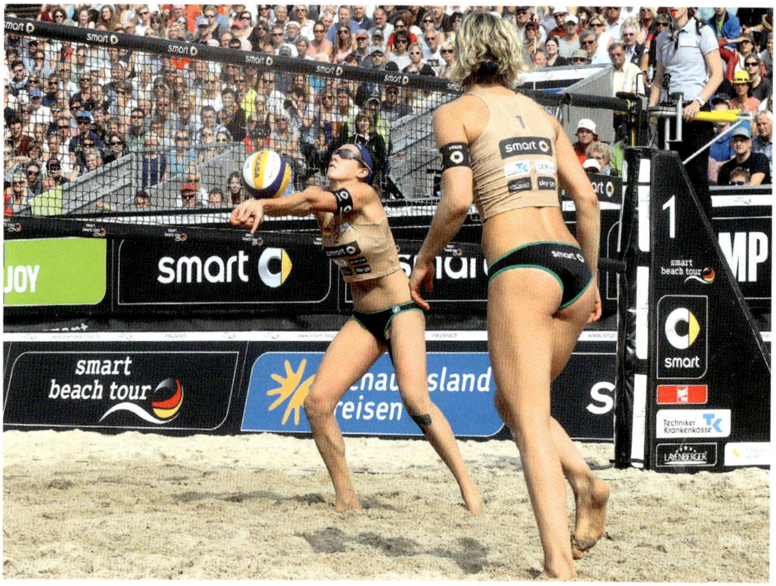

Bild 33

FACHBEGRIFFE

LIFT = THROW:
Beim Zuspiel geführter bzw. zu lang gehaltener Ball.

Aufgrund neuer Regelinterpretationen zum Pritschen wird der sogenannte „Deep-Dish", das tiefe Herunternehmen des Balls beim Zuspiel inzwischen als geführt abgepfiffen. Umgekehrt wurde die Beurteilung der Doppelberührung gleichzeitig etwas entschärft. Eine leichte Rotation in Flugrichtung des Balls bei gleichzeitigem kurzem Kontakt soll nicht mehr abgepfiffen werden.
Doppelberührungen sind entweder auf eine schlechte bzw. späte Positionierung zum Ball oder auf technische Probleme in der Handhaltung bzw. Handführung zurückzuführen. Diese lassen sich nur durch ausreichendes Training vermeiden. Die Wahrscheinlichkeit eines geführten Zuspiels lässt sich verringern, wenn der Zuspieler zum Zeitpunkt des Zuspiels einen sicheren Stand hat und den Ball ohne größere Körperrotation zuspielen kann.
Ob nun tatsächlich ein Abpfiff erfolgt oder nicht, hängt nicht nur von der Ausführung des Zuspiels, sondern auch vom Schiedsrichter selbst ab. Hier gibt es große Unterschiede auch bei den Profis, und natürlich ganz besonders dort, wo die Spieler als Schiedsrichter fungieren müssen. Kennt man die Linie des jeweiligen Schiedsrichters, ist man im Vorteil, da man entsprechend entscheiden kann, ob ein Pritschzuspiel noch gewagt werden kann – oder besser nicht. Bei der Frage „Pritschen oder baggern?" ist also abzuwägen, ob das Zuspiel so genau sein muss, dass mögliche technische Fehler einkalkuliert werden, oder ob der Angreifer auch mit dem ungenaueren unteren Zuspiel noch ausreichend erfolgreich sein kann.
Dazu passend zeigen neueste Daten von 2015 auf internationalem Niveau, dass bei den Männern inzwischen über 40 % aller guten Annahmen im oberen Zuspiel zugespielt wird (siehe Abbildung 11). Bei den Frauen sind es jedoch nur etwa 12 % aus guter Annahme, genau so viel wie bei den Herren nach schlechter Annahme.

Oberes Zuspiel	Männer	Frauen
Anteil insgesamt	31,3 %	8,4 %
Anteil Fehler	3,8 %	6,3 %
Aus guter Annahme	41,1 %	12,6 %
Aus schlechter Annahme	12,2 %	2,0 %

Abbildung 11

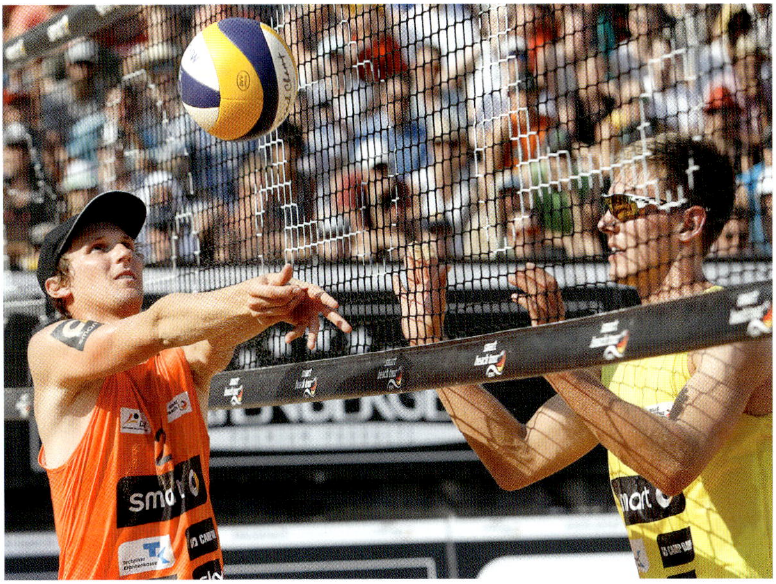

Bild 34

BEACH-TALK

TURM:
Sehr hohes Zuspiel.

Vor dem Zuspiel: Den perfekten Ausgangspunkt finden

Wenn klar ist, dass der Partner den gegnerischen Aufschlag annimmt, darf der Zuspieler sich zunächst einmal nur zur Mitte des Felds bewegen. Von dort aus kann er sich nach der Annahme zum eigentlichen Zuspiel bewegen. Bei einer guten Annahme muss er nur zwei bis drei Schritte Richtung Netz machen, wobei er neben dem Ball auch seinen Partner und dessen Anlauf beobachten kann. Kurz vor dem eigentlichen Zuspiel steht dann die Schulterachse senkrecht zur Zuspielrichtung. Im Falle eines Zuspiels nach außen kann sich der Zuspieler sehr leicht an der Antenne ausrichten und sie als Orientierungshilfe nehmen. Ist die Annahme nicht perfekt oder sogar verunglückt, kann der Zuspieler von seinem Ausgangspunkt in der Feldmitte den Ball immer noch erreichen, wenn er bereit ist, in alle Richtungen zu agieren. Mitentscheidend für die Qualität des Zuspiels ist neben einer guten Technik das Zeitbudget, das dem Spieler zur Verfügung steht. Daher sollte der Zuspieler immer versuchen, in eine ruhige ausbalancierte Zuspielposition zu gelangen. Das bedeutet, dass zum Beispiel ein ruhiges laterales Zuspiel einem frontalen Zuspiel unter Zeitdruck und ohne sicheren Stand vorzuziehen ist.

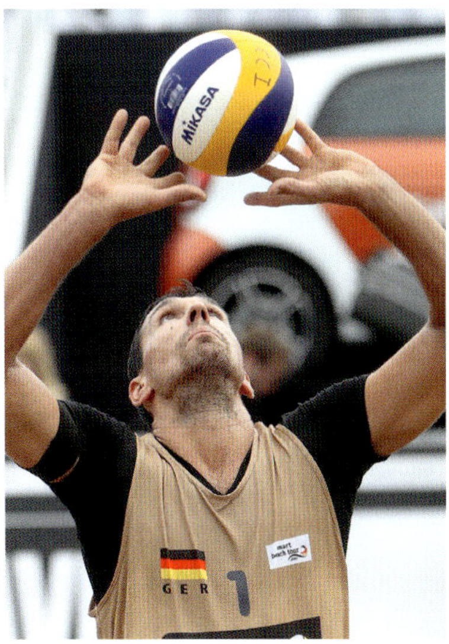

Bild 35:
Oberes Zuspiel
(Jonathan Erdmann).

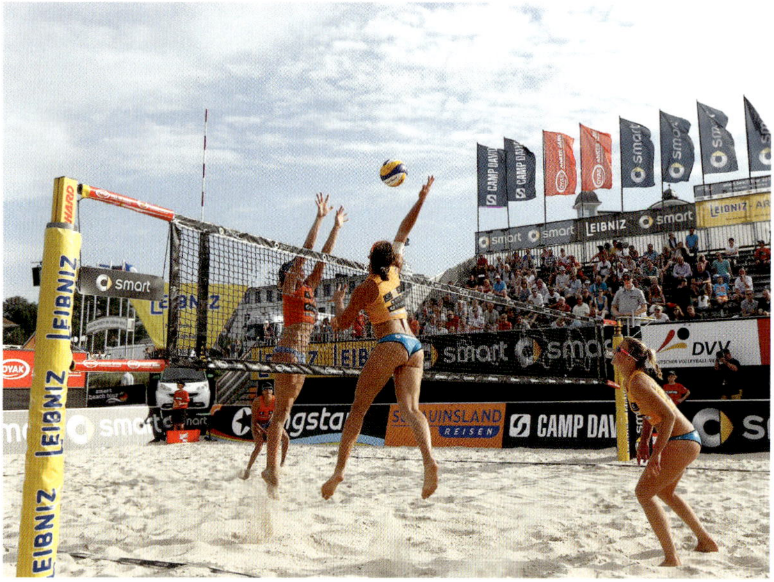

Bild 36

Nach dem Zuspiel: Richtig rufen, sichern oder retten

Einer der größten Fehler, den man nach dem Zuspiel begehen kann, ist der, zu lange seinem eigenen Ball hinterherzuschauen. Im Normalfall, d.h. gute Annahme und oberes Zuspiel, merkt man schon früh, ob das Zuspiel perfekt, gut, zu dicht oder zu weit weg ist. Und in jedem dieser Fälle heißt es, angemessen zu reagieren.

Das bedeutet immer, eine Position und Haltung einzunehmen, die dem Zuspieler einen ausreichenden Blick auf die gegnerische Block-Abwehr-Position ermöglicht und zudem noch eine gute Ausgangslage für die Sicherung eines in den Block gespielten Balls gewährleistet. Zunächst muss er dabei auf den gegnerischen Blocker achten, und erst wenn er sicher ist, dass dieser am Netz bleibt, kann er sich auf die Position des gegnerischen Abwehrspielers konzentrieren. Alles Weitere zu diesem Thema ist im Abschnitt „Kommunikation" weiter hinten zu finden.

Bei einem zu dicht gestellten Ball muss der Zuspieler ans Netz vorrücken, um sich auf die Sicherung vorzubereiten. Damit der Angreifer weiß, dass sein Partner zur Sicherung bereit ist, kann er ihm dies z. B. mit dem Ruf: „Dicht, ich bin da!" signalisieren. Dann kann der Angreifer den Ball locker in den Block spielen, in der Gewissheit, dass sein Partner ihn absichert. Für einen Blocker gibt es nichts Schlimmeres, als wenn er den Ball blockt, die andere Seite den Ball aber sichert und wieder neu aufbaut.

Im Normalfall sollte der Zuspieler vom Gegner zurückfliegende Bälle direkt annehmen und weiterspielen.

Zusammenfassung Zuspiel

Die Abbildung zeigt den individualtaktischen Ablauf beim Zuspiel, wobei ein besonderes Augenmerk auf den Wahrnehmungsbereich gelegt wird:

Vor der Annahme Ballflug und Partner ganzheitlich beobachten
Zur Feldmitte laufen und eventuelle Zusatzinfos an den Partner geben (Kurz, Aus, ...)

↓

Partner, Annahme und Ballflug ganzheitlich beobachten
Annahme dicht → Umschaltung auf Angriff | Zuspielort vorwegnehmen und Zuspieltechnik bestimmen

↓

Bei der Bewegung zum Zuspiel scharfes Beobachten des Ball
Blocker am Netz: Vereinbartes Zuspiel durchführen | Ohne Block: Ball dicht ans Netz spielen

↓

Nach dem Aufschlag Ballflug vorwegnehmen
Ball zu dicht → Call und auf Sicherung vorbereiten

↓

Gegnerische Block-Abwehr beobachten
Blocker zieht sich zurück → Call geben | Abwehrspieler geht in eine Richtung → Call geben

Abbildung 12

DIE 10 GOLDENEN REGELN FÜRS ZUSPIEL

1. Sich von der Feldmitte aus zum Zuspiel bewegen.
2. Vor dem Zuspiel den Partner beobachten.
3. Im Moment des Zuspiels ruhig stehen.
4. Immer das gleiche Bewegungsmuster im Zuspiel einhalten.
5. Wenn du genug Zeit hast, um unter den Ball zu kommen, versuche den Ball zu pritschen – unter Zeitdruck besser im Bagger zuspielen.
6. Das Risiko eines Pritschfehlers und das der Ungenauigkeit des Baggerns gegeneinander abwägen.
7. Nach dem Zuspiel eine gute Position zum Sichern und Beobachten einnehmen.
8. Bei zu dichtem Zuspiel zum Sichern ans Netz vorrücken.
9. Dem Partner durch Ruf und Sicherung helfen.
10. Vom Gegner direkt zurückgespielte Bälle annehmen.

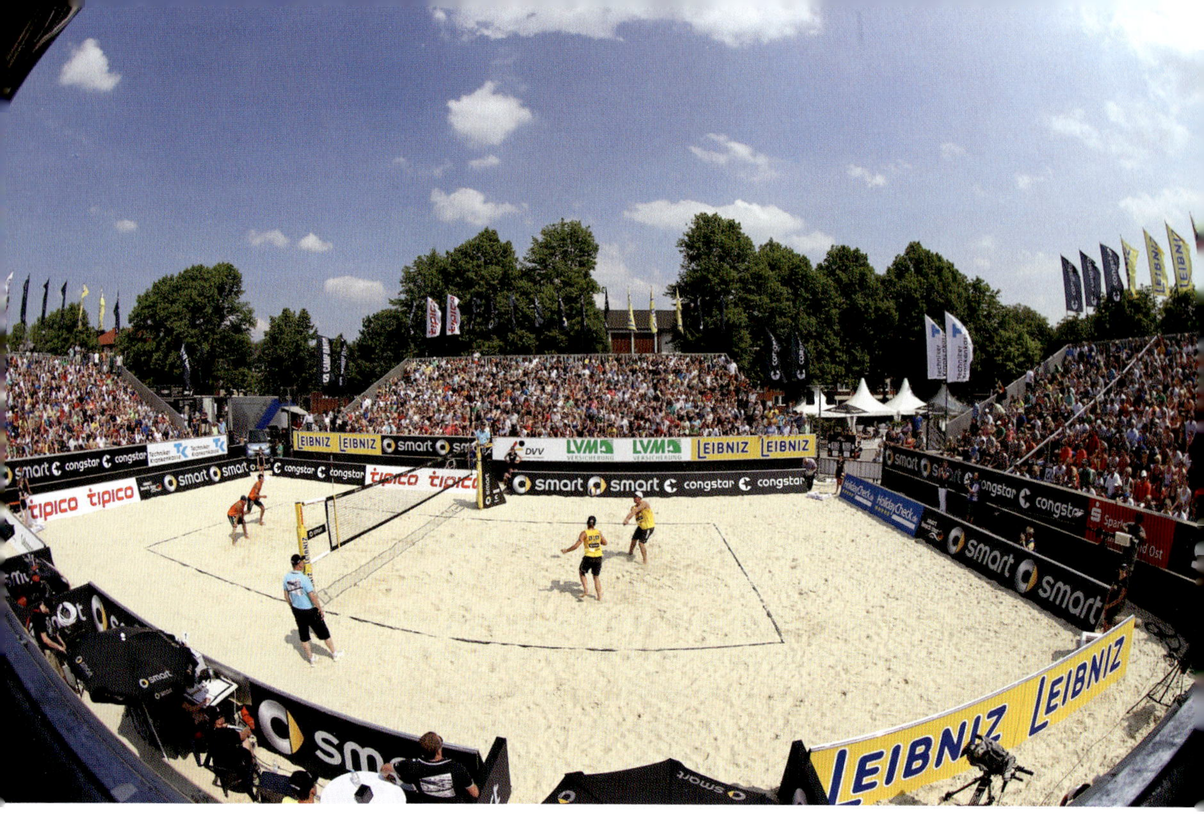

Das Ergebnis zählt

FIVB-World-Tour-Halbfinale 1998 in Marseille. Beim Spielstand von 14:13 für uns und eigener Annahme im entscheidenden 3. Satz gegen die Brasilianer Paulao und Paulo Emilio nahmen unsere Kontrahenten noch einmal eine Auszeit, um ihre Taktik für den wichtigen nächsten Ball zu besprechen. Da sie bisher fast ausschließlich auf mich aufgeschlagen hatten, vereinbarten wir den schnellen Ball nach außen an die Antenne für mich, mit dem wir bisher sehr erfolgreich gewesen waren. Doch die Brasilianer änderten ihre Taktik und schlugen auf Axel auf, der davon zwar überrascht war, den Ball dann aber so hart wie möglich diagonal schlug. Paulo Emilio bekam den Ball direkt auf die Arme, konnte ihn aber nicht kontrollieren, und so segelte er übers Netz an uns vorbei und landete etwa 10 Zentimeter hinter der Grundlinie im Aus.

FACHBEGRIFFE

DOUBLE ELIMINATION: Turniermodus, bei dem die Teams erst nach der zweiten Niederlage ausscheiden.

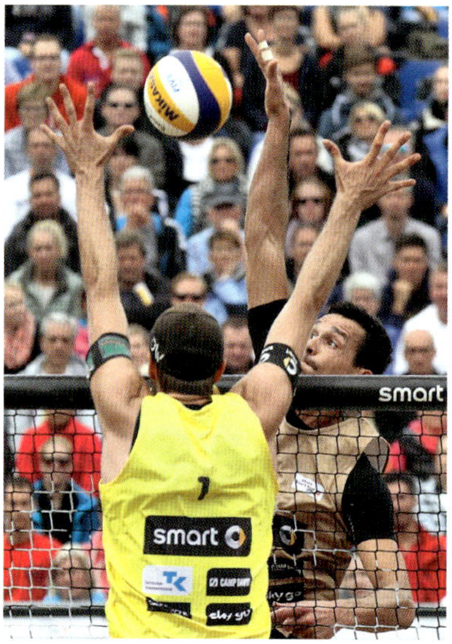

Bild 38:
Harter Diagonalangriff (Jonathan Erdmann).

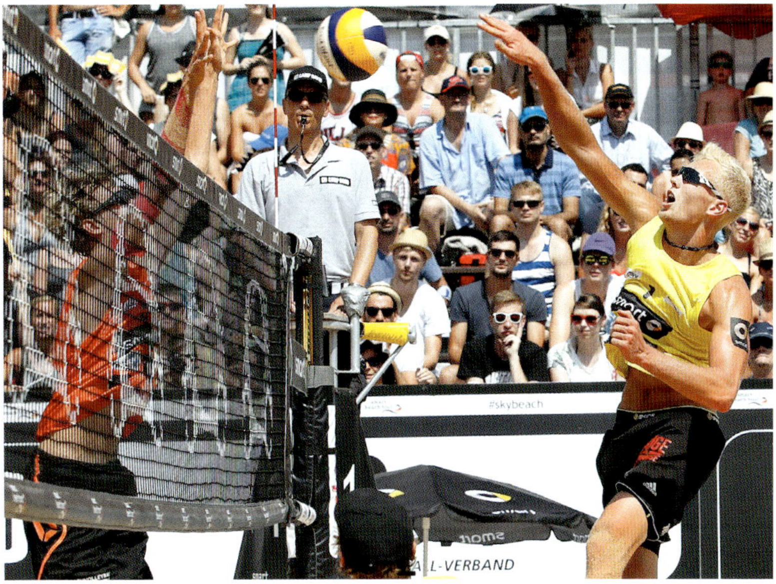

Bild 39

FACHBEGRIFFE

KILL:
Erfolgreicher Angriff.

SHOT:
Nicht-harter Angriffsschlag.

Anlaufgestaltung: Den richtigen Rhythmus finden

Ist die Annahme einigermaßen gelungen und kann der Zuspieler das obere Zuspiel einsetzen, muss der Angreifer „nur" noch seinen Anlaufrhythmus finden. Dazu muss er sofort nach der Annahme auf Angriff umschalten, indem er auf dem schnellsten und kürzesten Weg zum eigentlichen Anlaufpunkt kommt. Dieser Punkt kann je nach gewünschtem Zuspiel oder Anlauf an der Außenlinie oder in einer bestimmten Entfernung vom Zuspieler liegen. Der Übergang zum Angriff sollte dabei möglichst flüssig und ohne Zwischenhalt erfolgen. Erst mit dem Orientierungsschritt wird der Anlauf richtig beschleunigt, um möglichst explosiv abzuspringen. Denn so kann er nicht nur den Netzabstand halten, sondern auch immer mit der gleichen Geschwindigkeit einstemmen und gleich weit nach vorne springen. Muss

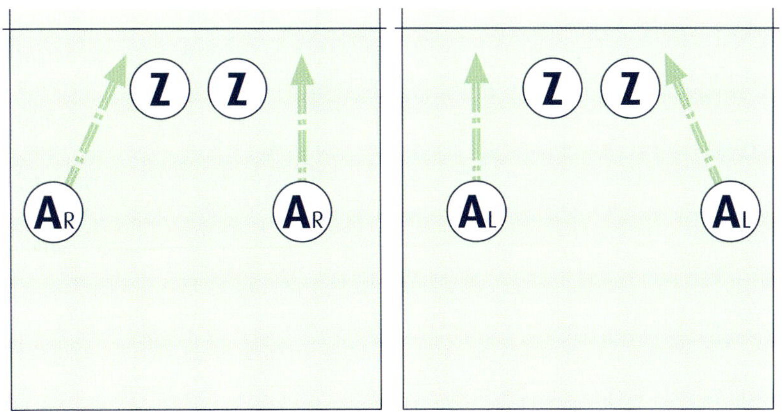

Abbildung 13:
Anlaufgestaltung,
links für Rechtshänder,
rechts für Linkshänder.

FACHBEGRIFFE

COBRA:
Mit den Fingerspitzen der gestreckten Hand gespielter Ball.

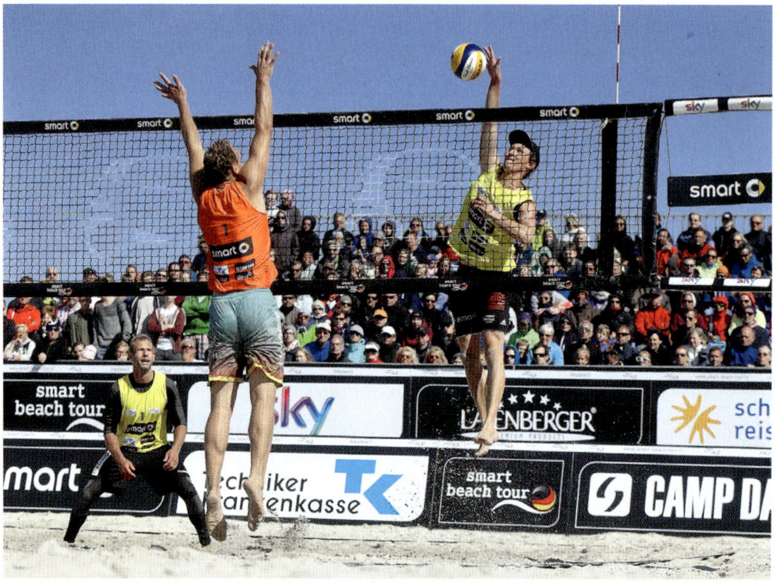

Bild 40

er dagegen von weiter hinten unter Zeitdruck anlaufen, braucht er eine höhere Anlaufgeschwindigkeit, die dann auch einen größeren Sprung nach vorne in Richtung Netz zur Folge hat. Er riskiert damit, den Ball zu unterlaufen. Beim eigentlichen Anlauf unterscheidet man zwischen Offhand-Angreifern, die den Ball beim Angriff erst an sich vorbeilassen müssen, also Rechtshändern auf der rechten Seite und Linkshändern auf der linken, und Onhand-Angreifern, die den Ball angreifen, bevor er ihren Körper passiert, also Linkshändern auf der rechten Seite und Rechtshändern auf der linken. Offhand-Angreifer sollten senkrecht zum Netz anlaufen, Onhand-Angreifer dagegen in einem Winkel von ca. 30 bis 45 Grad (siehe Abbildung 13). Haben Zuspieler und Angreifer einen gemeinsamen Rhythmus, kann sich der Angreifer in erster Linie mit der Block-Abwehr-Aufstellung des Gegners beschäftigen und muss sich nicht so sehr um den Ballflug kümmern. Bei der Gegnerbeobachtung während des Anlaufs kommt es zunächst darauf an, die Ausgangsposition des gegnerischen Block- und Abwehrspielers wahrzunehmen.

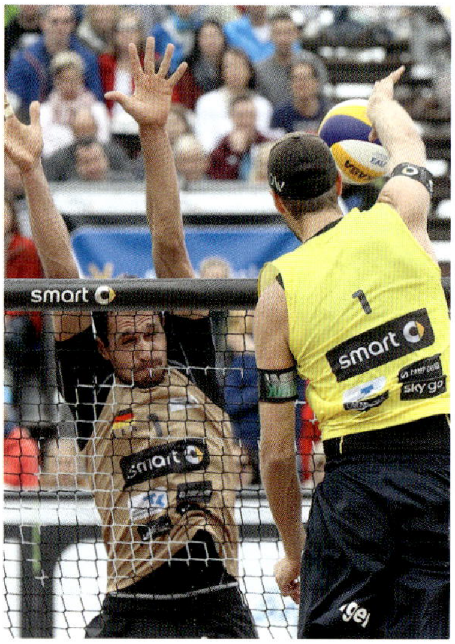

Bild 41:
Gute Angriffshöhen durch perfekten Anlauf (Armin Dollinger).

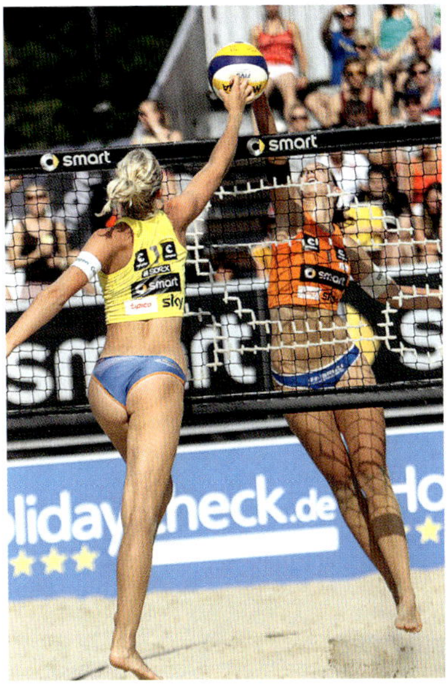

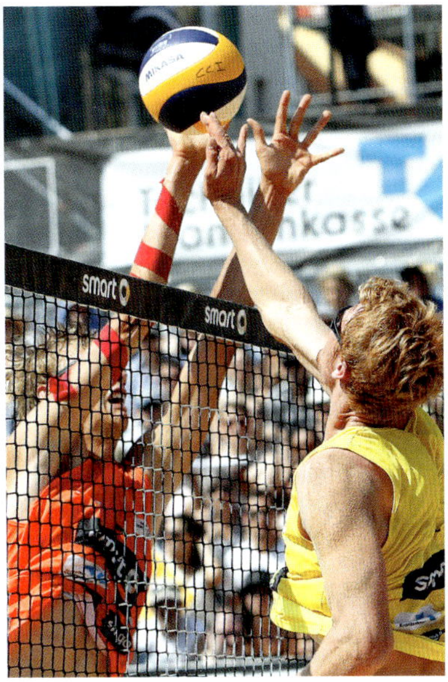

FACHBEGRIFFE

POKE:
Mit den Fingerknöcheln gespielter Ball.

Bild 42 (links):
Pokeshot (Sandra Seyfferth).

Bild 43 (rechts):
Cobrashot, um möglichst hoch zu reichen (Yannick Harms).

Angriffstechniken: Hart oder ganz hart?

Ist man dann abgesprungen, steht man vor der großen Frage, mit welcher Technik man den Angriff abzuschließen hat. Prinzipiell lassen sich hier drei Kategorien unterscheiden: harte Schläge, halbscharfe Schläge, die so genannten Driveschläge, und die Gruppe der nichtharten Angriffsschläge.

Das Wichtigste bei der Anwendung der einen oder der anderen Angriffstechnik ist, den Gegner diese so spät wie möglich erkennen zu lassen! Der Angreifer muss also immer wie zu einem harten Angriffsschlag anlaufen.

Mit harten Angriffen kann man den Block anschlagen, den Ball direkt auf den Boden bringen oder den gegnerischen Abwehrspieler zu einer unkontrollierten Abwehr zwingen. Harte Schläge sollten möglichst tief ins Feld angegriffen werden, also hoch abgeschlagen werden, damit der Ball bei einer Blockberührung ins Aus springt, oder in einem scharfem Winkel um den Block herum an die Seitenlinie platziert werden, damit sowohl Block als auch Abwehr zu frühen Bewegungen zur Erreichung des Balls gezwungen werden.

Halbscharfe Bälle bieten sich an, um am Block vorbei in die eigentlich vom Block abgedeckte Zone zu schlagen oder um einen sich zurückziehenden Blockspieler auszuplatzieren. Gut anzuwenden sind sie auch, um den Block außen anzuschlagen oder um den Ball nach einer möglichen Blockberührung selbst zu sichern und erneut aufzubauen.

Bei den nicht-harten Angriffsbällen sieht man am häufigsten die Shots, die mit der Handinnenfläche gespielt werden. Dabei gibt es zwei Möglichkeiten, diese Shots zu spielen: entweder schnell und perfekt platziert, damit der Abwehrspieler nicht an den Ball kommt, oder verzögert, damit er sich für eine Ecke entscheidet und man selbst den Ball in die freie Ecke spielen kann. Egal ob verzögert oder schnell, die Höhe des Lineshots muss so gewählt werden, dass der Blocker gerade nicht an ihn herankommt, da zu hohe Shots von guten Abwehrspielern

FACHBEGRIFFE

DRIVESCHLAG:
Halbscharfer Angriffsschlag.

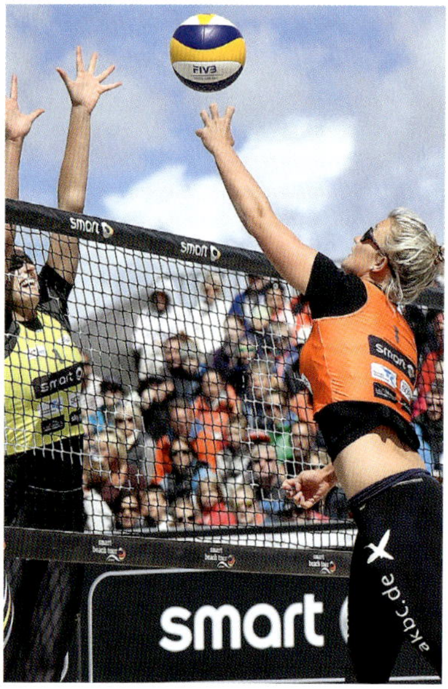

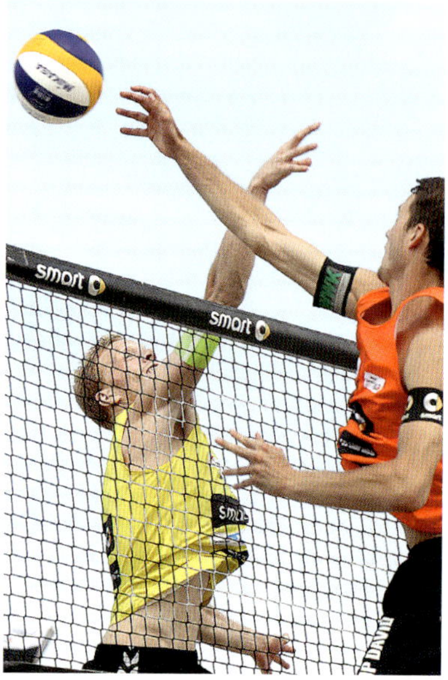

Bild 44 (links): Pokeshot, um den Ball kurz abzulegen (Isabel Schneider).

Bild 45 (rechts): Angedeuteter Poke (Clemens Wickler).

durchaus abgelaufen werden. Der mit der alten Feldgröße sehr erfolgreiche „Rainbowshot lang diagonal" ist durch die Feldverkleinerung sehr viel risikoreicher geworden, da er über den Blocker und über den Abwehrspieler hinweg gespielt werden muss. Beim „Cutshot kurz diagonal" muss der Ball das Netz sehr flach und weit weg vom Blocker überqueren. Bei einem Cut von der Außenposition muss der Ball also das Netz in der Mitte überqueren und sollte dann kurz hinterm Netz herunterkommen.

Als letzte Möglichkeit für einen Shot bleiben die kurzen Ableger (Dinks) neben und hinter dem Block übrig. Diese müssen gerade so weit gespielt werden, dass der Blocker sie nicht selbst durch Abtauchen retten kann. Sie sind am erfolgreichsten, wenn sie gegen die Blockrichtung des Blockspielers gespielt werden.

Nicht mit den Handinnenflächen gespielt werden der Poke- und der Cobrashot. Mit beiden kann die Reichhöhe im Angriff erhöht werden. Während man den Cobrashot tatsächlich fast nur in Notsituationen anwendet, um den Ball noch über den Block zu spielen, lässt sich der Poke viel differenzierter und auch effizienter einsetzen. Technisch versierte Spieler können damit sowohl zielgenau in die Ecken spielen als auch sehr weich am Block vorbeilegen. Im Extremfall kann damit der Ball zunächst in den Block – und bei Widerstand dann ins Aus gedrückt werden. Bei dieser Variante des Drückduells kommt es darauf an, den Ball nicht an die Hände des Blockers zu spielen, sondern dessen Handgelenke oder Unterarme zu erwischen, damit er keine Chance hat, den Ball zu kontrollieren.

Beim richtigen Drückduell, wenn also auch der gegnerische Blocker seine Hände an den Ball bekommt, gewinnt meist der Angreifer, weil er mit gestrecktem Arm drücken und damit die größte Kraft auf den Ball bringen kann. In den seltensten Fällen kommt es dabei nur auf die Reichhöhe der Spieler an.

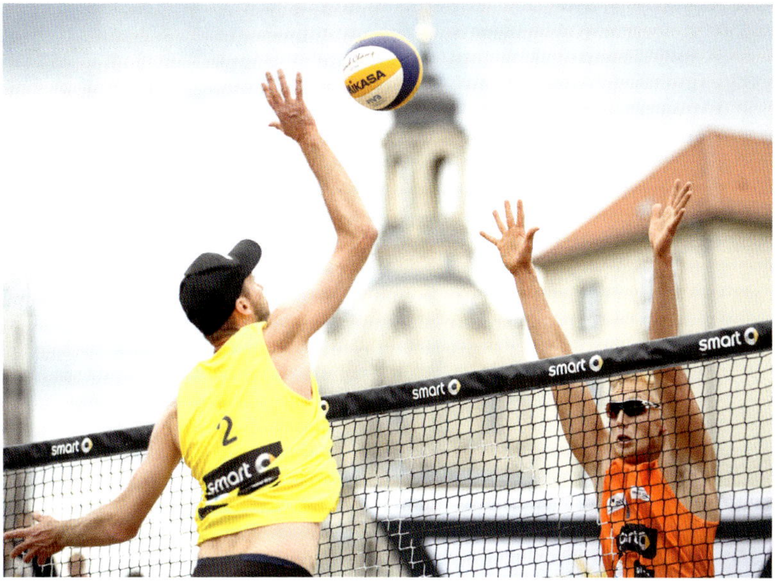

Bild 46

FACHBEGRIFFE

RAINBOWSHOT: Langer Diagonalshot über den Abwehrspieler hinweg.

Angriffstaktik: Den Gegner fest im Blick

Die wichtigste Regel für den Angriff ist: Vermeide direkte Fehler. Bälle, die in den Block geschlagen werden, können gesichert werden. Selbst wenn der Abwehrspieler den Angriff kontrollieren kann, muss er ihn erst noch im Gegenangriff verwerten. Aber Schläge oder Shots ins Aus oder gar ins Netz sind direkte Punkte für den Gegner, für die er nicht hart arbeiten muss. Einrechnen sollte man bei allen Angriffen einen Spielraum von 15 bis 20 cm. Shots genau auf die Linie sind zwar perfekt – leider ist aber kein Angreifer so perfekt, dass er nicht die geringste Abweichung in seinen Angriffschlägen hätte! Was hat man von einem vermeintlich perfekten Angriffsschlag, der Zentimeter neben der Linie landet?

Das A und O des Angriffs ist Wahrnehmung und Variabilität. Dazu ist es wichtig, den Ball nicht zu unterlaufen und früh genug abzuspringen, um sowohl Ball als auch Gegner beobachten zu können. Die wenigsten Spieler sind jedoch in der Lage, sowohl Blocker als auch Abwehrspieler zu beobachten und dabei noch einen perfekten Angriffsschlag durchzuführen. In manchen Fällen, bei einem nicht optimalen Zuspiel oder wenn sich ein Abwehrspieler hinter dem Blocker versteckt, ist dies sogar unmöglich. Die Entscheidung fällt bei vielen Spielern schon während des Anlaufs, bei manchen sogar schon vorher, und selbst bei guten Spielern meist mit dem Absprung. Die ersten Anhaltspunkte hat man bereits vor Spielbeginn, wenn man die Stärken und Schwächen des Gegners in Block und Feldabwehr einigermaßen kennt. Dies ist zunächst einmal für die Entscheidung wichtig, ob ich tendenziell besser hart angreife oder lieber einen Shot spiele, hilft aber auch, wenn ich nicht-optimale Zuspiele verwerten muss. Gerade wenn ein Spiel in die Endphase geht, fallen die Spieler nicht nur im Angriff, sondern auch in der Block-Abwehr wieder in ihre alten Gewohnheiten zurück.

Hat man den Anlauf zeitlich gut gestaltet, ist man also früh genug dran, bleibt einem genügend Zeit für einen Blick auf die Ausgangsposition von Block und Abwehr. Steht der Blocker mit seiner Achse dort, wo ich den Ball angreifen will? Wenn nicht, sollte der

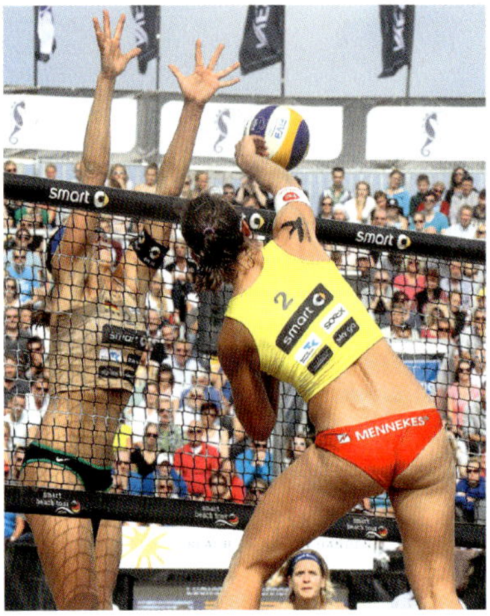

Bild 47: Erfolgreicher Diagonalangriff (Teresa Mersmann).

FACHBEGRIFFE

CUT:
Scharfer diagonaler Shot.

Angreifer diese Fehlpositionierung direkt ausnutzen und den Ball durch den offenen Korridor ins Feld hämmern. Doch Vorsicht! Vor dem Angriff des Balls noch einmal schauen, ob der Blocker nicht doch eine Finte gemacht hat und im letzten Moment die vermeintlich freie Richtung zudeckt. Ist der Blocker gut postiert, muss man die Ausgangsposition des gegnerischen Abwehrspielers prüfen. Deckt dieser ganz eindeutig eine Feldseite ab, so ist ein guter Shot eine fast sichere Angelegenheit. Auch hier muss man sich kurz vor dem Shot noch einmal vergewissern, dass der Abwehrspieler nicht doch lossprintet, um den Shot abzulaufen.

Jetzt haben aber sowohl der Block- als auch der Abwehrspieler eine Ausgangsstellung eingenommen, die es ihnen ermöglicht, prinzipiell auf alle Angriffsschläge zu reagieren. Spätestens beim Absprung zum Angriff sollte man die Entscheidung treffen: Hart angreifen oder den Gegner lieber ausplatzieren? Entscheidet man sich für die harte Variante, muss man nur noch auf den Blockspieler achten. Macht er einen Schritt in die eine Richtung, muss man schnell in die andere schlagen, bevor er wieder zurückspringt. Springt er in die eine Richtung, kann man den Schlag ruhig ein wenig verzögern, um den Ball scharf in die andere Ecke zu platzieren. Gibt der Blocker sich immer noch nicht zu erkennen, bleiben dem Angreifer zwei Möglichkeiten: entweder sehr schnell und möglichst sehr hoch abzuschlagen oder aber zu warten, bis der Blocker sich für eine Richtung entscheidet. Nicht zu vergessen, ganz besonders bei Angriffen von außen, ist die taktische Variante des Blockanschlagens, die mit der Feldverkleinerung einen viel höheren Stellenwert erhalten hat. Hat der Angreifer sich für einen harten Angriff entschieden, merkt aber, dass er, aus welchen Gründen auch immer, damit keinen Erfolg haben dürfte, sollte er den Ball locker in den Block schlagen, um ihn danach zu sichern und erneut aufzubauen. Dabei ist es günstiger, den Ball diagonal in den Block zu spielen, da beim normalen Angriffsaufbau der Partner als Zuspieler die Sicherung mit übernimmt. Als weitere Möglichkeit bleibt einem ein Shot über den Block, da der Abwehrspieler in den meisten Fällen die blockfreie Seite verteidigt, oder aber ein Angriff entsprechend dem Zuruf des Partners.

Will der Angreifer einen Shot spielen, sollte er vor allem den Abwehrspieler beobachten. Er muss aber auch immer mit dem Sich-Zurückziehen des Blockspielers rechnen – und dann entweder hart in die Mitte angreifen oder den Ball halbscharf gegen die Laufrichtung des abziehenden Blockers platzieren.

Wie bereits angesprochen, kann der

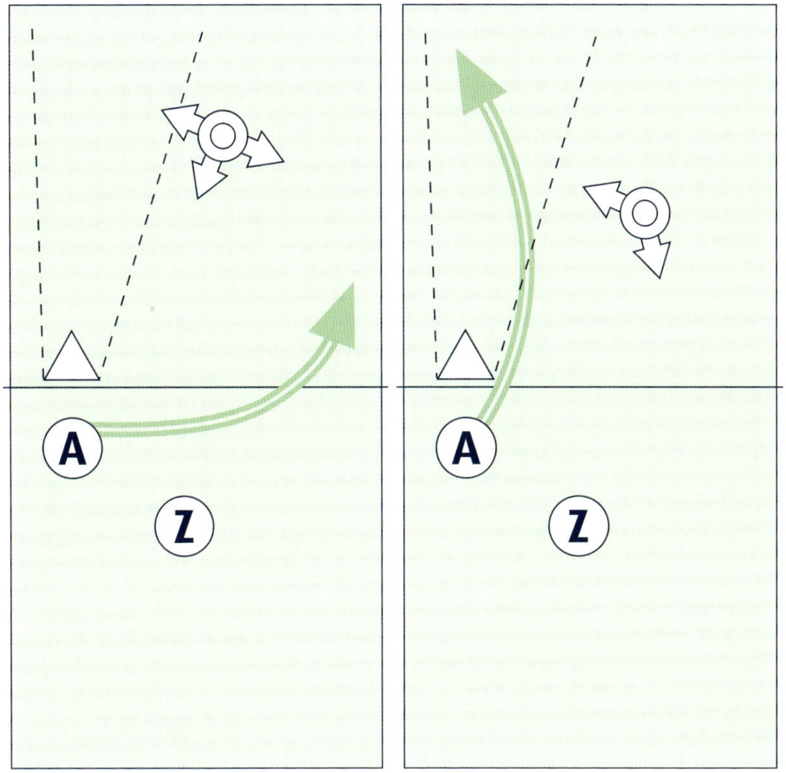

Abbildung 14: Schneller Shot in Abhängigkeit vom Ausgangspunkt des Abwehrspielers.

FACHBEGRIFFE

SLICE:
Scharfer Diagonalschlag.

KELLNERSHOT:
Shot, der mit waagerechter Handfläche gespielt wird.

Angreifer einen schnellen Shot spielen, wenn der Abwehrspieler deutlich eine Seite des Courts abdeckt. Die Länge des schnellen Shots ist abhängig von der Ausgangsposition des Abwehrspielers. Steht er weit hinten, bietet sich ein Cutshot oder kurzer Ableger hinter den Block an. Wartet er jedoch weit vorne, sind lange Shots in die Ecken besser. Der Angreifer kann aber auch darauf warten, dass der Abwehrspieler sich für eine Ecke entscheidet, um dann einen verzögerten Shot sicher in die andere Ecke zu spielen. Will er lieber den späten Shot, sieht aber, dass der Abwehrspieler sehr geduldig ist und den Shot erlaufen will, darf er nicht zu lang warten, da mit dem Fall des Balls seine Möglichkeiten für einen guten Shot immer weiter sinken. Egal wie der Abwehrspieler postiert ist, aufgrund seiner Ausgangsposition und Körperstellung kann er bestimmte Shots gut erlaufen und erreichen und andere wiederum sehr schwer, wenn sie gut platziert sind.

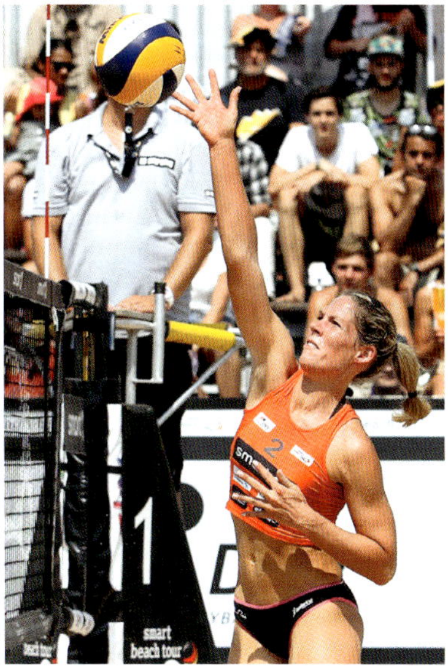

Bild 48: Erfolgreicher Cutshot (Tatjana Zautys).

Jeden Ball angreifen

Irgendwann steht jeder Angreifer vor der Situation, ein nicht optimales Zuspiel verwerten oder aus einer schlechten Position zum Ball angreifen zu müssen. Dann geht's vor allem darum, bestmöglich anzugreifen – und nicht darum, das Zuspiel zu beurteilen!

Ist das Zuspiel zu weit außen, muss er seinen Anlauf so korrigieren, dass er den Ball immer noch diagonal angreifen kann. Dann kann er auch noch die Linie angreifen, so dass Block- und Abwehrspieler nicht vorhersehen können, in welche Richtung er angreift.

Bei einem zu weit innen gestellten Ball kommen die Angreifer häufig zu spät, lassen den Ball zu tief fallen und schlagen dann nicht mehr oben ab. Dies können sie vermeiden, indem sie einfach in einem größeren Winkel anlaufen und nicht erst mit dem Stemmschritt nach innen springen.

Das häufigste Problem ist jedoch das Zuspiel zu weit weg vom Netz. Dabei sollte der Angreifer zunächst seinen Anlauf abbremsen, um durch kürzere Schritte oder einen kürzeren Stemmschritt Distanz zum Ball zu gewinnen. Durch die Verlagerung des Schwerpunkts nach hinten beim Absprung und den damit verbundenen Absprung nach oben hinten kann er dann die Stellung zum Ball weiter korrigieren.

Wenn man den Ball dann doch unterlaufen hat und die gegnerische Block-Abwehrformation nicht sehen kann, gibt es folgende Möglichkeiten: Man wartet so lange wie möglich auf den (hoffentlich richtigen) Ruf des Partners oder versucht, so hart wie möglich den Ball lang in eine Ecke zu schlagen. Im Leistungsbereich der Männer hat sich eine weitere Möglichkeit etabliert: der mit 80 % Härte geschlagene Ball Richtung Feldmitte des Gegners. Selbst wenn der Blocker die Ballrichtung ahnt, ist es für ihn immer schwieriger, einen hoch abgeschlagenen Ball direkt auf den Boden zu blocken. Ähnlich verhält es sich, wenn der Partner einem noch mitteilen kann, dass sich der Blockspieler zurückzieht. Dann heißt es, den Ball so hart wie möglich zwischen die gegnerischen Spieler zu schlagen. So riskiert man keine ins Seitenaus geschlagenen Bälle.

Es gibt immer wieder Situationen, in denen man weiß, dass man nur noch einen Shot spielen kann und, was noch viel schlimmer ist, dass auch der Gegner das weiß! Dann muss man den Gegner auf eine falsche Fährte locken, indem man durch eine vielleicht sogar übertriebene Handhaltung eine Richtung andeutet – und im letzten Moment das Handgelenk dreht und in die andere Richtung spielt. Am besten gelingt dies, wenn der am Ende ausgeführte Shot dann auch noch der Lieblingsshot ist und perfekt gespielt werden kann.

Eine Bemerkung zum Schluss: Am einfachsten lässt sich das Problem schlechter Zuspiele mit einer guten Annahme vermeiden!

FACHBEGRIFFE

LINESHOT:
Linienshot über den Block.

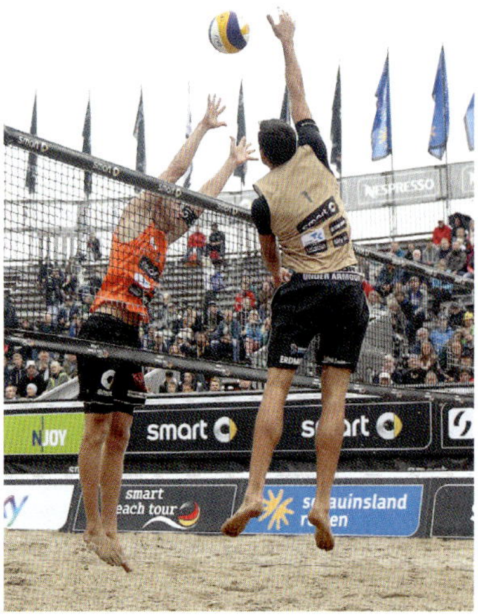

Bild 49:
Lineshot (Jonathan Erdmann).

Zusammenfassung Angriff

Die Abbildung zeigt den individualtaktischen Ablauf im Angriff, wobei ein besonderes Augenmerk auf den Wahrnehmungsbereich gelegt wird:

Nach der Annahme ganzheitlich Ballflug und Zuspieler beobachten

Je nach Annahme und vereinbartem Angriff möglichst schnell den Ausgangspunkt für den Anlauf einnehmen

↓

Beobachtung des Zuspielers in Körperachse und Zuspielbeginn

Einleitung des Anlaufes mit dem Beginn der Zuspielbewegung

↓

Beim Anlauf ganzheitliches Beobachten des Zuspiels und der gegnerischen Block-Abwehrposition

Ausgangsposition des Abwehrspielers Mitte → Sicherheitsshot ist Cut	Ausgangsposition des Abwehrspielers Diagonal → Sicherheitsshot ist Linie

↓

Beim Absprung ganzheitliches Beobachten des Balls und der gegnerischen Blockposition und „Warten" auf einen Call

Blocker zieht sich zurück oder Call „Ohne" → Schlag oder Shot ins freie Feld	Gute Blockpositionierung	Schlechte Blockpositionierung → Harter Schlag am Block vorbei

↓

Nach dem Absprung scharfes Lesen des Blockers und „Warten" auf einen Call

Blocker direkt vor dem Ball → lockeres Reinspielen in den Block	Schlag am Block vorbei oder Spiel des Sicherheitsshots	Bei Richtungscall → Shot ins freie Feld

Abbildung 15

FACHBEGRIFFE

ANGLESHOT: Diagonalshot über den Blockspieler.

DIE 10 GOLDENEN REGELN FÜR DEN ANGRIFF

1. Nach der Annahme sofort den Ausgangspunkt für den Angriff aufsuchen.
2. Sich einen Anlaufrhythmus angewöhnen und immer wie bei einem harten Angriffsschlag anlaufen und abspringen.
3. Schon während des Anlaufs den Gegner beobachten.
4. Direkte Angriffsfehler unbedingt vermeiden.
5. Für jeden Schlag eine gewisse Abweichung einkalkulieren.
6. Schlechte Zuspiele nicht beurteilen, sondern angreifen.
7. Zuerst selbst schauen, erst dann auf den Ruf des Partners bauen.
8. Beim harten Angriff eher den Blocker und beim Shot eher den Abwehrspieler beobachten.
9. Ohne Block zwischen die Abwehrspieler schlagen.
10. Die Angriffstechnik variieren.

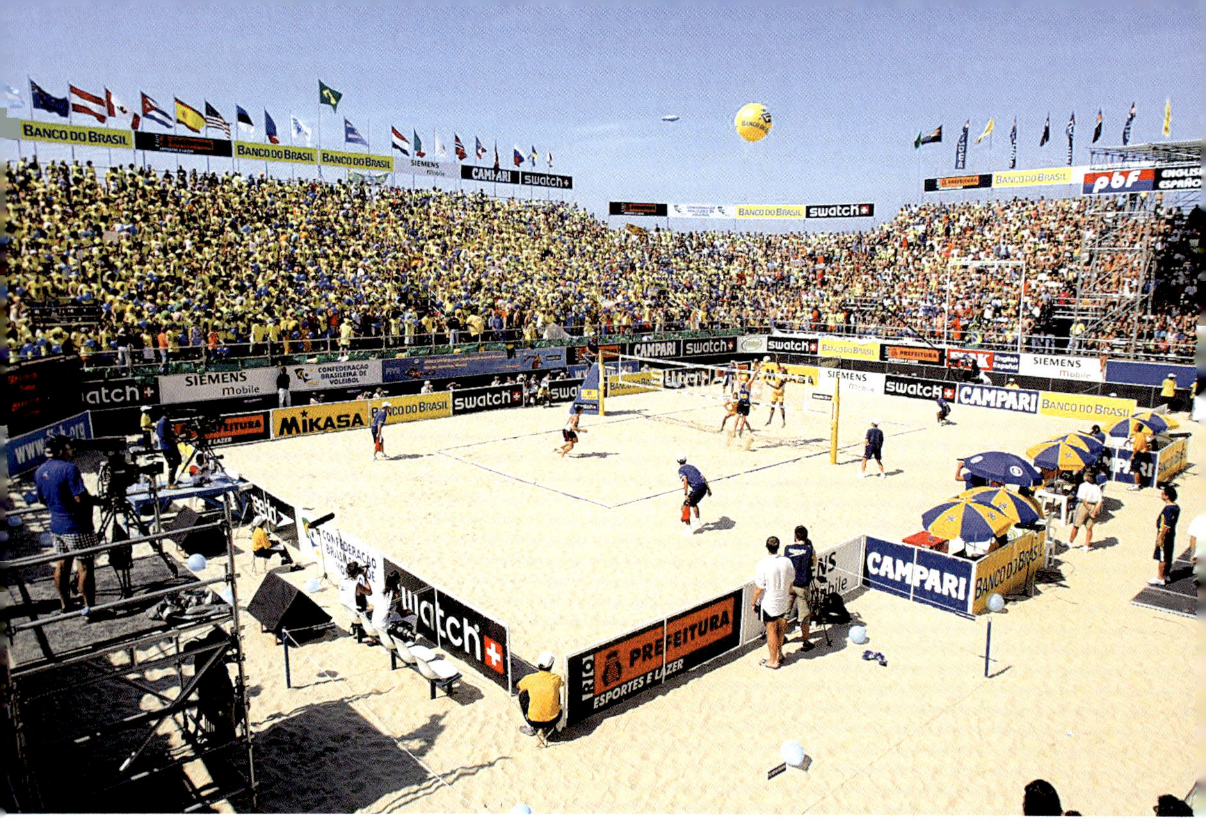

Höhe allein reicht nicht

Olympische Spiele 1996 in Atlanta. In der zweiten Gewinnerrunde trafen wir auf die Medaillenaspiranten Jan Kvalheim und Björn Maasseide aus Norwegen. Nach einer 70-minütigen Hitzeschlacht hatten wir beim Stand von 16:16 erneut Matchball. Der Aufschlag sollte auf Kvalheim gehen und Axel je nach Anlaufrichtung extrem diagonal oder hoch Linie blocken. Jan lief frontal zum Netz an und Axel wischte seine Arme im letzten Moment in Richtung Linie. Der Ball landete noch vor Blocker und Angreifer auf dem Boden im Feld der Norweger. 17:16, Block, Satz und Sieg.

Mit der Feldverkleinerung hat sich die Bedeutung des Blocks stark vergrößert. Auf dem Topniveau bei den Männer werden inzwischen über 2 Blockpunkte (WM 2011: Alison Ceruti 2,88) pro Satz erzielt. Gerade hier zeichnen sich die Topteams durch einen überragenden Blockspieler aus. Bei der WM 2013 in Polen wurden 14 % aller Punkte bei den Männern und 9 % aller Punkte bei den Frauen durch den Block erzielt.

FACHBEGRIFFE

SINGLE ELIMINATION: Turniermodus, bei dem ein Team bereits nach einer Niederlage ausscheidet.

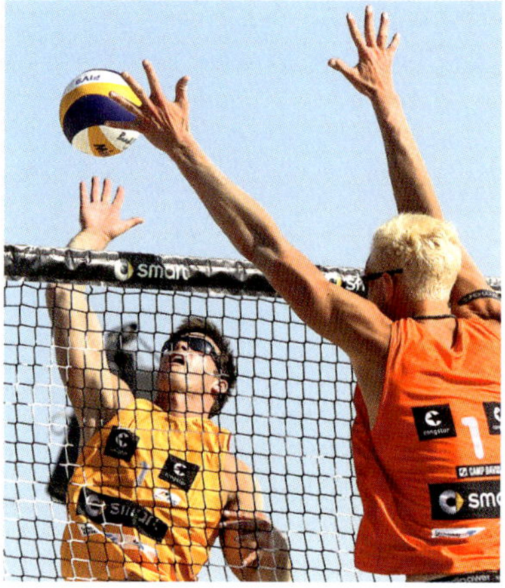

Bild 51: Wischblock (Tim Holler).

Ein guter Blocker blockt jedoch nicht nur möglichst viele Bälle erfolgreich ab und erzielt damit direkte Punkte, sondern macht eine gute Abwehrarbeit erst möglich. Denn erst wenn sich der Angreifer vom Blocker bedroht fühlt und um diesen herumschlägt, hat der Abwehrspieler die Chance, seinerseits Bälle kontrolliert abzuwehren und dann im Gegenangriff zu verwerten. Natürlich ist der direkte Blockpunkt einer kontrollierten Abwehr vorzuziehen, da der abgewehrte Ball ja erst wieder zugespielt und verwandelt werden muss. Für den Blocker bedeutet das, dass er jede realistische Chance auf den Blockpunkt aggressiv nutzen muss. Er muss dabei umso aggressiver vorgehen, je dichter der Ball am Netz ist, je erreichbarer er also ist.

Was auch im weiteren Verlauf dieses Kapitels gesagt werden mag: Bei einem dichten Zuspiel wird die Taktikabsprache hinfällig, der Blocker muss auf den Ball gehen. Je weiter das Zuspiel vom Netz entfernt ist, desto enger muss er sich an die Taktikabsprache halten.

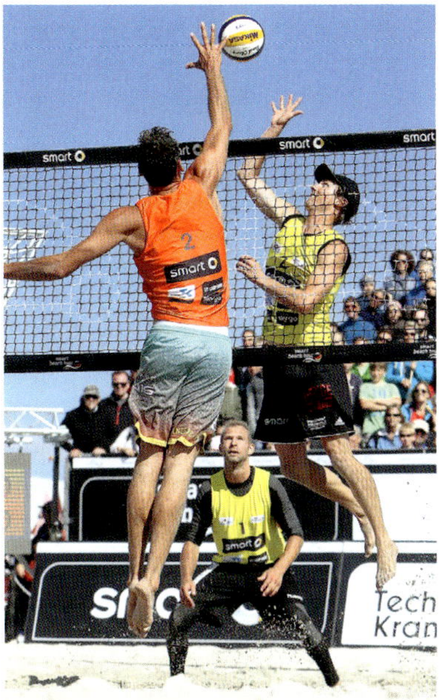

Bild 52: Einhändiger Reachblock (Björn Andrae).

FACHBEGRIFFE

KONGBLOCK: Blocktechnik, bei welcher der Blockspieler mit einer Hand auf den Ball greift.

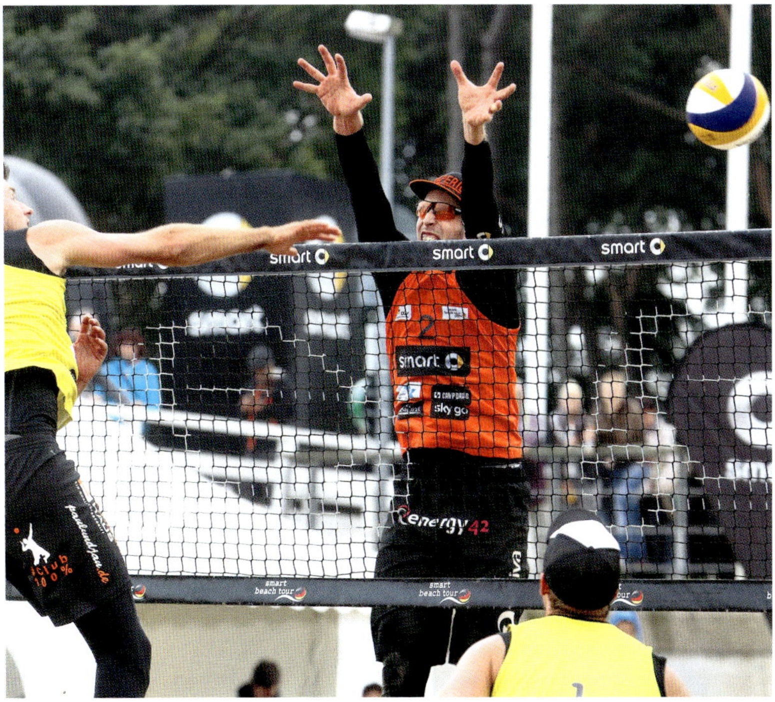

Bild 53: Beeindruckende Handlungshöhe (Sebastian Fuchs).

Blocken oder nicht? Das ist hier die Frage

Die erste Entscheidung, die der Blocker zu treffen hat, ist die, ob er am Netz bleibt und blockt oder sich zurückzieht und abwehrt. Und letztere muss er zeitig treffen, damit er eine gute Abwehrposition einnehmen kann. Die einzige Ausnahme dabei ist der Fakeblock, bei dem er sich erst im letzten Moment vom Netz löst, um einen kurzen Shot abzuwehren. Von Vorteil ist es dabei, eine möglichst tiefe Ausgangsposition einzunehmen, um sich von dort aus „für den Angreifer nicht erkennbar" zurückziehen. Dies gelingt besonders gut, wenn er das Zuspiel unterläuft und damit Ball und Block nicht mehr gleichzeitig im Blickfeld hat.

Der Hauptgrund für das Zurückziehen des Blockspielers sind Zuspiele, die zu weit vom Netz weg sind. Wann ein Zuspiel zu weit weg ist, hängt vom jeweiligen Angreifer ab. Je höher das Niveau von Zuspieler und Angreifer, desto geringer ist die Wahrscheinlichkeit bei normaler Annahme auf ein sinnvolles und erfolgreiches Zurückziehen. Im Hobbybereich hingegen ist es sehr erfolgversprechend, bei den Frauen noch mehr als bei den Männern. Dies geht sogar soweit, dass der Blocker im Hobbybereich bei Männern und Frauen und im mittleren Leistungsbereich bei den Frauen, einen Schritt vom Netz entfernt starten und nur bei perfektem Zuspiel zum Block gehen sollte. Der Vorteil dieser Taktik ist die rechtzeitige Einnahme einer guten Abwehrposition. Der komplette Verzicht auf den Block, also eine Ausgangsposition direkt im Feld, ist definitiv nicht anzuraten, weil der Gegner das Zuspiel risikolos dicht ans Netz zuspielen kann und dabei die über das Netz zugespielten Pässe schlecht zu erreichen sind.

Gelingt es, den Gegner mit dem Aufschlag in Schwierigkeiten zu bringen, kann sich der Blockspieler schon auf das Zurückziehen vorbereiten, sollte aber immer noch ein über das Netz gespieltes Zuspiel abwarten. Außer bei einer Annahme ins Netz – da hier das rettende Zuspiel häufig eher niedrig und dicht am Netz ist, sollte der Blocker das Zuspiel hier direkt am Netz erwarten.

FACHBEGRIFFE

WISCHBLOCK:
Blocktechnik, bei der der Blocker erst im letzten Moment in eine Richtung greift.

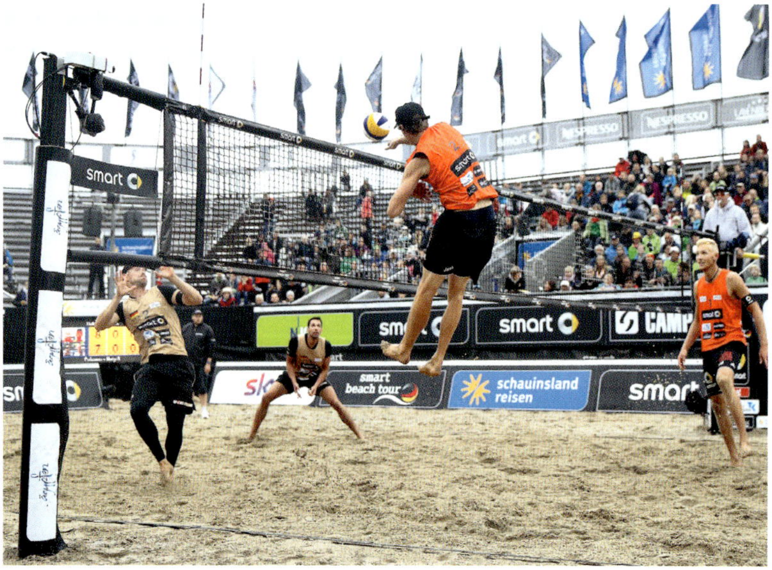

Bild 54:
Späte Entscheidung
(Kay Matysik).

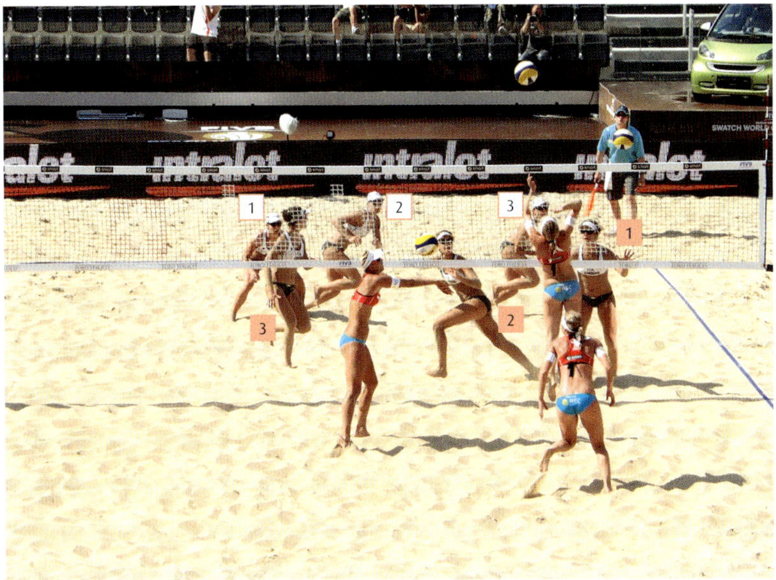

Bild 55

FACHBEGRIFFE

FAKEBLOCK:
Antäuschen eines Blocks und gleichzeitiges Zurückziehen des Blockspielers vom Netz.

Sich vom Block zurückziehen: Rechtzeitig stehen

Wichtig ist also die frühe Entscheidung des Blockspielers. Selbst wenn sie falsch ist: Er hat auf einer guten Abwehrposition bessere Abwehrchancen, als wenn er nach einer richtigen, aber zu späten Entscheidung schlecht postiert dicht am Netz abwehren muss. Ob das Sich-Zurückziehen zu spät erfolgt oder nicht, im Moment des Angriffs muss der Blockspieler zum Stillstand gekommen sein, um noch in alle Richtungen agieren zu können. Je dichter er dann am Netz steht, desto höher muss er seine Hände halten, d. h. beim Zurückziehen werden die Hände mit der Überkopfabwehr dicht am Netz startend immer weiter nach unten genommen. Erwartet er einen harten Schlag, muss er sich dem Angreifer frontal entgegenstellen. In Erwartung eines Shots nimmt er besser eine seitliche Stellung zum Angreifer ein, um in alle Richtungen agieren und diese Shots erreichen zu können. Als Letztes bleibt noch zu klären, wohin er sich zurückziehen soll.

Im Hobbybereich sollte man sich der Einfachheit halber in die Linie zurückziehen, im mittleren Leistungsbereich der Frauen dagegen verstärkt diagonal zurückziehen, da die Spieler und Spielerinnen dieses Leistungsniveaus sehr selten mit einem langen Diagonalshot angreifen. Im Leistungsbereich der Frauen und im mittleren Leistungsbereich der Männer sollte variiert werden, je nach Vorlieben des Angreifers. Im Leistungsbereich der Männer sollte das Sich-Zurückziehen in die Diagonale die Ausnahme bleiben, da hier der Angreifer ohne Block meist hart diagonal angreift. Eine Ausnahme bildet dabei der Fakeblock, bei dem sich der Blocker trotz eines guten Zuspiels sehr spät vom Block zurückzieht, um einen Cutshot abzuwehren.

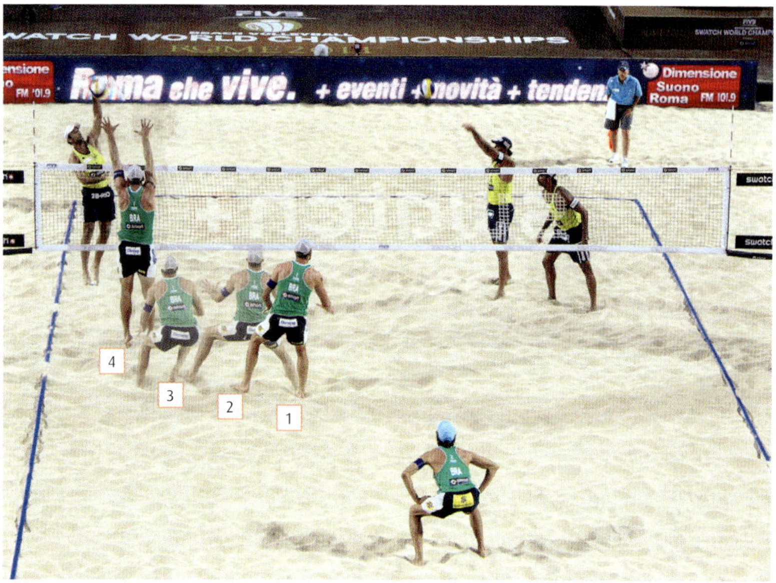

Bild 56

FACHBEGRIFFE

REACHBLOCK:
Blocktaktik, bei der der Blocker möglichst hoch bzw. weit greift.

Ausgangsposition im Block: Den Ball in Griffweite

Die Ausgangsposition des Blockspielers ist abhängig von der Händigkeit des Angreifers, seiner Anlaufrichtung und dem Angriffsort. Sie sollte dabei immer so gewählt werden, dass der Blocker dabei einen Schlag in Richtung Mitte des eigenen Feldes abdeckt. Bei Rechtshändern von der Position II steht der Blocker direkt vor dem Angreifer, er schaut ihm ins Gesicht. Umgekehrt startet er beim Angriff des Rechtshänders von der Position IV vor der Schlagschulter. Genau entgegengesetzt verhält es sich bei Linkshändern.

Schwieriger wird es bei flachen Zuspielen, bei denen der Angreifer auch noch leicht schräg anläuft und damit mehr Raum für seinen Angriff hat. Bei einem Anlauf von innen nach außen muss der Blocker weit genug außen beginnen, um dem Angreifer nicht hinterherfliegen zu müssen und damit ein leichtes Ziel zum Anschlagen zu werden. Dafür muss er bei einem Anlauf des Angreifers von außen nach innen weit genug innen anfangen, damit die Diagonale nicht zu weit offen steht. Gegen Angreifer, die hohe Pässe bevorzugen oder wenn eventuell ein Fakeblock durchgeführt werden soll, kann man aus einer tiefen Ausgangsposition starten, da der Angreifer bei dem hohen Pass Ball und Blockspieler nicht mehr gleichzeitig beobachten kann. Greift der Gegner dagegen schnelle Pässe an, ist das Timing bei einer höheren Ausgangsstellung einfacher.

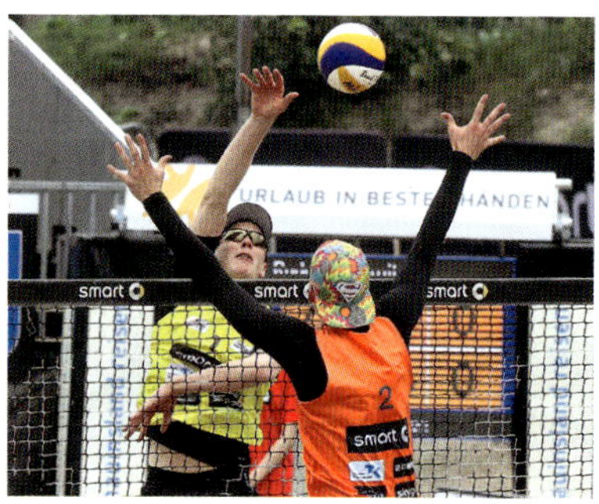

Bild 57:
Spreadblock (Niklas Rudolf).

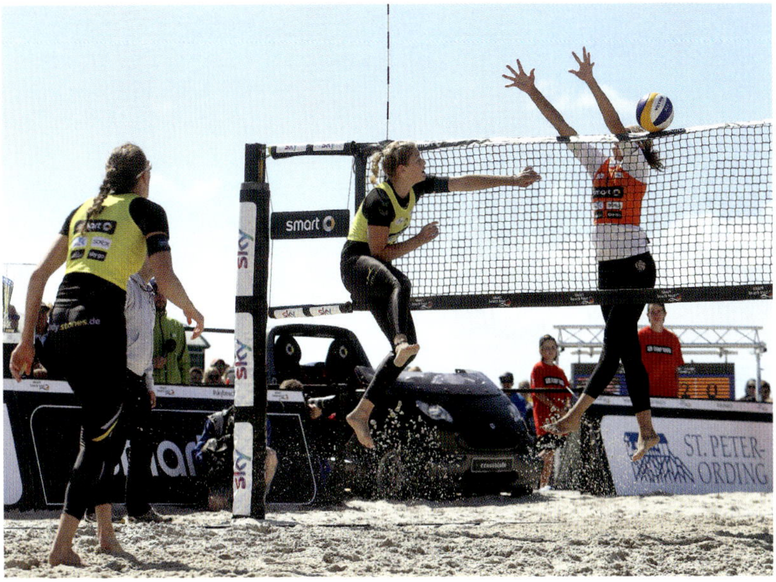

Bild 58

FACHBEGRIFFE

SPREADBLOCK: Öffnen der Arme im Block.

Blocken gegen harte Angriffsschläge: Schnell und rüber

Ganz allgemein kommt es beim Blocken hart geschlagener Angriffsbälle darauf an, rechtzeitig zu springen und die Hände möglichst schnell übers Netz zu bringen. „Rechtzeitig" heißt, gegen Angreifer, die sehr schnell schlagen, früh genug abzuspringen und gegen Spieler, die ihren Angriffschlag verzögern, sehr spät zum Block zu springen. „Möglichst schnell" heißt, die Hände direkt über das Netz in Richtung Ball zu schieben. Besonders bei Angreifern mit geringerer Aktionshöhe sollte der Blocker nicht auf Höhe agieren, sondern versuchen, durch ein möglichst weites Übergreifen ins gegnerische Feld den Winkel so weit wie möglich zu verkürzen.

Um den Angreifer lange im Unklaren darüber zu lassen, welche Richtung der Blocker abdeckt, gibt es unterschiedliche Techniken. Greift er durch die Mitte an, bietet sich der Spreadblock an, bei dem der Blocker seine Arme im Moment des Schlags auseinandernimmt.

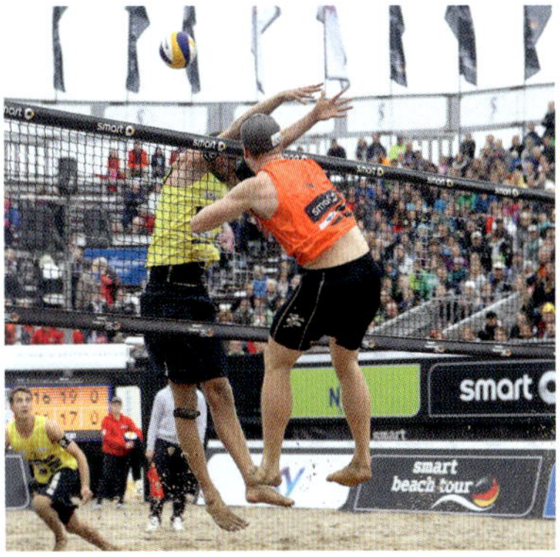

Bild 59: Diagonales Reinspringen im Block (Armin Dollinger).

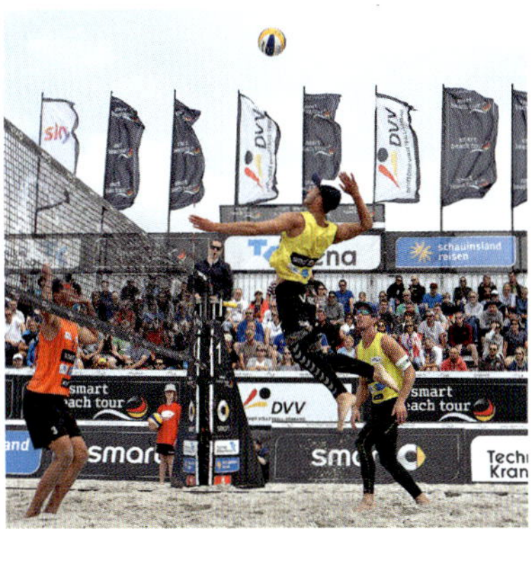

Bild 60: Timing eindeutig zu spät (Mirko Schneider).

Diese Technik empfiehlt sich auch bei Spielern, die den Block sehr gut beobachten und um ihn herumschlagen.

Die am häufigsten verwendete Technik ist der Wischblock, bei dem der Blocker gerade hochspringt und dann mit einer Hand oder beiden in eine Richtung wischt. Der Vorteil dabei ist, dass der Blocker nach dem Sprung noch in beide Richtungen agieren kann. Um diese Technik effizient ausführen zu können, braucht es eine ausreichende Handlungshöhe. Nachteil dieser Technik ist die begrenzte Reichweite sowohl bei ein- als auch beidarmiger Ausführung.

Will der Blocker auch in schärferem Winkel geschlagene Bälle abblocken, muss er schon schräg in eine Richtung abspringen. Das empfiehlt sich für kleinere Spieler, da es dabei nicht auf die Blockhöhe ankommt, sondern darauf, die Hände über das Netz zu schieben, weil in spitzem Winkel geschlagene Bälle nur ganz knapp über die Netzkante gehen.

Um eine noch größere seitliche Distanz zu überwinden, muss man vor dem Blocksprung einen zusätzlichen seitlichen Schritt machen. Da gute Angreifer solch einen Schritt sehen und darauf reagieren, kann man diese Technik auch als Täuschung verwenden und dann wieder blitzschnell in die andere Richtung zurückspringen!

Bei dem so genannten Kongblock blockt der Spieler mit einem Arm. Bei dieser sehr spektakulären Technik wird die größere Reichweite einer einarmigen Bewegung ausgenutzt. Sie eignet sich besonders dazu, bei dicht gestellten Bällen voll auf den Ball zu gehen oder die Blockrichtung im letzten Moment zu ändern.

FACHBEGRIFFE

SEITSPRUNGBLOCK:
Blocktechnik, bei welcher der Blocker schon beim Absprung in eine Richtung springt.

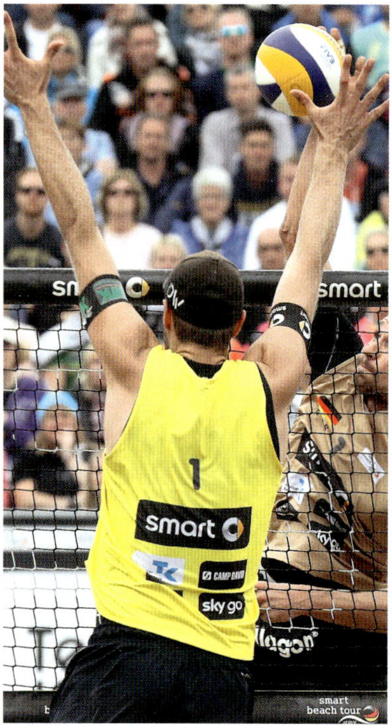

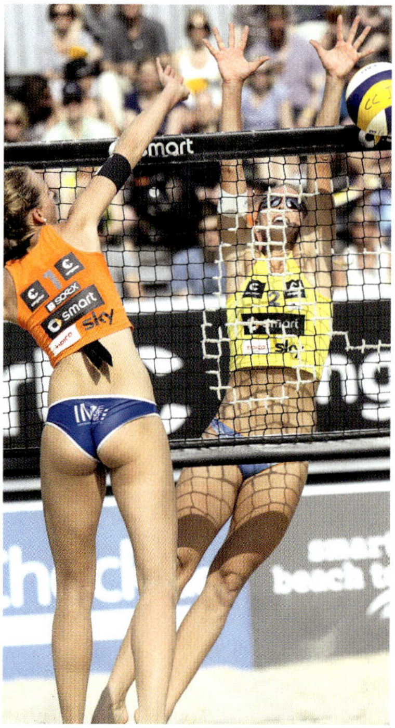

Bild 61 (links): Spreadblock Mitte-Linie (Armin Dollinger).

Bild 62 (rechts): Block mit Seitsprung (Kim Behrens).

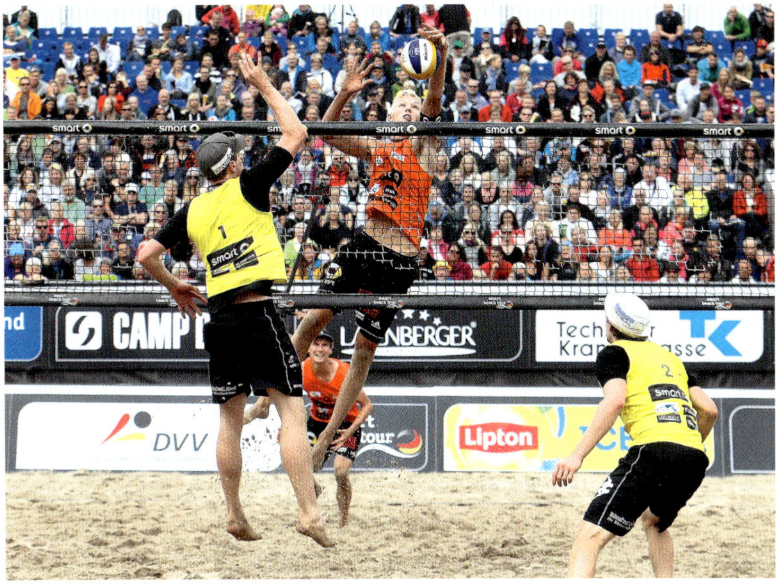

Bild 63

FACHBEGRIFFE

STUFFBLOCK: Erfolgreicher Block eines hart geschlagenen Balls.

Shotblocks: Spät und hoch

So wie es zwei Arten von Shots gibt, die schnell gespielten und die verzögerten, muss es auch zwei unterschiedliche Blockvarianten geben. Beim Block der schnell gespielten Shots muss der Blocker früh springen und möglichst schnell seine maximale Höhe erreichen. Die Arme und Hände greifen dabei nicht über das Netz, sondern werden maximal gestreckt. Kommt es zum Block, sollte der Blockspieler versuchen, den Ball herunterzudrücken, um dem angreifenden Gegner keine Chance zur Sicherung zu geben. Bei einem verzögerten Shot springt er hingegen erst nach dem Angriff, reagiert er also auf den Shot. In beiden Fällen kann man von einem Jump-and-Reach-Block sprechen. Gegen lange Shots wird zumeist beidarmig geblockt, bei Cutshots und kurzen Ablegern hingegen vor allem einarmig. Zum Blocken verzögerter Cutshots kann man zudem einen seitlichen Schritt machen, um seine Reichweite zu vergrößern.

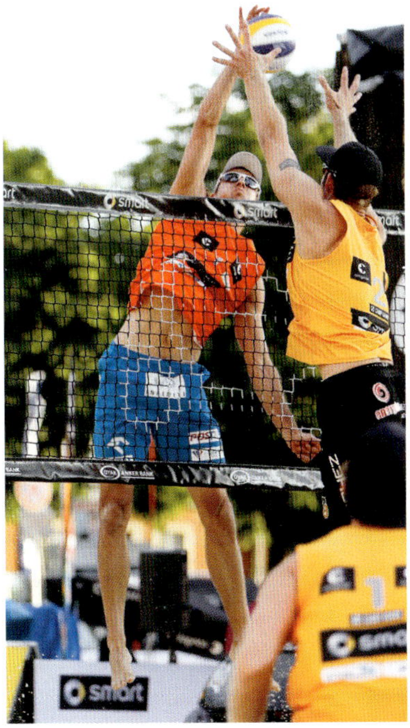

Bild 64:
Block eines Lineshots
(Sebastian Fuchs).

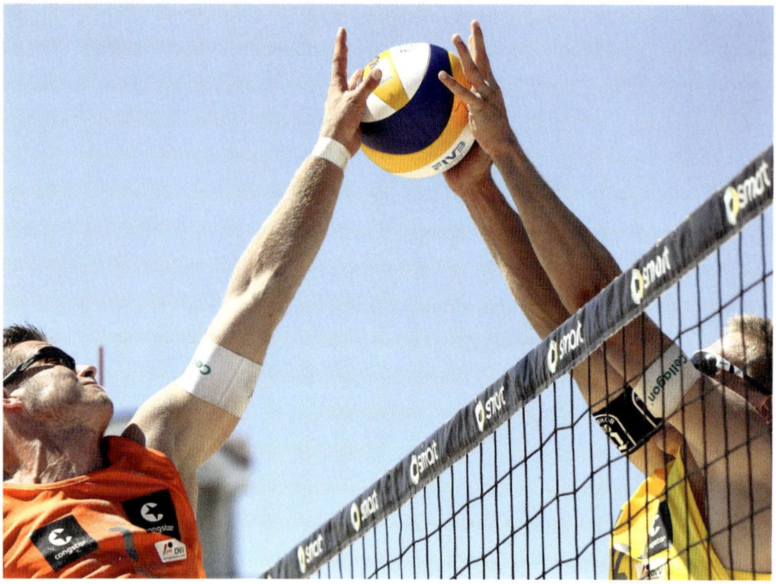

Bild 65

FACHBEGRIFFE

JOUST = DRÜCKDUELL:
Aktion über dem Netz, bei der zwei Spieler den Ball gleichzeitig berühren.

Der Joust: Das Duell am Netz

Genau wie beim Hallen-Volleyball ist beim Beach-Volleyball das Drückduell oberhalb der Netzkante erlaubt – und sogar erwünscht, weil es für die Zuschauer ein fesselnder Anblick ist, wenn zwei Spieler in der Luft ihre Kräfte miteinander messen. Der Blocker hat dabei im Allgemeinen die schlechteren Karten, da er erst nach dem Angreifer den Ball berühren darf, solange dieser sich auf der gegnerischen Seite befindet. Dem Blocker bleiben jedoch verschiedene Optionen, um den Luftkampf für sich zu entscheiden. Da nach dem Joust beide Parteien wieder 3 Ballberührungen haben, sollte der Blocker versuchen das Drückduell zugewinnen, indem er den Angreifer kontrolliert drücken lässt und den Ball dann auf der eigenen Seite zu seinem Partner spielt. Ebenso kann er im letzten Moment die Hände wegziehen, um den Angreifer ins Netz zu locken oder zu einem nicht erlaubten Angriff mit der offenen Hand zu verleiten. Doch Vorsicht, gewiefte Angreifer drücken nicht mit der offenen Hand, sondern mit einem angedeuteten Poke, der wiederum erlaubt ist! Lässt sich der Blocker wirklich auf das Drückduell im eigentlichen Sinne ein, sollte er den Ball mit beiden Händen seitlich ins gegnerische Feld drücken.

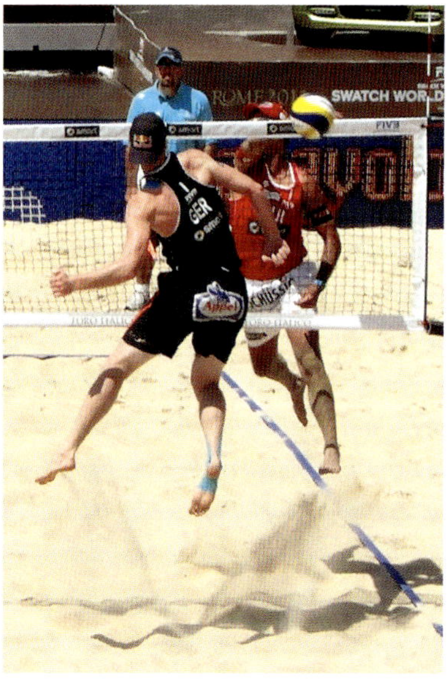

Bild 66: Wegziehen des Blocks beim Drückduell (Jonas Reckermann).

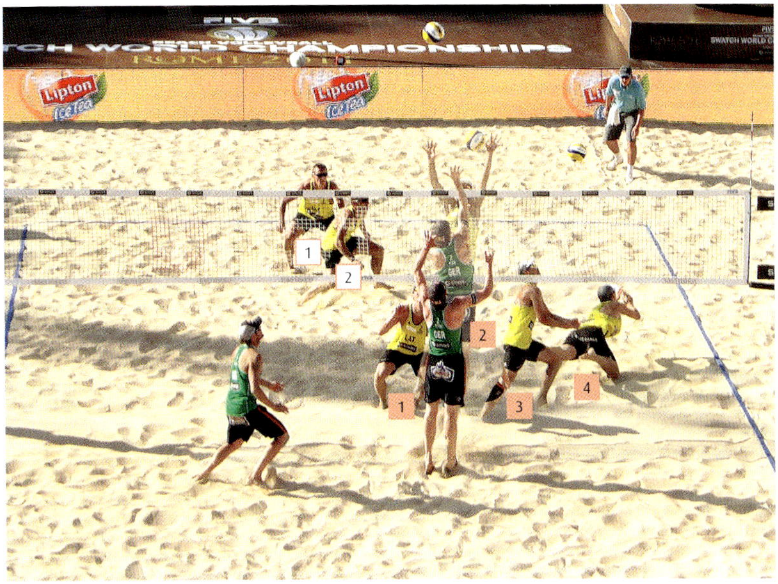

Bild 67

FACHBEGRIFFE

ROOFBLOCK:
Erfolgreicher Block, bei dem der Blockspieler den Ball überdacht.

Nach dem Block

Nur bei einem direkten Blockpunkt oder einem Fehler des Angreifers ist die Arbeit des Blockspielers mit seiner Aktion beendet. Wird sein geblockter Ball gesichert, muss er sofort wieder für den nächsten Angriff des Gegners bereit sein. Fliegt der Ball an ihm vorbei, kann er sich schon beim Landen auf ein mögliches Zuspiel vorbereiten, indem er Kopf und Körper dorthin dreht, wo der Ball ihn passiert hat. Nach der Landung sollte er dann sofort ein oder zwei Schritte vom Netz weg, um von dort aus zum Zuspiel zu laufen oder bei einem direkten Zuspiel seines Abwehrspielers mit einem Anlauf angreifen zu können. Bei einem kurzen Shot über ihn weg, muss er sich auch hier bereits vor der Landung in die Richtung drehen, in die er danach springen will. Landen muss er dann in einer möglichst tiefen Hocke, damit er sich nach maximal einem weiteren Schritt zum Ball hin abdrücken kann.

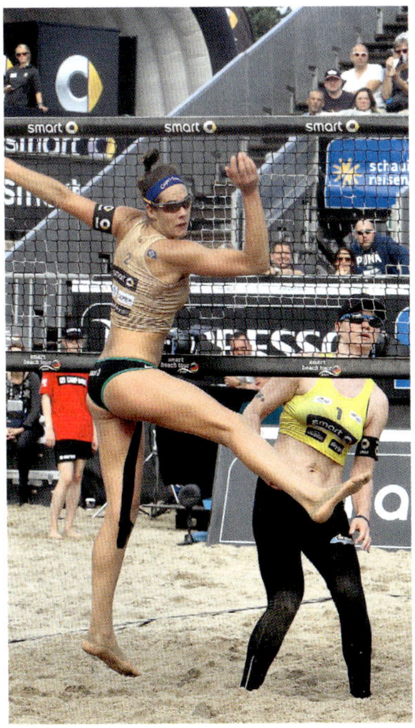

Bild 68:
Sofortiges Orientieren nach dem Block (Kira Walkenhorst).

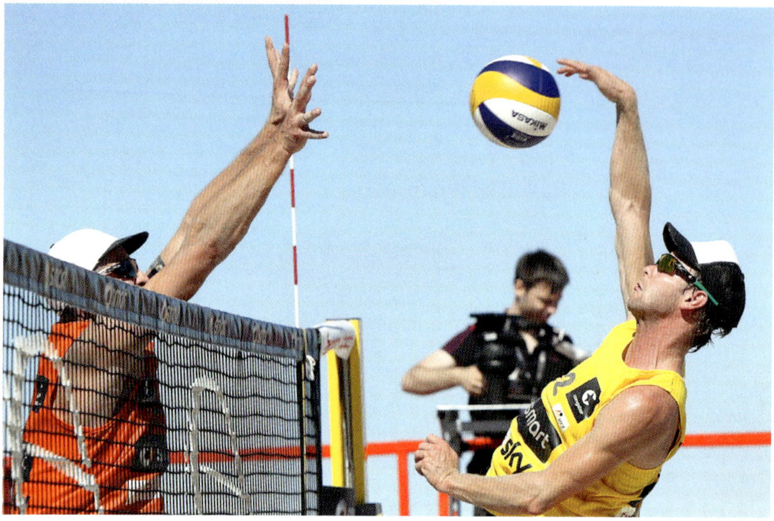
Bild 69

ANMERKUNG

„Ist der Ball dicht, dann hat der Blocker alle Freiheiten, ist der Ball weg vom Netz, muss er diszipliniert blocken."

Individualtaktik des Blockspielers

Wenn im Folgenden die Individualtaktik des Blockspielers betrachtet wird, gilt dies nur für normal zugespielte Pässe. Bei zu dicht gestellten Bällen sollte der Blocker immer mit beiden Händen auf den Ball gehen, um einen direkten Blockpunkt zu machen. Je weiter der Ball vom Netz weg ist, desto eher sollte der Blocker bei der vereinbarten Blocktaktik bleiben. Ist das Zuspiel zu weit vom Netz entfernt, muss er sich vom Netz lösen. Grundsätzlich gilt: Wenn der Blocker etwas antizipiert, d. h. wenn er den Schlag oder Shot des gegnerischen Angreifers antizipiert, sollte er nur dann darauf reagieren und damit auch eine andere als die abgesprochene Blocktaktik einsetzen, wenn er diese auch technisch sauber ausführen kann. Es gibt nichts Ärgerlicheres für einen Abwehrspieler, der gut postiert ist und den gegnerischen Angriff richtig antizipiert hat, als wenn der Blocker seine Taktik ändert und den Ball unerreichbar abfälscht.

Im Hobby- bzw. im mittleren Leistungsbereich sollten die Blocker vor allem die Hauptschlagrichtung, also die Anlaufrichtung oder die Diagonale blocken. Schwieriger wird es im Leistungsbereich, wenn die Angreifer auch gegen die Anlaufrichtung hart angreifen können. Knickt ein Angreifer hier mit dem Oberkörper stark in eine Richtung ab, schlägt er den Ball häufig in die andere Richtung. Beispiel: Knickt ein Rechtshänder beim Angriff nach links ab, schlägt er den Ball nach rechts, d. h. wenn er auf der rechten Seite angreift, Linie, und wenn er auf der linken Seite angreift, diagonal. Bei einer Punktchance, insbesondere wenn der Angreifer unter Zeitdruck steht, greift er auch hier häufig in Anlaufrichtung oder mit seinem Lieblingsschlag an. Gerade beim Angriff auf der ungewohnten Seite verfügen die meisten Spieler nur über ein begrenztes Repertoire.

Eine Anmerkung noch zur Stärke eines Blockspielers: Ein guter Blocker zeichnet sich nicht nur durch seine direkten Blockpunkte aus, sondern vor allem durch den Respekt, den er den Angreifern einflößt, sodass sie weit genug an ihm vorbeischlagen oder sogar anfangen, Shots zu spielen.

Zusammenfassung Block

Die Abbildung zeigt den individualtaktischen Ablauf beim Block, wobei ein besonderes Augenmerk auf den Wahrnehmungsbereich gelegt wird:

Ausgangsposition: zentral am Netz/(in der Nähe des Netzes)

↓

Nach der Annahme ganzheitlich Ballflug und Zuspieler beobachten

Bei Ausschluss 2. Ball Positionsveränderung in die Nähe des zu erwartenden Angriffsortes	Bei Gefahr eines 2. Balles Anlaufrichtung blockieren

↓

Beobachtung des Zuspiels in Richtung und Geschwindigkeit zur Erkennung des zu erwartenden Abstandes des Balls vom Netz

Bei netzfernem Zuspiel zurückziehen	Bei normalem Zuspiel den Angreifer beobachten	Bei netznahem Zuspiel Ball beobachten und zugreifen

↓

Festlegung der Blockposition an Hand der Anlaufrichtung und der Händigkeit

Rechtshänder von rechts (Linkshänder von links) → Face to Face	Linkshänder von rechts (Rechtshänder von links) → Vor die Schlagschulter

↓

Ganzheitliche Wahrnehmung von Anlauf- und Absprungdynamik

Bei entsprechender Dynamik normaler Absprung und mit sofortigem Übergreifen → Stuffblock	Bei fehlender Dynamik verzögerter Absprung mit zusätzlichem verzögertem Hochführen der Arme → Shotblock

↓

Scharfes Lesen der Schlag- bzw. Shotrichtung

Scharfes Lesen des Armschwunges und Führen der Hände gegen die Schlagrichtung	Scharfes Lesen des Handgelenkes und Führen der Hände gegen die Shotrichtung

Abbildung 16

ANMERKUNG

„Sei aggressiv, aber nicht zu gierig im Block."

DIE 10 GOLDENEN REGELN FÜR DEN BLOCK

1. Niemals komplett ohne Block spielen.
2. Frühe Entscheidung für das Sich-Zurückziehen ist wichtig.
3. Der sich zurückziehende Spieler muss im Moment des Angriffsschlags zum Stillstand kommen.
4. Ausgangsstellung für den Blocker ist die Schlagschulter des Angreifers.
5. Gegen harte Angriffe schnell übergreifen.
6. Gegen Shots möglichst auf Höhe gehen.
7. Bei dichtem Zuspiel immer aggressiv auf den Ball gehen.
8. Je weiter das Zuspiel entfernt ist, desto mehr eine Seite schließen.
9. Beim Drückduell richtig zufassen oder wegziehen.
10. Nach dem Block sofort zuspielbereit sein.

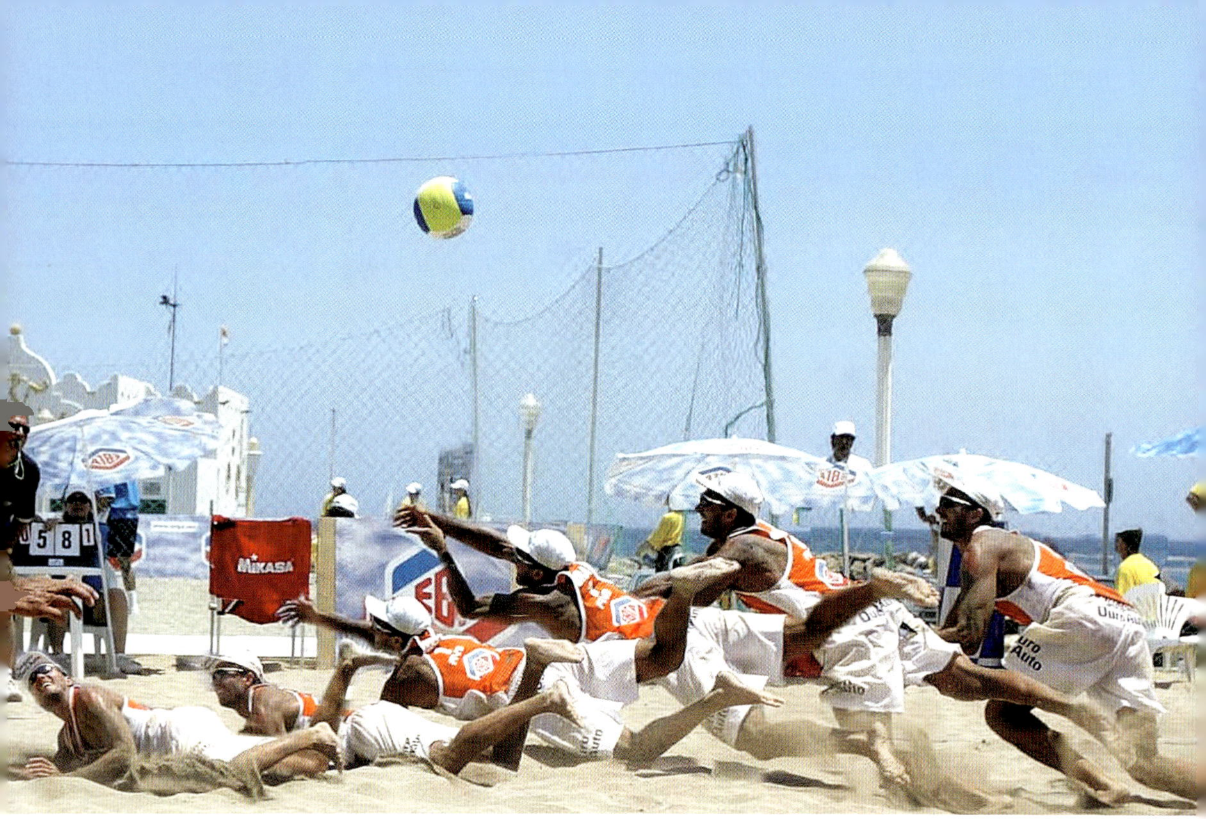

Nichts ist unmöglich

Halbfinale Deutsche Meisterschaft 1997 am Timmendorfer Strand gegen Sven Anton und Stefan Pommerenke. Nachdem Sven und Pommi auch durch ihre druckvollen Aufschläge bereits hoch führten, wir aber langsam wieder ins Spiel zurückfanden, hatten wir bei 15:14 den zweiten Matchball. Sven bekam ein gutes Zuspiel und schlug den Ball schnell und hart Linie, vorbei am diagonal blockenden Axel. Ich hatte mich im letzten Moment an der Linie postiert, wo der Ball dann genau auf meine Arme prallte und von dort direkt in Axels Hände flog. Mit dem anschließend verwandelten Angriffsschlag war das Spiel beendet.

FACHBEGRIFFE

POOLPLAY:
Turniermodus, bei dem zunächst in Gruppen gespielt wird.

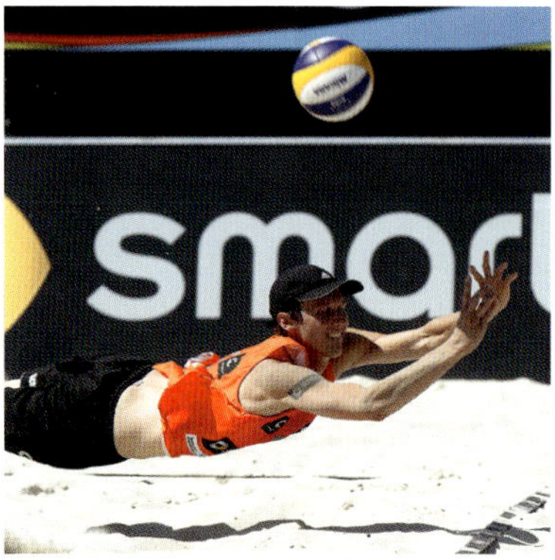

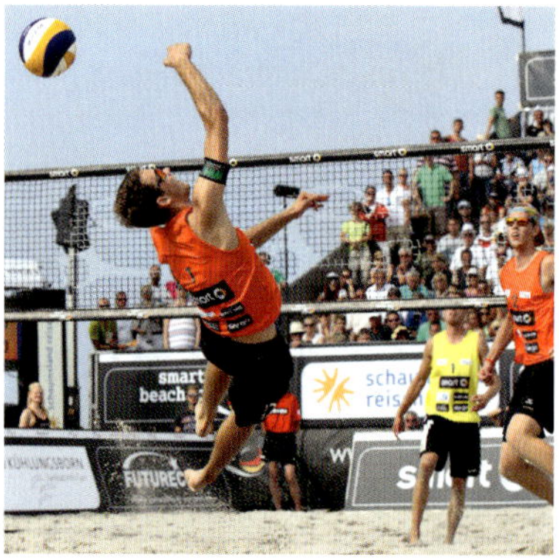

Bild 71 (links):
Beidarmige Abwehr im Flug (Jonathan Erdmann).

Bild 72 (rechts):
Einarmige Abwehr im Flug (Clemens Wickler).

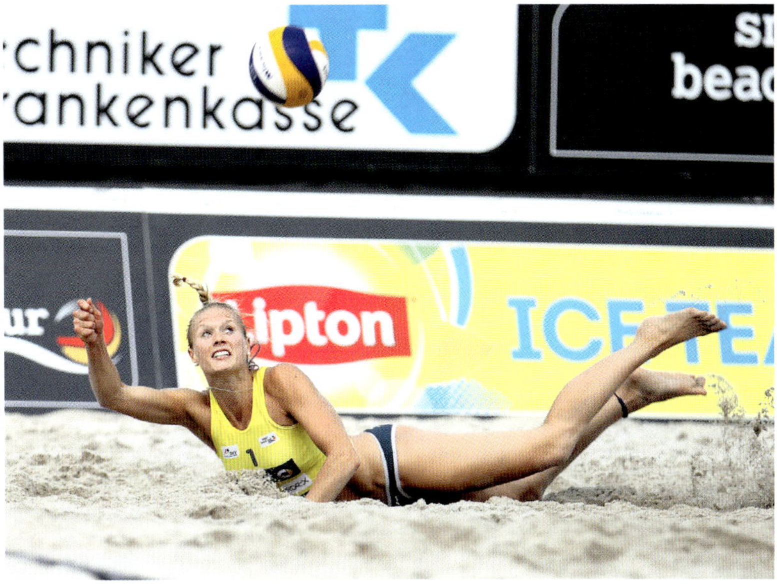

Bild 73

BEACH-TALK

JÄGER UND SAMMLER: Abwehrspieler, der gegnerische Shots besonders gut erläuft bzw. einsammelt.

„Antizipation" heißt das Zauberwort

Zunächst einmal möchte ich einigen Ansichten widersprechen, die über das Verhalten des Abwehrspielers beim Beach-Volleyball existieren. Immer wieder bekommt man zu hören: „Steh in der Abwehr, sonst kannst du keinen Ball abwehren." Das ist richtig für die Abwehr im Hallen-Volleyball, wo jeder Spieler nur einen Bruchteil des Felds abdecken muss. Es ist auch richtig, dass es beim Beach-Volleyball effektiver ist, einen Ball aus einer ruhigen, ausbalancierten Position heraus anzunehmen, zuzuspielen oder abzuwehren. Aber was, wenn man dort als Abwehrspieler den ganzen Court hinter dem Blockspieler abdecken soll? Wer dort einfach fest im Sand steht, wird kein guter Abwehrspieler. Umgekehrt wird ein Abwehrspieler, der einfach nur in den Ball rennt, genauso wenig erfolgreich sein. Es kommt also darauf an, eine an den gegnerischen Angreifer angepasste Taktik zu verwenden, um sowohl harte Angriffsschläge als auch gut platzierte Shots abwehren zu können.

Das Gleiche gilt für die Mahnung, „nicht zu spekulieren", also, nicht zu früh auf einen Shot loszulaufen, sondern lieber erst nach dem Shot dem Ball hinterherzueilen. Spekulation ist vielleicht wirklich nicht die beste Abwehrtaktik, aber Antizipation ist definitiv eine der wichtigsten Voraussetzungen für eine gute Abwehr.

Gute Abwehr beruht zu gleichen Teilen auf Antizipation und auf Reaktion. Mit anderen Worten, ein guter Abwehrspieler „liest" den Angriff des Gegners gemäß seinem Wissen über ihn und seinen Gewohnheiten und Fähigkeiten und gemäß der Situation, dem jeweiligen Zuspiel und Anlauf- bzw. Absprungverhalten des Angreifers.

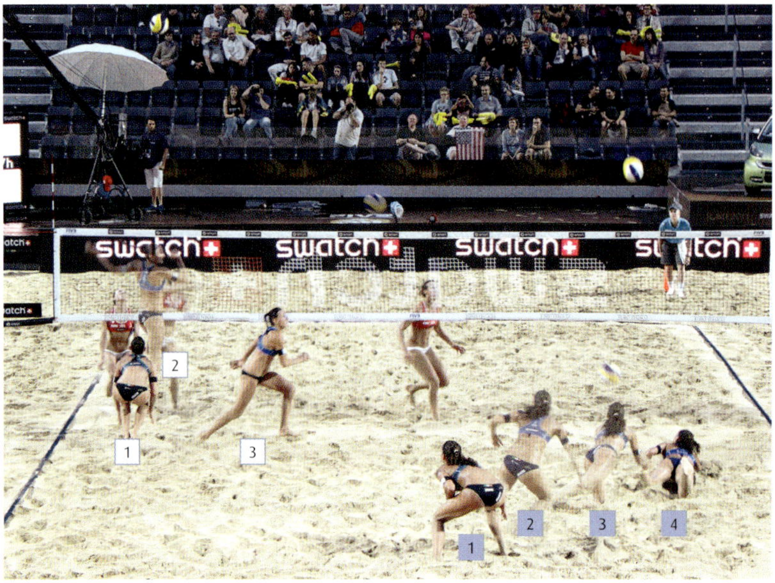

Bild 74

FACHBEGRIFFE

DOUBLE = DOPPELBERÜHRUNG: Unsaubere Abwehr mit den Fingern bei einem nicht hart geschlagenen Ball.

Ausgangsposition: Zu allem bereit

Es gibt unterschiedliche Möglichkeiten bei der Wahl der Ausgangsposition. Entweder versteckt sich der Abwehrspieler hinter dem Blockspieler oder er zeigt sich sehr früh in der Mitte bzw. auf einer Feldhälfte, wobei er zusätzlich Täuschungsbewegungen ausführen kann. Jede dieser Methoden hat ihre Vorteile gegen bestimmte Gegner und Spielertypen.

Der Abstand der Ausgangsposition zum Netz sollte dabei zwischen fünf und sieben Meter betragen. Es hängt zum einen davon ab, wie scharf der Cutshot des Gegners ist, zum anderen aber von den Fähigkeiten des Abwehrspielers, hart geschlagene Bälle eher im Bagger oder oben mit den Händen abzuwehren. Im internationalen Topbereich der Männer und Frauen hat sich die Ausgangsposition der Abwehrspieler eindeutig nach hinten verlagert und harte Bälle werden vor allem im Abwehrbagger abgewehrt.

Neben dem "Wo starte ich in der Abwehr" gibt es auch noch ein "Wie stehe ich in der Abwehr": tief mit stark gebeugten Kniegelenken oder eher hoch und entspannt. International sieht man beides, da es stark von den muskulären Fähigkeiten abhängt. Athleten mit viel Power in den Oberschenkeln starten tiefer, während die leichtfüßigen reaktiven Athleten aus einer höheren Position heraus starten.

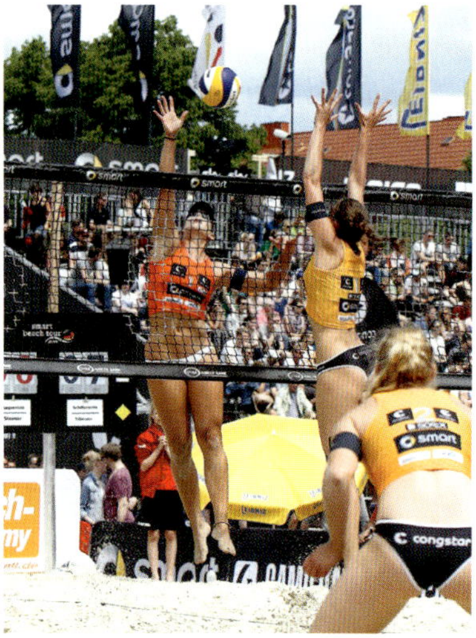

Bild 75:
In der Diagonalen starten (Cinja Tillmann).

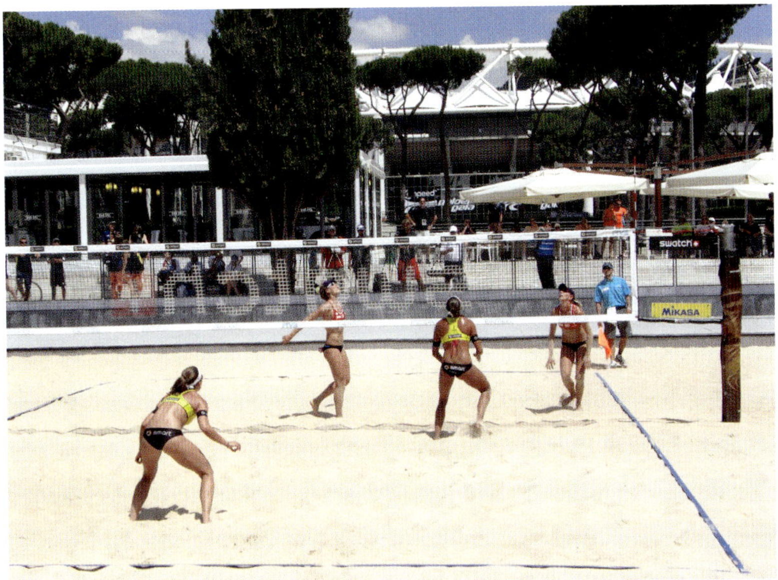

Bild 76

BEACH-TALK

HIDE AND SEEK: Abwehrspieler, der sich hinter seinem Blockspieler versteckt und auf den Ruf des Gegners hin losläuft.

Verstecken spielen

Versteckt sich der Abwehrspieler hinter seinem Blocker, kann der gegnerische Angreifer die Ausgangsposition nicht richtig einschätzen. Er weiß zwar in etwa, wo der Abwehrspieler sich befindet, sieht aber nicht, ob dieser sich für einen harten Ball eingräbt oder aber sich bereit macht, einen Shot zu erlaufen.

Der Abwehrspieler bleibt bei dieser Taktik möglichst lange in seinem Versteck hinter seinem Blocker. Er bewegt sich erst, wenn der Angreifer seinen Blick von der gegnerischen Block-Abwehr-Formation weg und zum Ball hin richtet, aus dem Blockschatten heraus in die angestrebte Abwehrposition. Das Wichtigste bei dieser Taktik ist die Antizipationsfähigkeit des Abwehrspielers, da er wegen seinem späten Start in die eine Richtung des Felds die andere Seite kaum noch verteidigen kann. Manchmal hat er auch Mühe, den Angreifer genau zu beobachten, da der Blocker ihm die Sicht nehmen kann.

Diese Abwehrtaktik ist erfolgreich gegen Spieler, die viele Shots spielen – insbesondere mit der zusätzlichen Variante, dass der Abwehrspieler auf den Ruf des Gegners reagiert und auf den entsprechenden Shot läuft. Sie hat aber auch zwei gravierende Nachteile: Weder harte Angriffsschläge an die Außenlinie noch Shots gegen die Laufrichtung sind erreichbar!

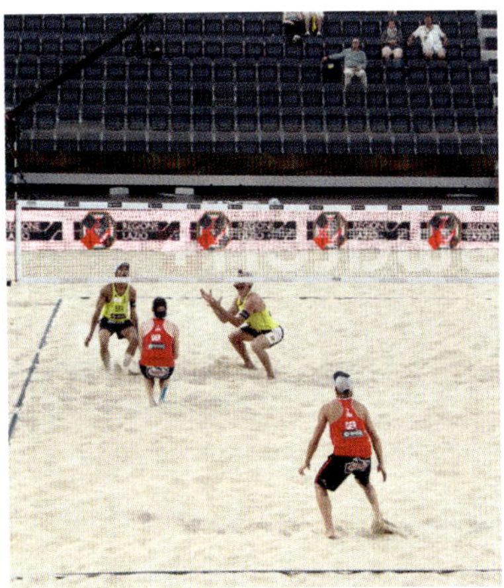

Bild 77: Warten in der Mitte (Julius Brink).

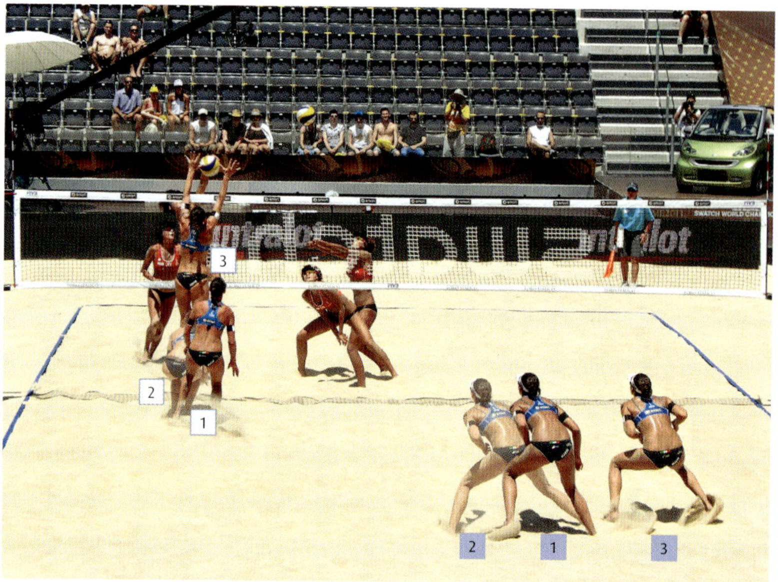

Bild 78

FACHBEGRIFFE

AUSWACKELN:
Den gegnerischen Angreifer durch Täuschungsbewegungen zu einem falschen Shot verleiten.

Täuschen

Die Täuschungsbewegungen haben den Zweck entweder die Wahrnehmung des Angreifers oder des rufenden Zuspielers zu täuschen. Die Täuschungen funktionieren aber nur, wenn Angreifer oder Zuspieler wirklich auf den Blocker oder Abwehrspieler schauen und die Täuschungsmanöver auch genau zu diesem Zeitpunkt ausgeführt werden. Schaut der Angreifer auf den Abwehrspieler, um damit die Richtung seines harten Schlages zu finden, kann der Abwehrspieler dem Blocker als Lockvogel für eine gewünschte Schlagrichtung dienen. Der Blocker springt dann spät in die vom Abwehrspieler zunächst abgedeckte Richtung. Beobachtet der Angreifer dagegen den Abwehrspieler um einen Shot in die freie Ecke des Feldes zu machen, kann der Abwehrspieler nach dem Gucken des Angreifers die vermeintliche freie Ecke abdecken. Ob ein Angreifer überhaupt auf den Abwehrspieler schaut, kann man häufig durch einen Kopfnicker beim Anlauf oder Absprung des Angreifers erkennen. Hört der Angreifer dagegen auf den Call seines Partners, so muss der Abwehrspieler zunächst den gegnerischen Zuspieler täuschen und dann auf den Ruf laufen.

Aber auch bei Täuschungsbewegungen muss man variabel arbeiten. Immer die gleiche Art von Täuschung ist nicht erfolgversprechend! Gut ist es dagegen, eine bestimmte Finte zwei- oder dreimal anzuwenden, und dann beim nächsten gegnerischen Angriff zu wechseln. Beispielsweise erst zweimal nach links antäuschen und nach rechts laufen, dann beim dritten Mal wieder links antäuschen, kurz stoppen – aber dann weiter nach links durchlaufen.

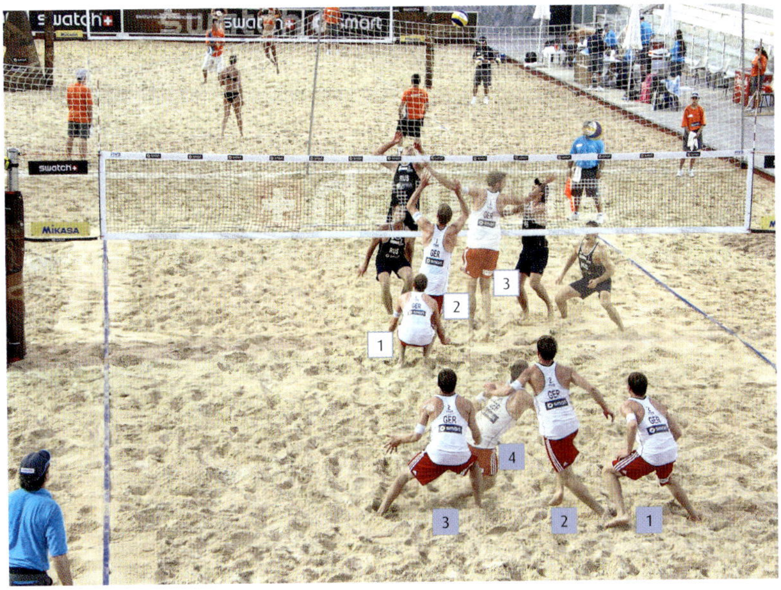

Bild 79

FACHBEGRIFFE

LIFT:
In der Abwehr geführter Ball, bei einem nicht hart geschlagenen Angriff.

Start in der Mitte des Felds

Bei dieser von Hömberg/Papageorgiou vorgestellten Taktik steht der Abwehrspieler bis kurz vor dem Angriff in der Feldmitte und bewegt sich erst dann in den von ihm abzudeckenden Feldbereich. Sie ist eine Variation der Verstecktaktik und hat denn auch im Großen und Ganzen deren Vor- und Nachteile.
Steht der Abwehrspieler außerhalb des Blockschattens seines Blockspielers, so lässt sie dem Abwehrspieler den freien Blick auf den Angreifer und damit die Chance, dessen Vorgehen besser zu antizipieren. Auch kann er dabei gegen Angriffe über den zweiten Ball leichter reagieren. Und sie bietet dem Gegner keinen Hinweis auf die verwendete Block-Abwehr-Taktik.
Sie ist bei vielen Teams auf mittlerem Niveau zu sehen und wird daher von mir gerne mal als "A-Top" Taktik bezeichnet, da sie auf diesem Niveau erfolgreich angewendet wird. Auf höherem Niveau ist sie eher nicht Erfolg versprechend, da hart geschlagene Bälle an die Linie nicht abwehrbar sind.

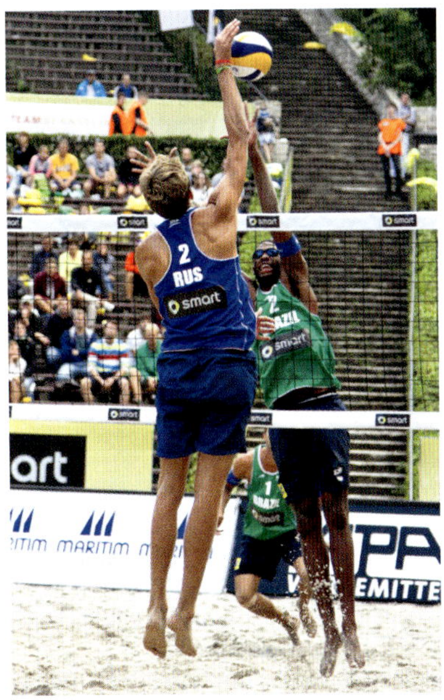

Bild 80:
Warten in der Feldmitte (Pedro Salgado).

Sich früh zeigen

Sich früh postieren demonstriert eine gute Portion Selbstbewusstsein und gibt dem Abwehrspieler die beste Möglichkeit, den gegnerischen Angreifer genau zu beobachten, um auf die Ausrichtung seiner Körperachse, seinen Anlauf und seinen Armschwung zu reagieren. Nicht umsonst wird sie vor allem von den nordamerikanischen Abwehrspielern angewandt.
Aus dieser Ausgangsposition kann er auch sehr einfach weitere Täuschungsmanöver ausführen, um den Gegner zu irritieren. Deren Variation ist dabei fast keine Grenze gesetzt: Der Abwehrspieler kann einfach nur wild mit dem Oberkörper oder den Armen wackeln. Er kann einen Schritt in die eine Richtung machen und dann in die andere laufen. Oder einen Schritt in die eine Richtung machen, kurz stoppen und dann weiter in diese Richtung gehen. Zudem kann er von da aus mit ein bis zwei Schritten in die eine oder andere Richtung mehr als zwei Drittel aller geschlagenen Angriffe erreichen.
Am häufigsten ist diese Variante mit dem Abwehrspieler in der Diagonalen und dem Blockspieler als Linienverantwortlichem, der aber bei dichten Bällen auf den Ball greift.

FACHBEGRIFFE

GATORDIG = SCHNABELTASSE: Abwehrtechnik, bei der der hart geschlage Ball in Höhe des Oberkörpers mit geöffneten Händen abgewehrt wird.

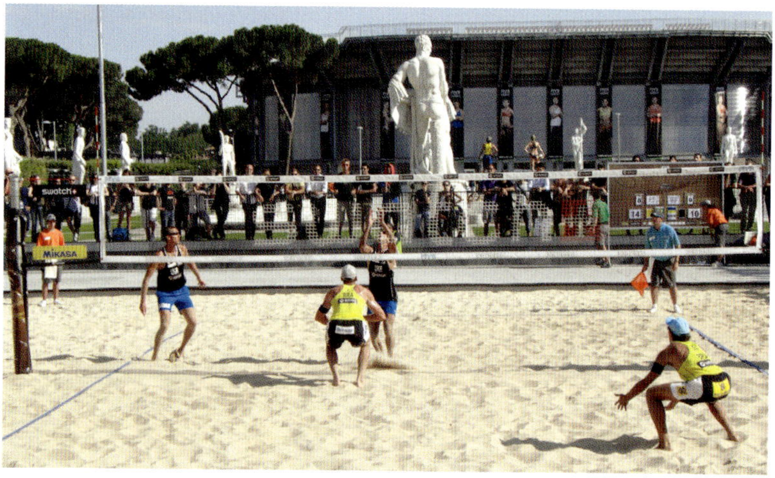

Bild 81:
Frühes Positionieren in der Diagonalen (Emanuel Rego).

Auf den Ruf laufen

Gerade im weiblichen Bereich, wo der Abwehrspieler weitaus mehr Spielanteile hat, hat sich eine weitere Taktik etabliert. Das Laufen auf den Ruf des gegnerischen Zuspielers. Dabei startet der Abwehrspieler nach dem Call des Zuspielers auf den zugerufenen Shot. Dadurch bleibt dem Angreifer meist keine Zeit mehr auf die Bewegung des Abwehrspielers zu reagieren und ein nicht perfekter Shot wird damit zur leichten Beute des Abwehrspielers. Gerade wenn der Angreifer unter Druck gerät, nach einer schlechten Annahme oder beim Gegenangriff kann man damit Erfolg haben. Diese Taktik hat zusätzlich den positiven Nebeneffekt, dass sich das gegnerische Team nicht mehr auf die eigenen Calls im Angriff verlassen kann.

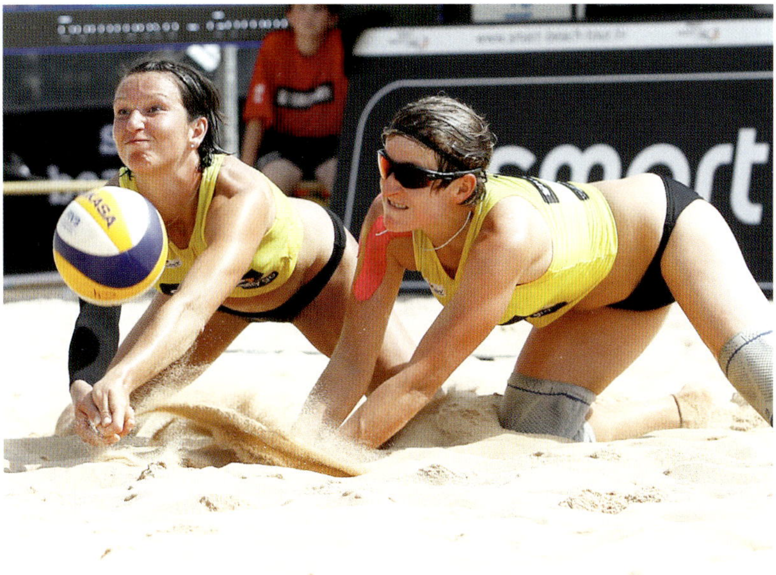

Bild 82

FACHBEGRIFFE

CHICKENWING: Abwehrtechnik, bei der der Ball mit dem Oberarm gespielt wird.

Technik: Die richtige Wahl der Waffen

Der Abwehrspieler sollte immer bemüht sein, mit beiden Händen oder Armen an den Ball zu kommen. Bequemlichkeit ist hierbei völlig unangebracht und führt nur dazu, dass Bälle unzureichend kontrolliert werden. Gerade bei Shots oder Blockabprallern, die der Abwehrspieler nur im Hechtbagger erreichen kann, stellt sich häufig die Frage: Benutze ich beide Hände oder

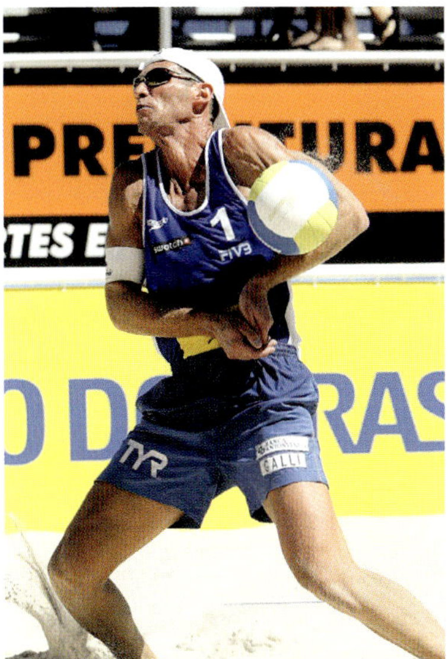

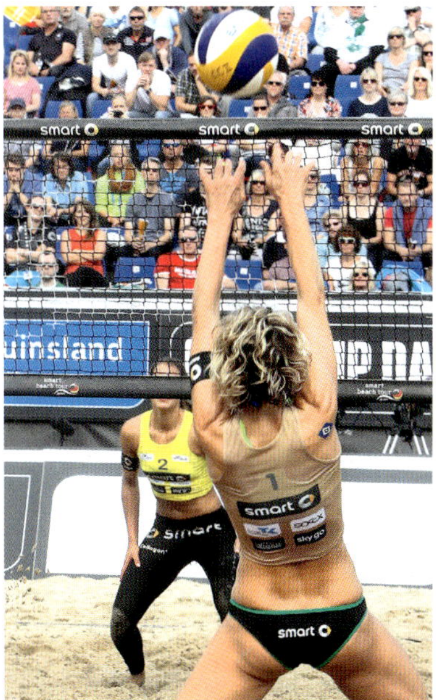

Bild 83 (links): Chickenwing-Abwehr (Fabio Galli).

Bild 84 (rechts): Obere Abwehr (Laura Ludwig).

FACHBEGRIFFE

TOMAHAWK:
Abwehrtechnik, bei der der Ball über dem Kopf mit ineinander gelegten Händen gespielt wird.

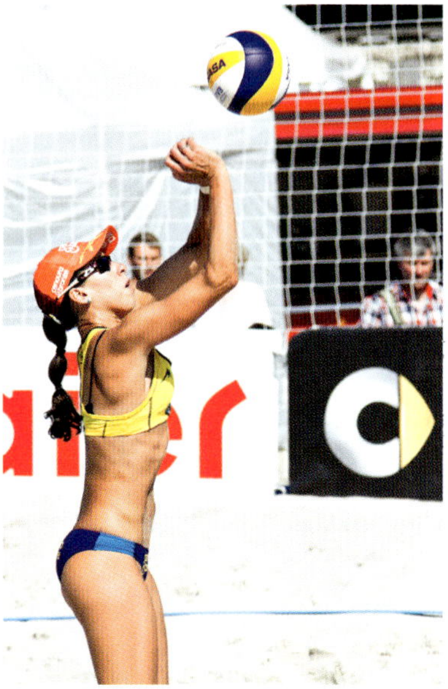

Bild 85:
Tomahawk-Abwehr (Taiana Lima).

nur eine, aber welche? Die Antwort ist ganz leicht: Ich wähle die Technik, die mir den größten Erfolg verspricht. Kann ich dabei den Ball mit beiden Händen erreichen und gut kontrollieren, gibt es keine Alternative!

Manchmal reicht es aber gerade mal dazu, eine Hand an den Ball zu bekommen, und dann muss sich der Abwehrspieler entscheiden: Setzt er die Schlaghand ein, bei der er über weit mehr Ballgefühl verfügt, oder die andere Hand, die den Ball vielleicht besser erreicht. Grundsätzlich gilt auch hier: Nur das Resultat zählt. Es ist besser, von vier Bällen zwei mit der Schlaghand zu berühren und zu kontrollieren, als alle vier mit der anderen Hand zu berühren, aber nur einen zu kontrollieren. Hinzu kommt, dass ein Abwehrspieler beim Hechtbagger aus dem vollen Lauf fast immer mit demselben Sprungbein abspringt und daher nur noch auf einer Seite die volle Reichweite hat.

Es sollte jedoch darauf hingewiesen werden, dass man die einarmige Abwehr mit der schwächeren Hand trainieren muss, um auch damit eine ausreichende Ballkontrolle zu erlangen.

Bei harten Angriffen bleibt einem manchmal kaum Zeit, sich für eine bestimmte Technik zu entscheiden, so dass man hier nur intuitiv reagiert. Trotzdem muss festgehalten werden, dass alle Untersuchungen immer zeigen, dass der Abwehrbagger der oberen Abwehr in puncto Effektivität eindeutig überlegen ist. Ganz wichtig ist auch die Wahl der Abwehrtechnik bei einem Dankeball. Grundsätzlich ist auf ein Pritschen des Balls zu verzichten, da gerade hier besonders streng gepfiffen wird. Wenn möglich, sollte man baggern oder, wenn der Ball über Kopf gespielt werden muss, lieber die Tomahawk-Abwehr oder ein Abwehrpoke einsetzen.

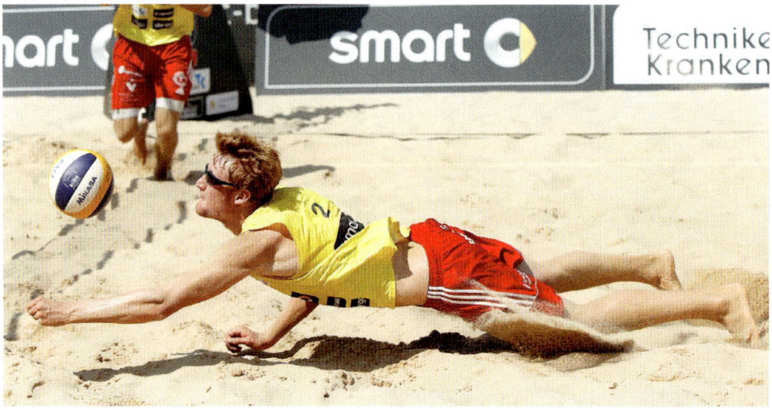

Bild 86:
Einarmige Abwehr mit dem „schwachen" Arm (Yannick Harms).

Zusammenfassung Abwehr

Die Abbildung zeigt den individualtaktischen Ablauf in der Abwehr, wobei ein besonderes Augenmerk auf den Wahrnehmungsbereich gelegt wird:

Ausgangsposition: zentral im hinteren Teil des Feldes

↓

Nach der Annahme ganzheitlich Ballflug und Zuspieler beobachten

Bei Ausschluss 2. Ball Positionsveränderung auf die Halbdiagonale / Bei Gefahr eines 2. Balles die Seite gegen die Anlaufrichtung abdecken

↓

Ganzheitliche Beobachtung des eigenen Blockspielers und des gegnerischen Zuspiels

Blocker zieht sich zurück → Feldmitte übernehmen / Blocker bleibt vorne → geplante Abwehrposition einnehmen

↓

Ganzheitliche Wahrnehmung von Anlauf- und Absprungdynamik

Bei entsprechender Dynamik auf harten Angriff vorbereiten → letzte Positionsveränderung / Bei fehlender Dynamik auf Shot vorbereiten → laufbereit sein

↓

Scharfes Lesen der Schlag- bzw. Shotrichtung

Scharfes Lesen des Armschwunges und Stehen in der Abwehr / Scharfes Lesen des Handgelenkes und Erlaufen bzw. Erhechten des Balls

Abbildung 17

DIE 10 GOLDENEN REGELN FÜR DIE ABWEHR

1. Nicht spekulieren, sondern antizipieren.
2. Die Ausgangsposition in Abhängigkeit von der eigenen Taktik wählen.
3. Wer oben gut abwehrt, fängt weiter vorne an.
4. Gegen Angreifer, die viele Shots spielen, versteckt man sich hinterm Block oder setzt Täuschungsmanöver ein.
5. Nicht immer die gleichen Täuschungsmanöver anwenden.
6. Gegen Angreifer, die oft hart angreifen, entweder in der Mitte anfangen oder sich früh zeigen.
7. Einfache Bälle in der Abwehr nie pritschen, da man dabei technische Fehler riskiert.
8. Nicht darüber nachdenken, wie der Ball am besten zu erreichen ist, sondern einfach zum Ball gehen.
9. Wenn möglich, mit beiden Armen abwehren.
10. Harte Angriffsschläge einfach hoch in die Mitte abwehren.

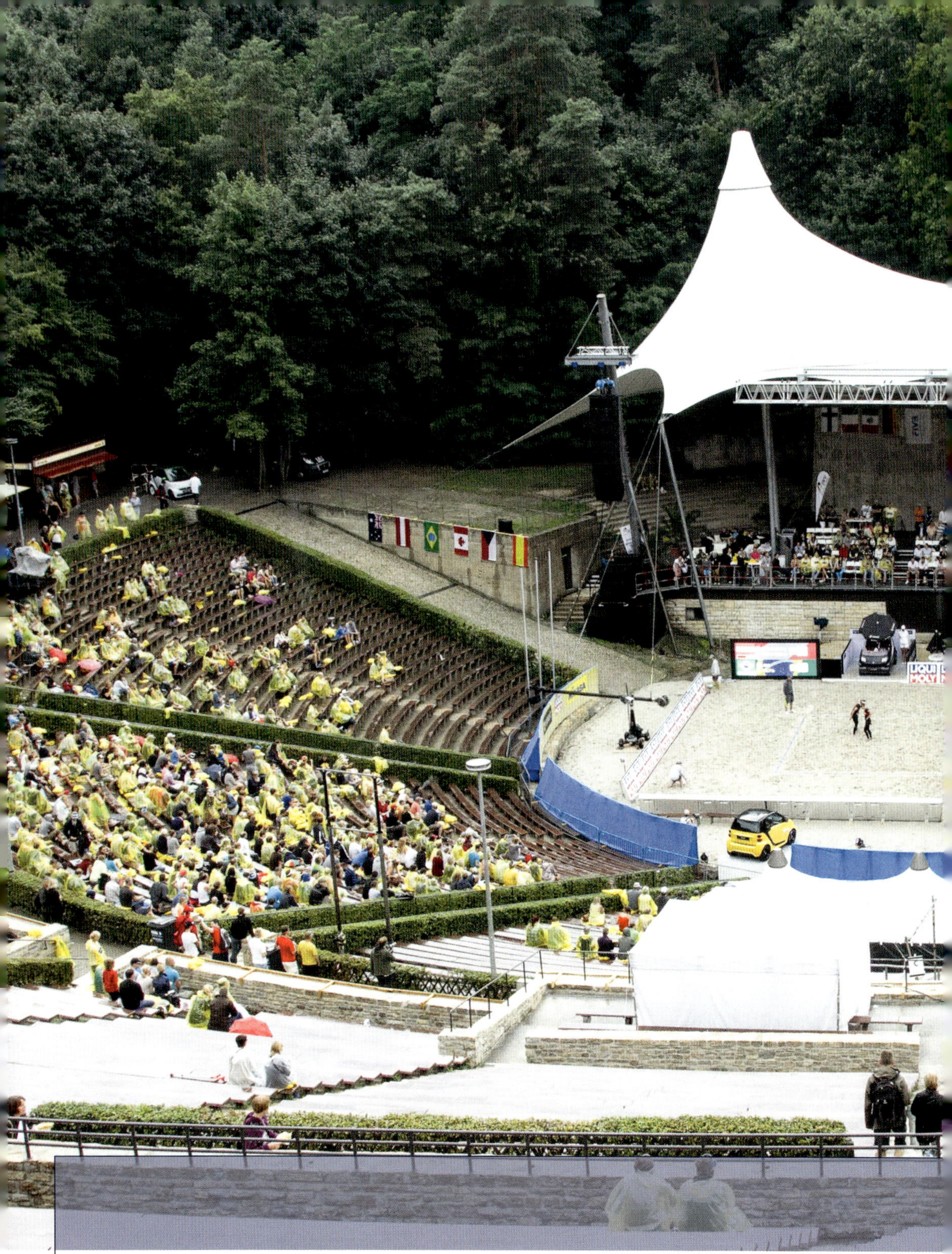

Überlegungen zur Manns

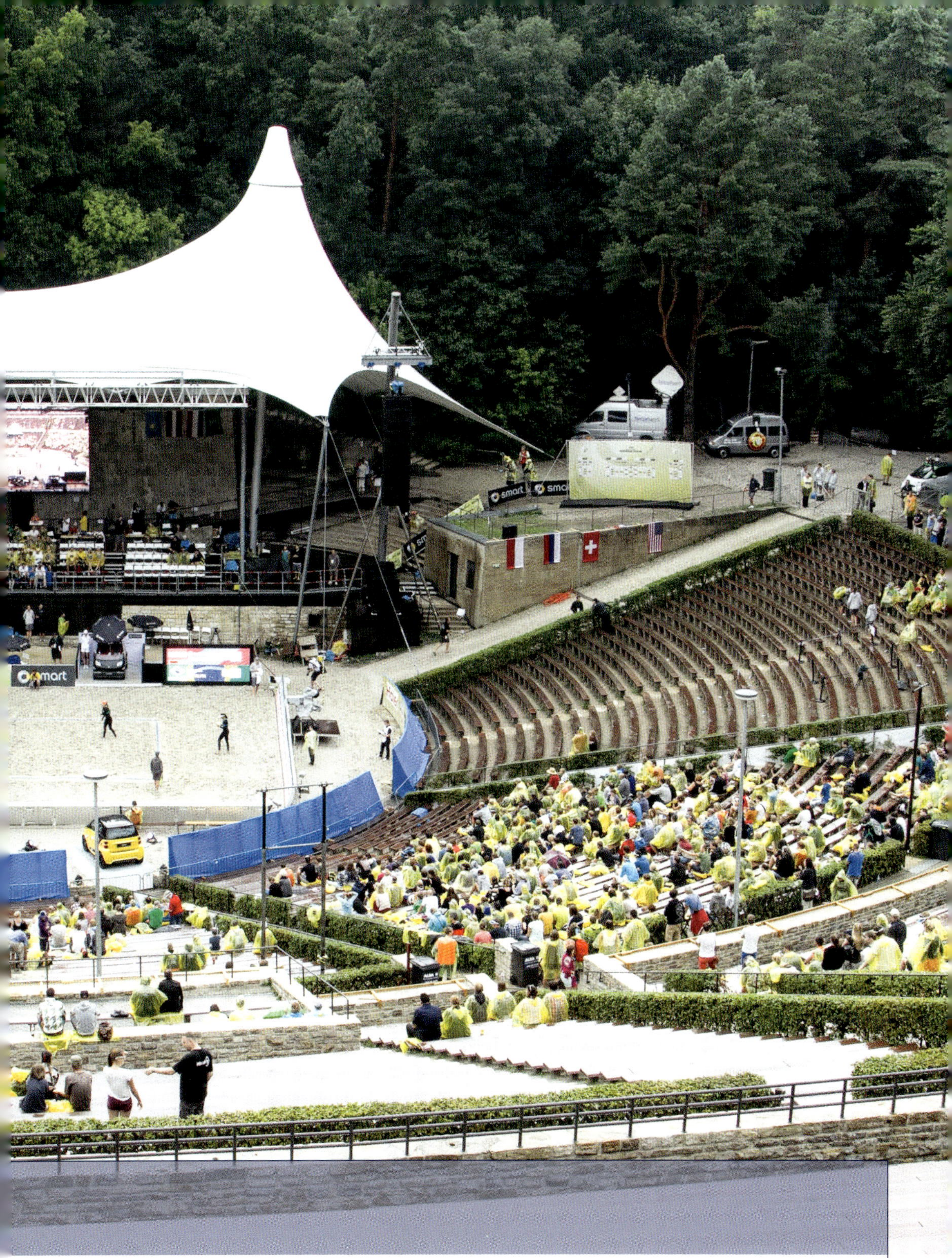

chaftstaktik

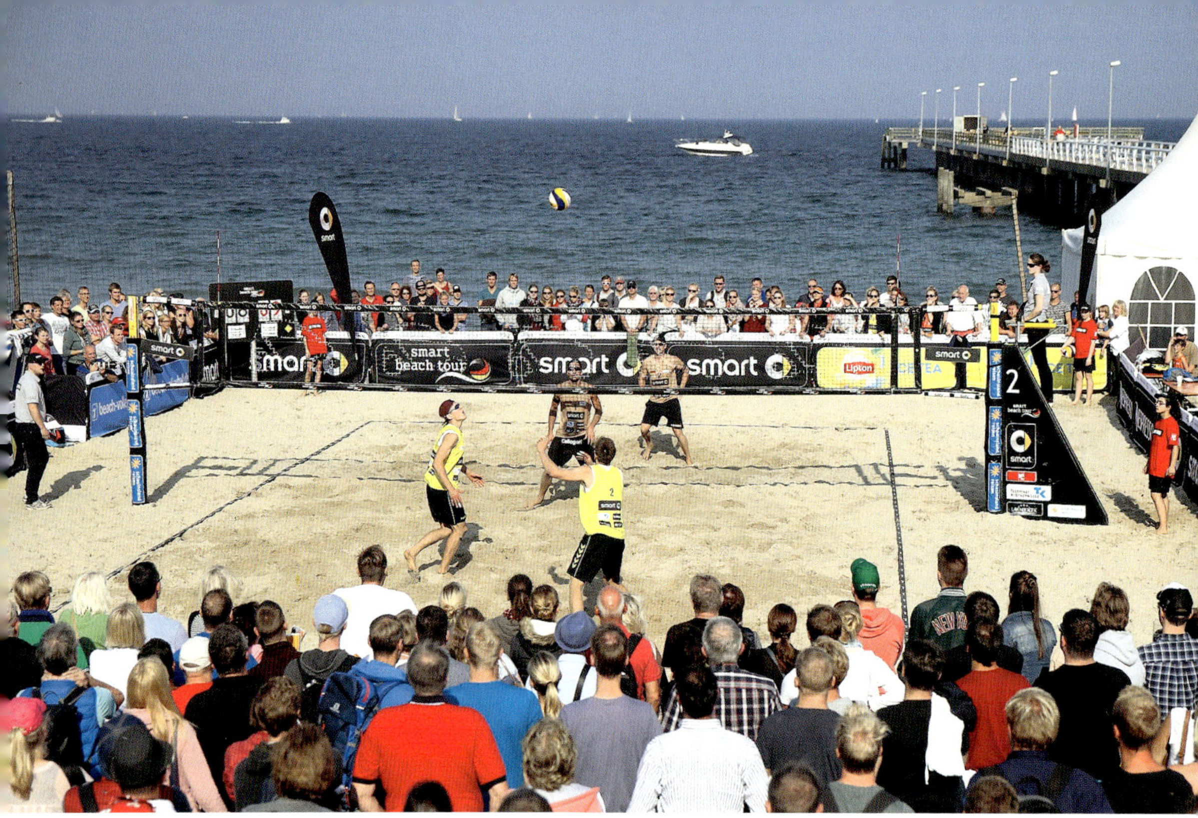

Teamstrategie bei Annahme und Zuspiel im Sideout

Beim Open in Doha 2014 mussten Tim Holler und Jonas Schröder im Halbfinale gegen die französische Kombination Krou/Rowlandson spielen. Das Team besteht aus einem nicht allzu großen Blocker, der spät in eine Richtung springt und dem ehemaligen Libero der Hallennationalmannschaft, der besonders gut hart geschlagene Angriffe abwehren konnte. Damit war die Taktik bei eigener Annahme für die Jungs klar: Gar nicht erst versuchen am Blocker vorbeizuschlagen, sondern am besten über ihn drüber oder hoch abschlagend in die Mitte angreifen. Lohn der Taktik war der Sieg im Halbfinale und nachfolgend ihr erster gemeinsamer World Tour-Erfolg!

FACHBEGRIFFE

WINNER'S BRACKET = GEWINNERSEITE: Beim Double-Eliminationmodus spielen dort alle ungeschlagenen Teams.

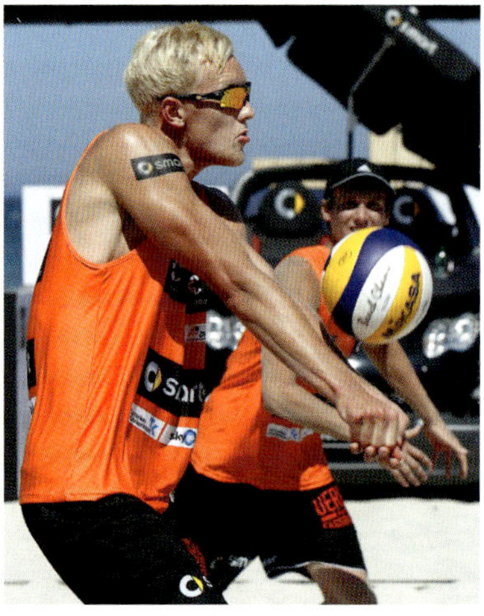

Bild 89: Annahme/Zuspiel als einer der herausragenden Elemente im Team Holler/Schröder.

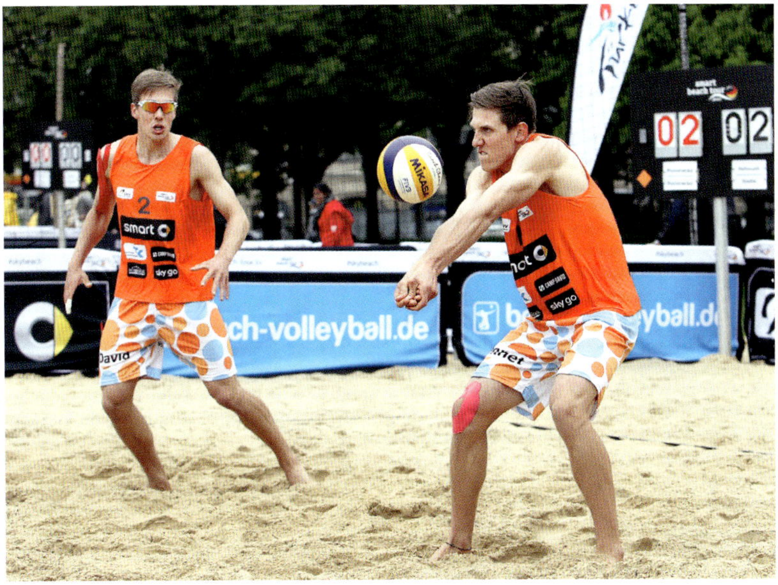

Bild 90

FACHBEGRIFFE

HUSBAND-AND-WIFE-ZONE: Der am meisten gefährdete Bereich in der Mitte des Feldes zwischen beiden Spielern.

Annahme im Team: Kommunikation ist angesagt

Vor dem gegnerischen Aufschlag muss man die eigene Annahme organisieren. Die Annahmeaufstellung hängt von den Fähigkeiten des gegnerischen Aufschlägers und von den eigenen Annahmequalitäten ab. Vor allem ist dabei die Zone des besten Aufschlags des Gegners abzudecken. Da der zumeist in die Feldmitte aufschlägt, muss man abklären, wer für die Feldmitte zuständig ist. Um Verständigungsproblemen vorzubeugen, sagt man nicht: „Meine Mitte" bzw. „Deine Mitte", sondern eher: „Ich nehme die Mitte" bzw. „Du hast die Mitte". Bei Flatteraufschlägen und lockeren Sprungaufschlägen, die nicht von der Feldmitte ausgeführt werden, rückt der diagonal stehende Annahmespieler etwas nach vorne und zur Mitte. Er übernimmt einen größeren Feldbereich, während der in der Linie stehende Annahmespieler auf seiner Position bleibt. Schlägt der gegnerische Spieler dagegen von der Feldmitte auf, sollte bei einem Rechtshänderaufschlag der rechte Spieler die Mitte übernehmen und bei einem Linkshänderaufschlag der linke. Je nach Verfassung und Annahmequalitäten kann jedoch einer von beiden mehr Verantwortung übernehmen. Bei harten Sprungaufschlägen ändert sich alles: Hier kann nicht mehr ein Spieler die Mitte alleine übernehmen. Auch wenn der diagonal stehende Annahmespieler ein wenig in die Mitte rückt, sind beide für die Mitte zuständig. Je nach den Vorlieben des gegnerischen Aufschlägers ist mal der eine und mal der andere dafür verantwortlich. Sie können sich auch ein wenig versetzt aufstellen, sodass einer für die vordere und einer für die hintere Mitte zuständig ist. Natürlich kann es vorkommen, dass beide Spieler zum Ball gehen. Dies ist nicht weiter schlimm und besser, als wenn der Ball zu Boden fällt. Es ist dann wichtig, nicht mehr die perfekte Annahme ans Netz zu spielen – weil der nicht annehmende Partner dann ja unter großen Zeitdruck

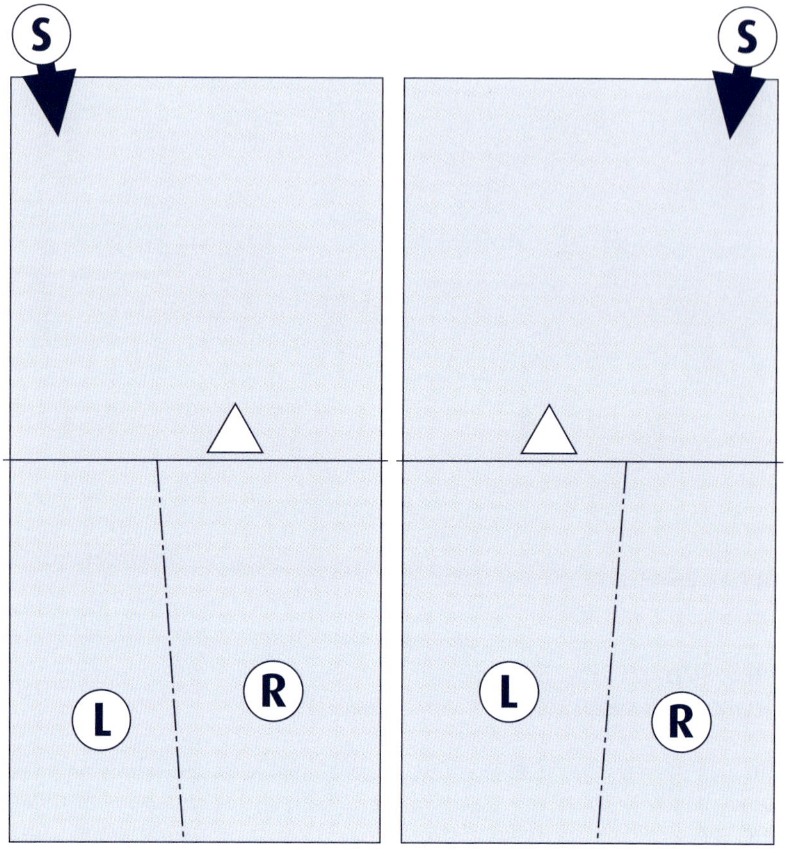

Abbildung 18: Annahme-Zuständigkeit für die Feldmitte bei Flatter- und leichten Sprungaufschlägen.

geraten würde. Besser ist dann eine Sicherheitsannahme etwas höher und etwas weiter weg vom Netz.
Man kann es nicht oft genug betonen: Kommunikation in der Annahme ist unerlässlich. Vor dem Aufschlag des Gegners sollte man kurz dessen Aufschlagtechnik und vielleicht noch einen besonders gefährdeten Bereich ansagen.

Ist der Aufschlag erfolgt, kann der Annahmespieler, wenn dazu Zeit ist, dem Partner zurufen, dass er den Ball annimmt. Der nicht annehmende Spieler sollte seinem Partner signalisieren, ob der Ball vielleicht ins Aus geht oder nicht. Gerade in Situationen, in denen er unter Druck steht, kann man ihm dadurch seine Arbeit erleichtern.

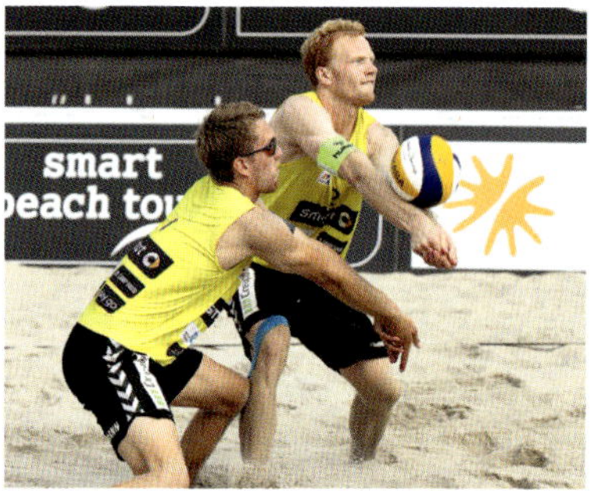

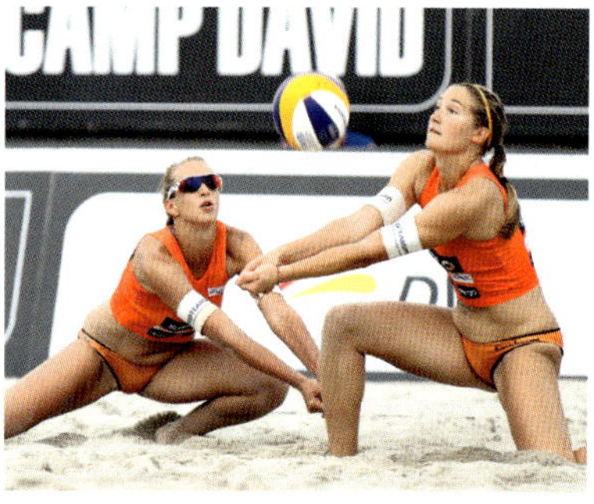

Bild 91 (links): Annahme in der Mitte (Valentin Begemann / Lorenz Schümann).

Bild 92 (rechts): Annahme in der Mitte (Sabrina Karnbaum / Natascha Niemczyk).

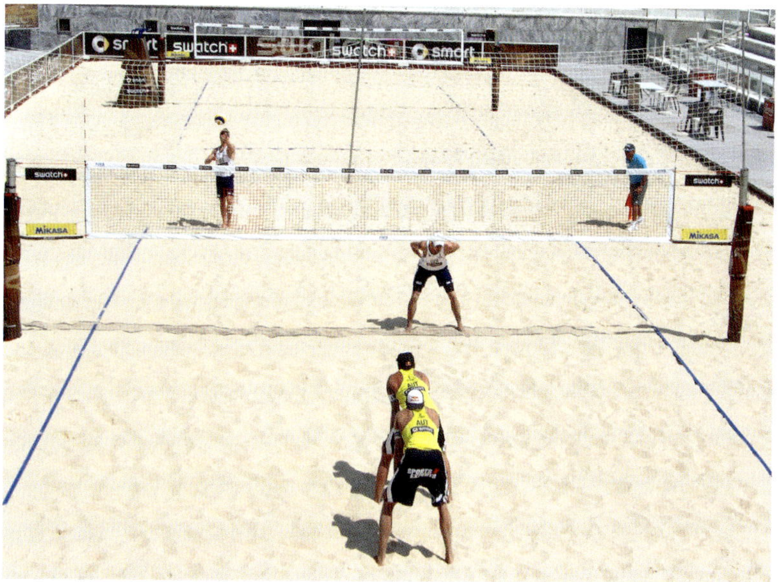

Bild 93: Annahmeaufstellung der besonderen Art: I-Formation von Doppler/Mellitzer (AUT).

ANMERKUNG

„Wird dein Partner dauernd angespielt, dann hilf ihm und übernimm die Mitte."

Sideoutstrategien: Ankern von Anlauf und Zuspiel

Prinzipiell lassen sich im Sideout zwei grundlegende Strategien unterscheiden. Entweder wird der Ball immer zum selben Angriffsort gespielt oder der Zuspieler führt stets dasselbe Zuspiel aus. Im ersten Fall hat der Zuspieler eine größere Verantwortung, weil er alle Annahmeungenauigkeiten ausgleichen muss und ist daher nur für den Leistungsbereich geeignet. Dagegen vereinfacht eine im Rahmen der Annahme gleiche Zuspielausführung dem Zuspieler die Aufgabe ungemein und überlässt dem Angreifer die notwendigen Anlaufkorrekturen. Welche Taktik bevorzugt wird, hängt also von den Fähigkeiten des Zuspielers ab. Wie immer liegt die Realität irgendwo in der Mitte. Daher möchte ich eine mögliche Sideoutstrategie in Abhängigkeit des Zuspielortes vorstellen, die die Vorteile beider Strategien miteinander vereint. Nach der Annahme ruft der Annahmespieler den Pass in Abhängigkeit von der Annahme. Gleichzeitig mit dem Ruf verändert er seine Position, um den richtigen Anlauf einzuleiten. Wird dieses Rufen verbunden mit der entsprechenden Positionsveränderung im Training eingehend trainiert, entsteht so ein Gedächtnisanker. Im Spiel erfolgt dann automatisch mit dem Ruf der zugehörige Anlauf.

Abbildung 19 links zeigt die unterschiedlichen Zuspielvarianten bei der Annahme auf der linken Seite. Im Falle

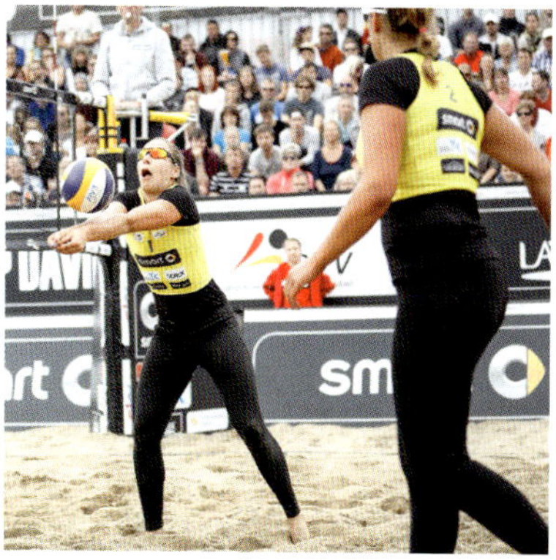

Bild 94: Beobachtung des Zuspiels vor dem Angriff (Victoria Bieneck).

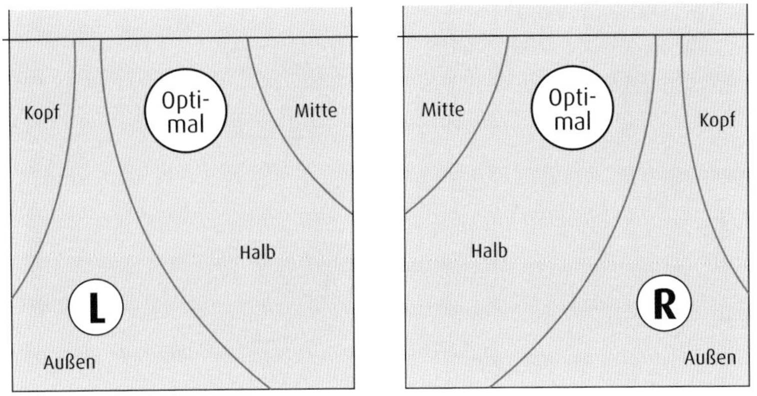

Abbildung 19

einer Annahme im optimalen Zuspielbereich erfolgt immer der Pass an die gleiche Stelle oder im Falle des variablen Angriffsaufbaus der vereinbarte Pass. Muss der Zuspieler am linken Rand (Kopf) zuspielen, bei einer Annahme, die den Zuspieler zwingt, weit nach außen auf die Seite des Partners zu laufen, sollte er den Ball über Kopf bzw. nur gerade hoch zuspielen, da er ansonsten den Bewegungsimpuls mit ins Zuspiel übernimmt. Dabei orientiert sich der Angreifer mit seinem Anlaufpunkt am Zuspieler. Erfolgt das Zuspiel auf der linken Seite weit weg vom Netz (Außen) ist ein Angriff über Außen nahe der Antenne sinnvoll, damit der Angreifer das Zuspiel nicht vollends aus dem Rücken bekommt.
Dazu läuft der Angreifer von außerhalb des Feldes an. Auch die Anwendung eines flacheren Zuspiels ist hier möglich, so dass sich ein größerer Bereich ergibt, wo der Ball für den Angreifer schlagbar wird. Bei einem Zuspielort auf der rechten Seite weit weg vom Netz (Halb) erfolgt der Angriff über die Halbposition etwa 1–2 m weg von der Antenne. Dabei läuft der Angreifer von der Außenlinie aus an. Als letztes bleibt noch das Zuspiel am rechten Rand (Mitte) des Feldes. Nun sollte der Angriff über die Mitte bzw. beim Zuspieler (1–2 m Abstand) erfolgen, so dass der Angreifer seinen regulären Anlauf anwenden kann. Abbildung 19 rechts zeigt das Prinzip für den Rechtshänder von der rechten Seite. Abbildung 20 zeigt noch einmal die unterschiedlichen Laufwege in Abhängigkeit vom Zuspielort für den Rechtshänder.

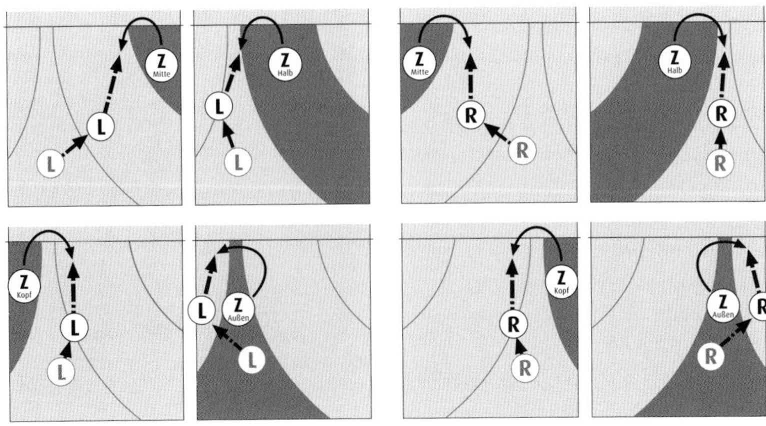

Abbildung 20:
Anlauf des Angreifers in Abhängigkeit vom Zuspielort

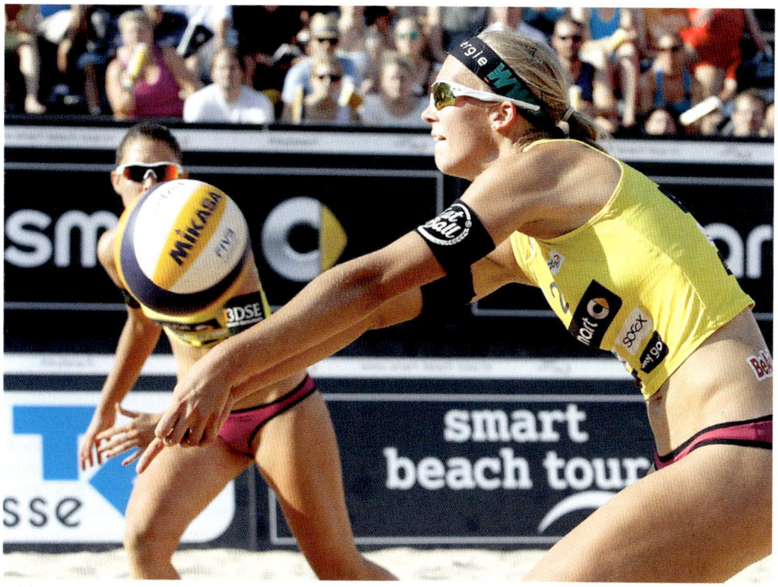

Bild 95

ANMERKUNG

„Eine gute Annahme ist die beste Voraussetzung für ein gutes Zuspiel."

Zuspiel aus der Annahme: Den Ball auf dem Silbertablett servieren

Das für mich wichtigste Kriterium für ein gutes Zuspiel ist ein sicherer Stand und ausreichend Zeit zur Bewegungsausführung. Daher muss sich der Zuspieler so früh wie möglich zum Zuspielort begeben.

Während der Bewegung nach vorne ist es dabei ganz wichtig den Ballflug und die Annahme des Partners zu beobachten. Sollte der Ball an die Netzkante gehen, so hat der Zuspieler häufig mehr Chancen einen am Netz richtig kurz abtropfenden Ball zu erreichen als sein Partner. Ebenso muss er möglichst früh erkennen, wie gut die Annahme seines Partners sein wird. Bei ausreichend hoher Annahme den Zuspielort vorwegnehmen und dort den Ball erwarten, bei schlechter Annahme dagegen so schnell wie möglich zum Ball kommen, um doch noch eine ruhige Zuspielbewegung ausführen zu können.

Schwieriger wird es bei harten Sprungaufschlägen – vor allem bei denen, die zwischen die Annahmespieler platziert sind. Hier bleibt dem Zuspieler praktisch kaum Zeit für die Einnahme dieser Ausgangsposition, sodass er erst nach der Annahme loslaufen kann.

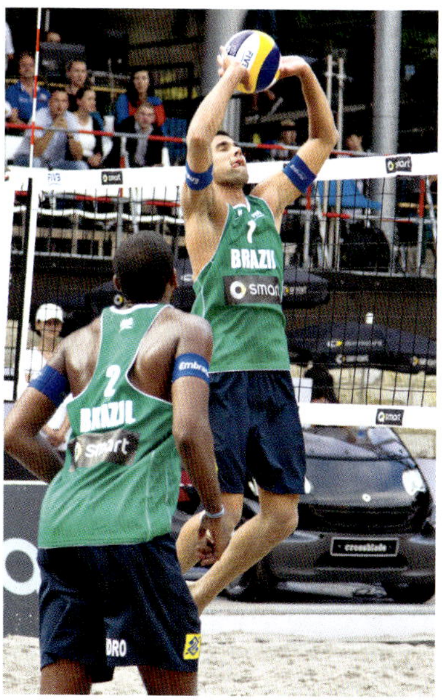

Bild 96:
Oberes Zuspiel im Sprung (Pedro Salgado).

ANMERKUNG

„Das beste Zuspiel für deinen Partner ist das, welches er für das richtige hält."

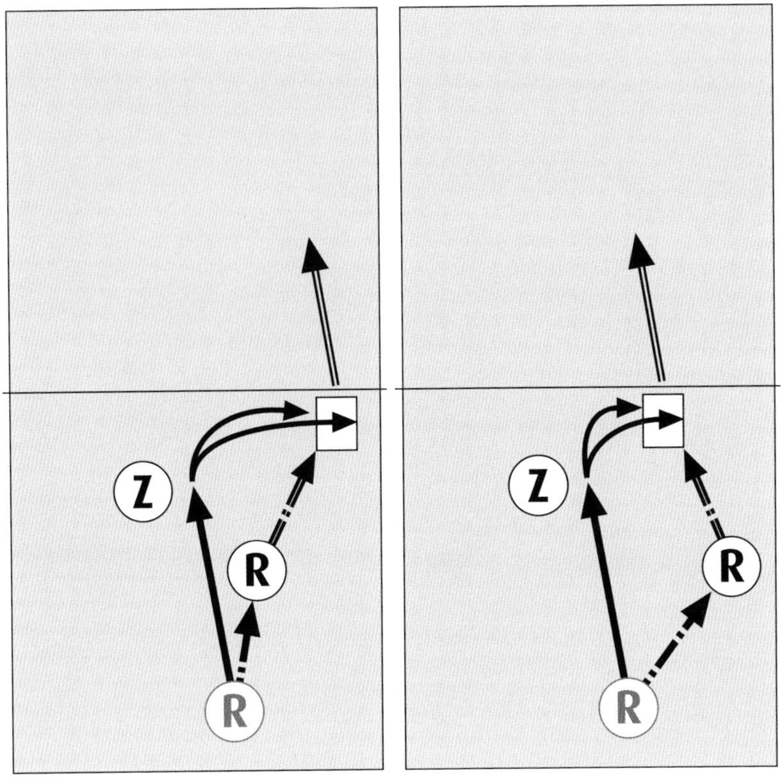

Abbildung 21: Zuspielbereich in Abhängigkeit vom Anlauf: links: Anlauf nach außen, rechts: Anlauf nach innen.

Wie sieht das perfekte Zuspiel aus? Zunächst einmal für jeden Angreifer anders. Natürlich kann nicht jedes Zuspiel exakt auf denselben Punkt kommen. Wie ungenau darf also ein Zuspiel sein und wohin darf es abweichen? Wichtig ist, beim Zuspiel die Anlaufrichtung und Anlauflänge des Partners zu berücksichtigen. Was damit gemeint ist, sollen ein paar einfache Beispiele erklären:

Der Angreifer läuft von außen nach innen an: Dann darf das Zuspiel den Angreifer nicht überspielen, da dieser dann nicht nur sein Timing, sondern auch seine Anlaufrichtung anpassen muss – er wird auf dem falschen Bein erwischt.

Bei einem Anlauf von innen nach außen darf das Zuspiel nicht innen verhungern, da eine zusätzliche Korrektur gegen die Anlaufrichtung sehr viel schwerer fällt. In beiden Fällen kommt es also darauf an, dem Angreifer mit dem Zuspiel einen zusätzlichen Spielraum zu schaffen, in dem er den Ball angreifen kann.

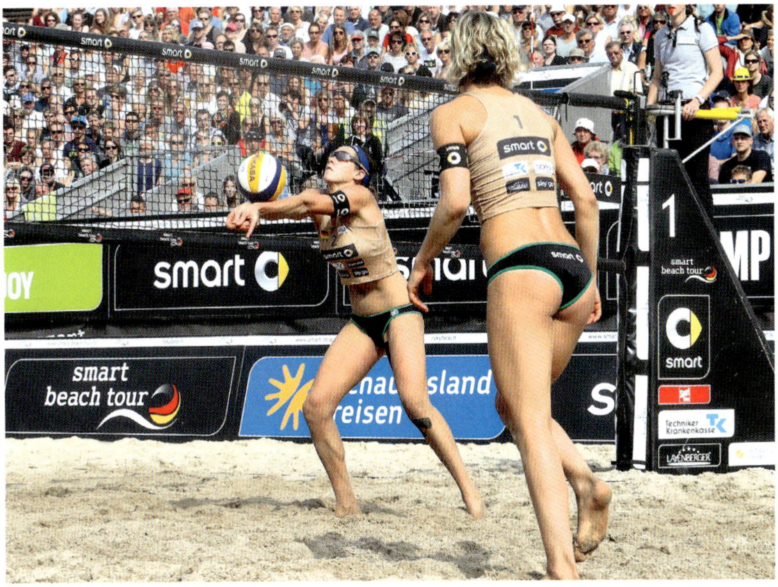

Bild 97

BEACH-TALK

SELF-CONVERTING SET: Zuspiel, das so gut ist, dass es sich fast von selbst in einen Sideout verwandelt.

Zuspiel bei guter Annahme: Den richtigen Rhythmus finden

Bei einer guten Annahme kommt es für den Zuspieler „nur" darauf an, das im Training einstudierte Zuspiel gemäß der Stärke der gegnerischen Block-Abwehr auszuführen. Je besser er in dieser Situation aus einer möglichst identischen Zuspielbewegung agieren kann, desto leichter findet der Angreifer seinen Rhythmus. Mit „identischer Zuspielbewegung" ist auch die Zuspieltechnik gemeint: Es sollte bei einer guten Annahme also entweder immer gepritscht oder immer gebaggert werden, da sich das Timing für den Angreifer mit der verwendeten Technik ändert. Dann weiß dieser nämlich im Optimalfall schon während des Zuspiels, wohin der Ball kommt und wie er anzulaufen hat.

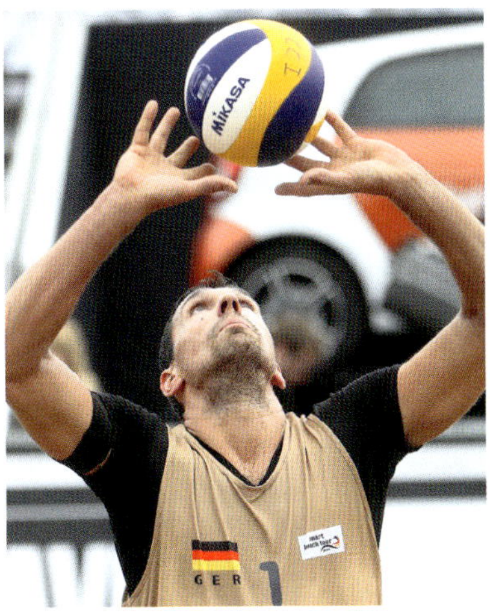

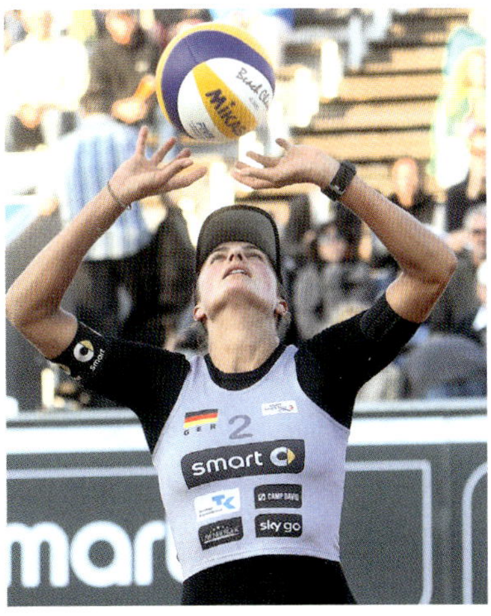

Bild 98 (links): Oberes Zuspiel (Jonathan Erdmann).

Bild 99 (rechts): Oberes Zuspiel (Ilka Semmler).

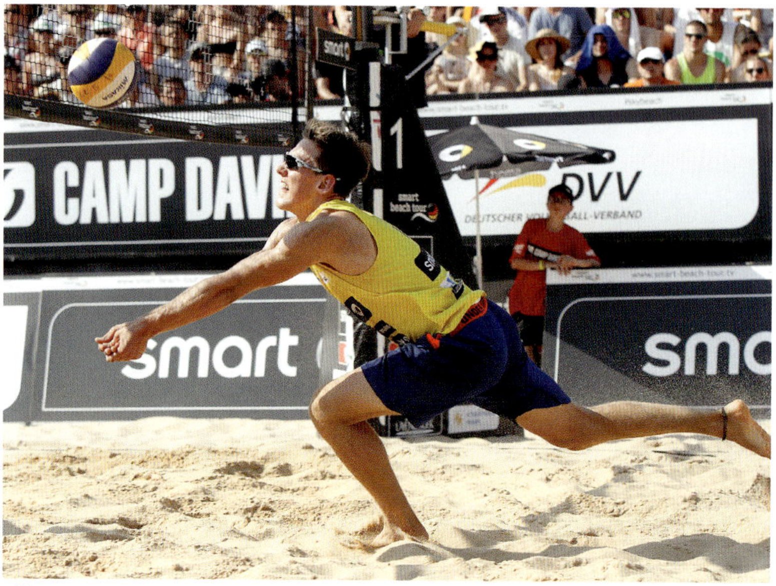

Bild 100

ANMERKUNG

„Ein guter Zuspieler macht aus einer schlechten Annahme immer noch einen angreifbaren Ball."

Zuspiel bei schlechter Annahme: Retten, was zu retten ist

Im Idealfall einer guten Annahme geht es also nur darum, dass Zuspieler und Angreifer ihren gemeinsamen Rhythmus beibehalten. Was geschieht jedoch bei der – je nach Leistungsniveau unterschiedlich häufigen – nicht optimalen Annahme?
Solange der Zuspieler genug Zeit hat, gut unter den Ball zu kommen, greift die oben genannte Sideoutstrategie. Das Zuspiel wird dabei möglichst aus der Balance mit der optimalen Technik zugespielt. Gerät er jedoch in Zeitnot oder schafft er es nicht, beim Zuspiel zum Stehen zu kommen, sollte er auf jeden Fall im Bagger zuspielen.

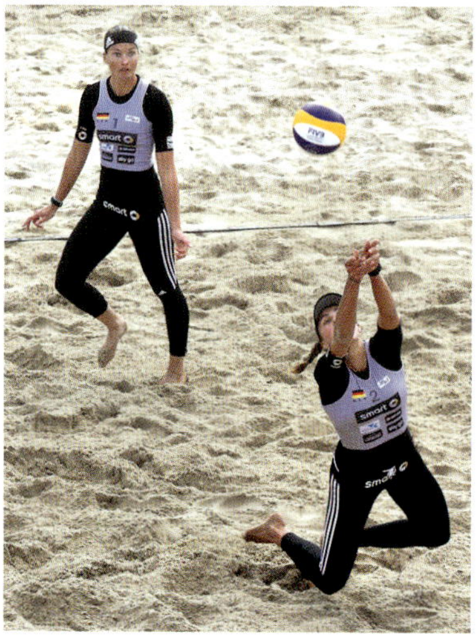

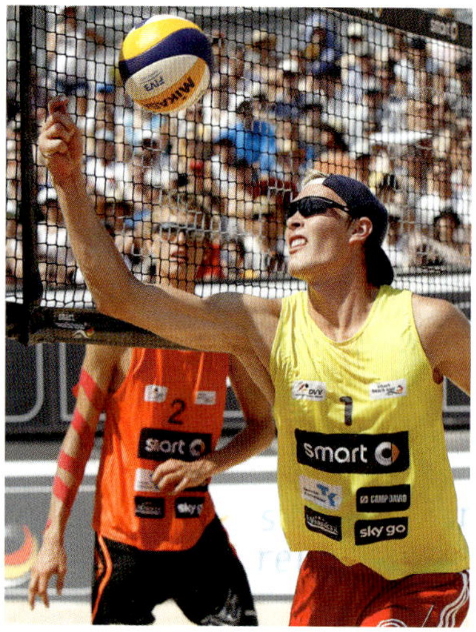

Bild 101 (links): Baggerzuspiel über Kopf nach schlechter Annahme (Ilka Semmler).

Bild 102 (rechts): Pokezuspiel nach schlechter Annahme (Philipp Bergmann).

ANMERKUNG

„Mit dem Baggerzuspiel verschaffst du dir und deinem Partner in brenzligen Situationen ein wenig Zeit."

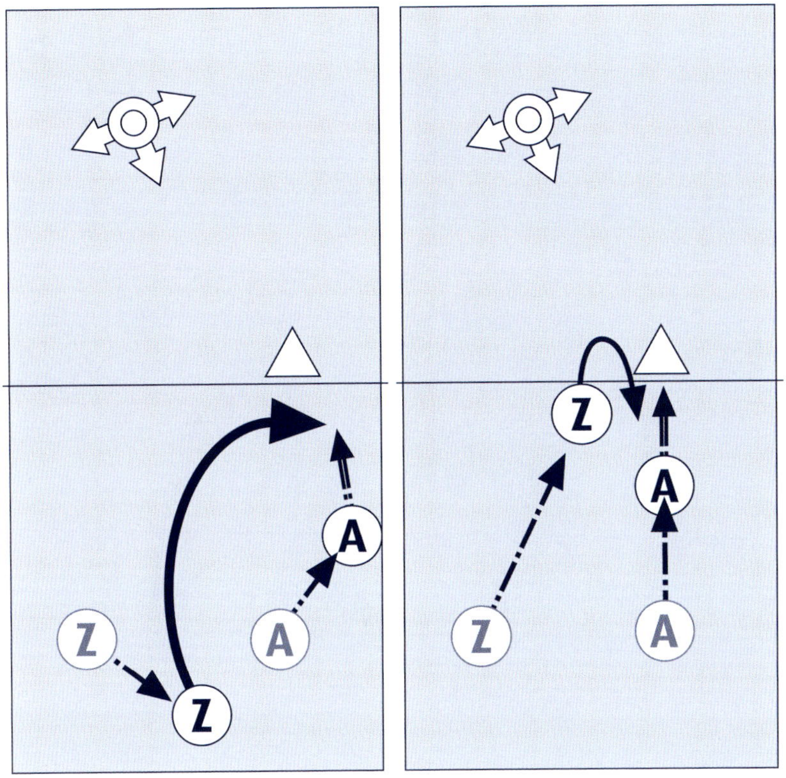

Abbildung 22: Zuspiel nach schlechter Annahme; links: die Annahme geht sehr weit weg vom Netz; rechts: die Annahme geht sehr dicht ans Netz.

Ist die Annahme zusätzlich flach und sehr dicht am Netz oder fällt sogar ins Netz, sollte das Zuspiel einfach gerade hoch beim Zuspieler erfolgen (Abbildung 22 rechts).

Muss der Zuspieler den Ball im Hecht, im Fallen oder von außerhalb des Felds zuspielen, sollte er ihn einfach hoch ans Netz bringen. Immer jedoch hat er je nach Stärke des Angreifers das richtige Risiko zu wählen, so wie bei der Frage, ob er pritschen oder baggern soll, wenn er Richtung Netz zuspielt. Je besser der Angreifer ist, desto sicherer kann das Zuspiel gestaltet werden. Bei einem schwächeren Angreifer muss dagegen ein höheres Risiko eingegangen werden. Gerade im Hobbybereich, wo wenig geblockt wird, oder gegen Teams, die sich oft zurückziehen, kann der Ball dicht ans Netz gespielt werden – auch mit dem Risiko, ihn auf die andere Seite zu spielen.

Wenn der Zuspieler bei einer dichten, hohen Annahme am Netz in Bedrängnis gerät, sollte er einen aggressiven Angriff über den 2. Ball in eine der Feldecken oder einen kurzen Shot hinters Netz machen, anstatt einen technischen

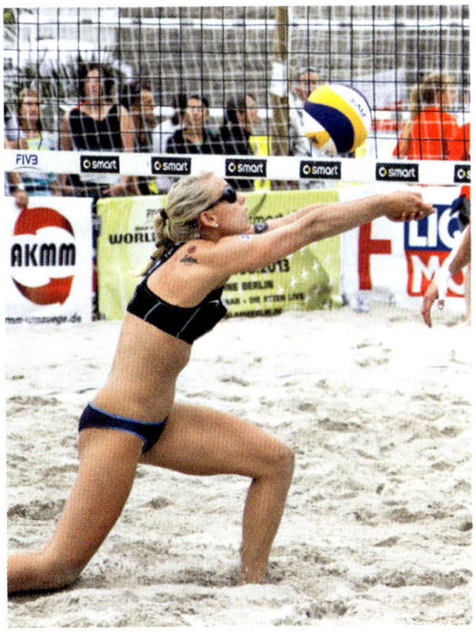

Bild 103: Baggerzuspiel nach flacher Annahme ans Netz (Karla Borger).

ANMERKUNG

„Wer sich das obere Zuspiel nicht zutraut, sollte auch beim Einschlagen schon im Bagger zuspielen.“

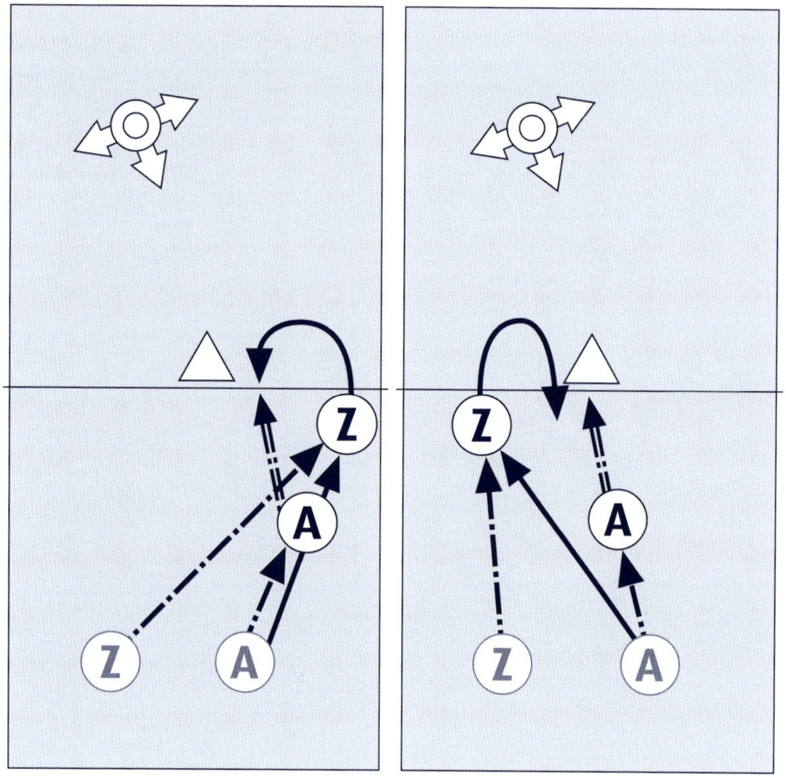

Abbildung 23: Zuspiel nach schlechter Annahme; links: Annahme sehr weit auf der eigenen Seite; rechts: Annahme sehr weit auf der Seite des Partners.

Fehler zu riskieren. Sprungzuspiele sind beim Beach-Volleyball noch etwas für die Galerie und sollten nur von technisch sehr versierten Spielern ausgeführt werden.

Es ist aber in der Zukunft damit zu rechnen, dass das Sprungzuspiel verbunden mit dem Angriff des 2. Balles Verwendung finden wird.

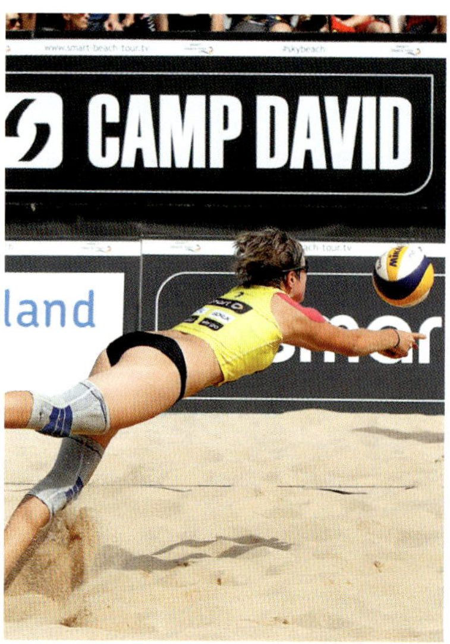

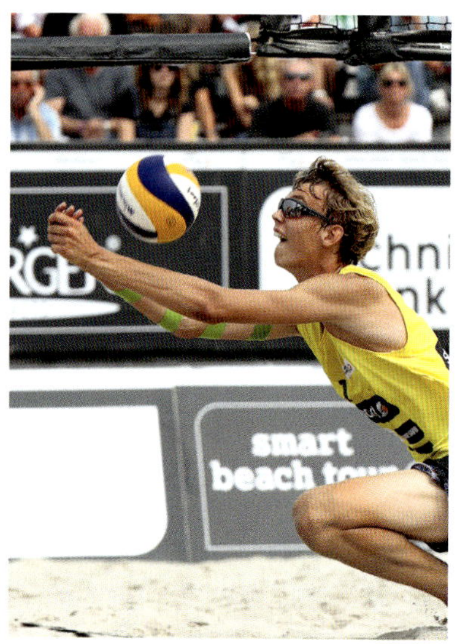

Bild 104 (links): Mit letztem Einsatz (Melanie Gernert).

Bild 105 (rechts): Zuspiel über Kopf aus schwieriger Situation (Marvin Polte).

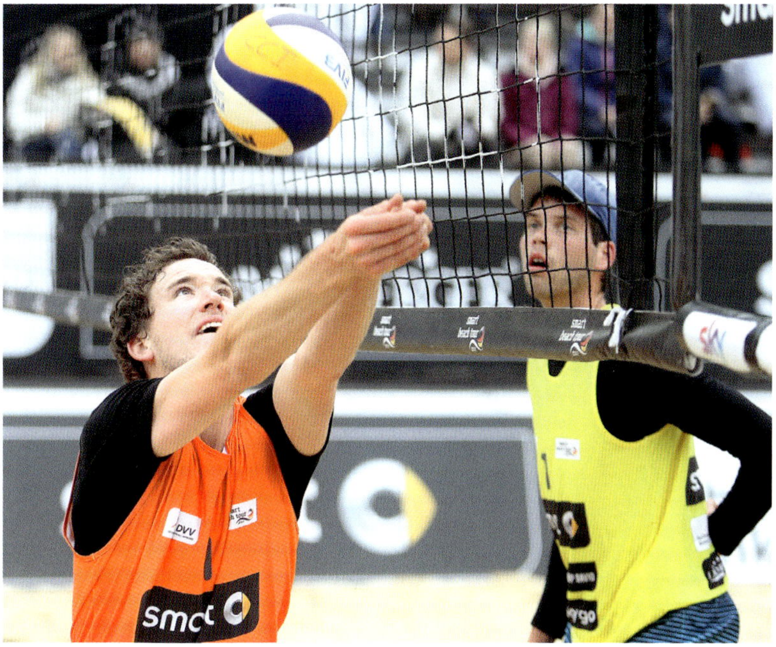

Bild 106:
Baggerzuspiel Überkopf
(Lars Flüggen)

DIE 10 GOLDENEN REGELN FÜR ANNAHME UND ZUSPIEL IM SIDEOUT

1. Vorher klar und deutlich vereinbaren, wer die Mitte nimmt.
2. Aufschlagart und besonders gefährdeten Bereich ansagen.
3. „Du“ und „ich“ sind besser als „deiner“ und „meiner“.
4. Nach dem Aufschlag kommunizieren: „In“, „Aus“, „Kurz“, „Lang“.
5. Als Zuspieler von der Feldmitte aus agieren.
6. Ankere Deinen Anlauf in Abhängigkeit vom Zuspielort.
7. Nicht gegen die Anlaufrichtung des Angreifers zuspielen.
8. Bei einer guten Annahme immer dieselbe flüssige Zuspielbewegung und dieselbe Zuspieltechnik anwenden, um dem Partner das gewünschte Zuspiel zu geben.
9. Bei Zuspiel aus dem Hinterfeld möglichst hoch an die Antenne spielen.
10. Unter Zeitnot dicht am Netz den Ball einfach gerade hochspielen.

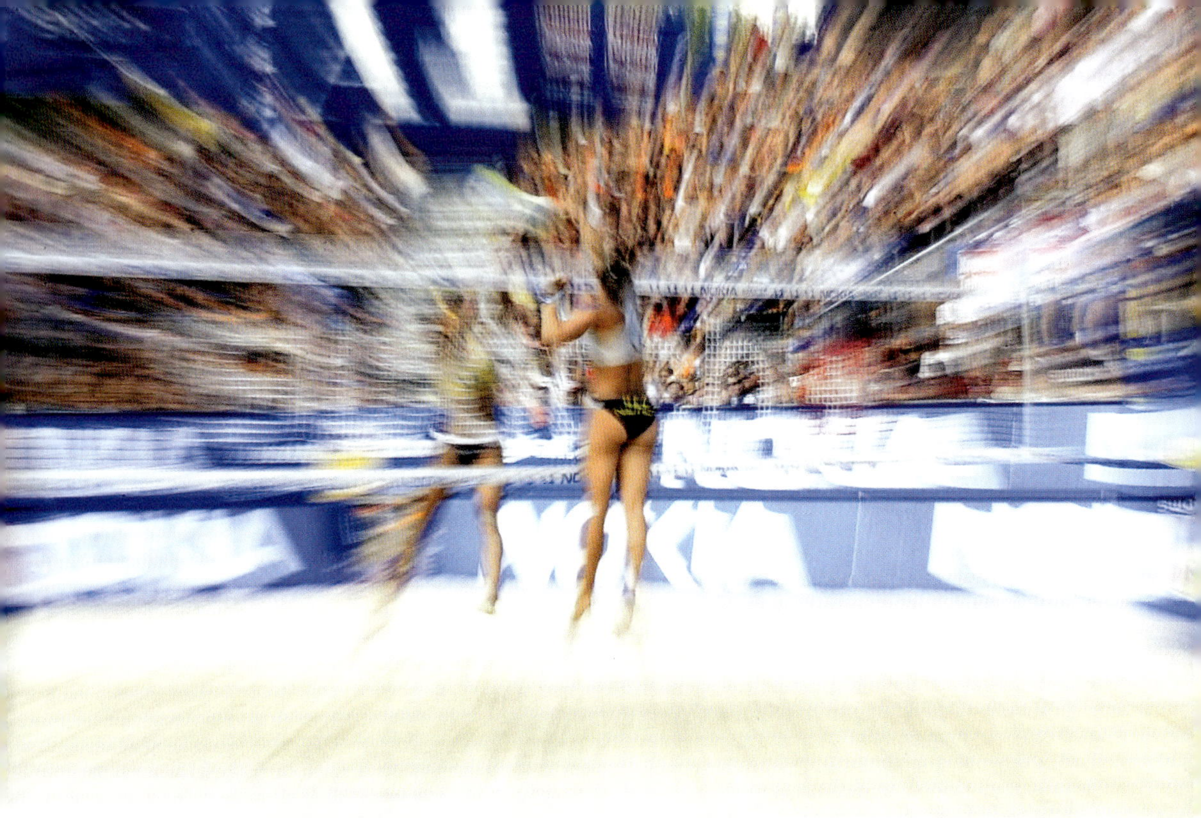

Variationen in der Angriffsgestaltung

Hier geht es nicht um das individualtaktische Vorgehen des Angreifers gegen die gegnerische Abwehrformation, sondern um die Möglichkeiten eines variablen Angriffsaufbaus, der den Gegner hindert, sowohl seine individuellen Stärken insbesondere im Block als auch im Zusammenspiel Block-Abwehr zur Geltung zu bringen. Dazu gehört vor allem eine gute Annahme, die Zuspieler und Angreifer alle Möglichkeiten offen lässt. Je mehr Optionen ein Team hat, seinen eigenen Angriff zu variieren, desto schwerer ist es für den Gegner auszurechnen und desto einfacher kann es auf dessen Taktiken reagieren. Dabei sollte klar sein, dass nur Angriffsvariationen anzuwenden sind, die im Training ausreichend erprobt und eingespielt wurden.

FACHBEGRIFFE

LOSER´S BRACKET = VERLIERERRUNDE: Teams, die einmal verloren haben, kommen beim Double-Elimination-System dorthin. Eine weitere Niederlage bedeutet das Aus.

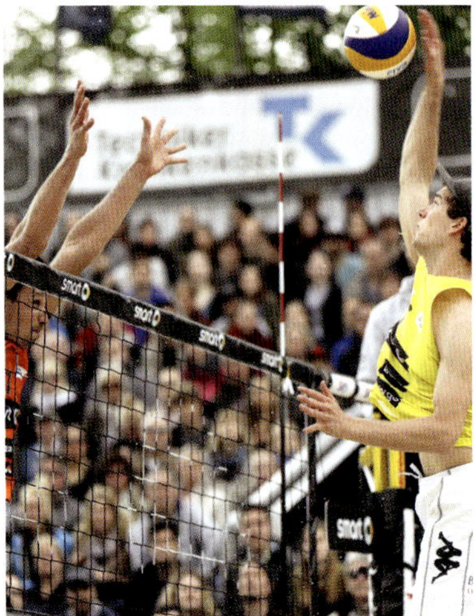

Bild 108: Variantenreich und erfolgreich (Lars Flüggen).

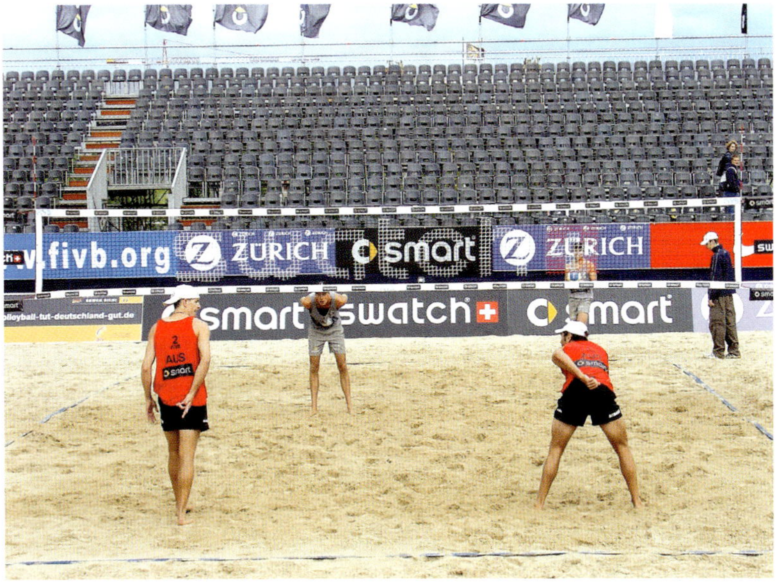

Bild 109

ANMERKUNG

„Ändere nie eine erfolgreiche Angriffstaktik."

Grundsätzliche Überlegungen: Schema F – oder variabel

Eine einfache Spielweise, die nur einen hohen Pass nach außen benötigt, ist natürlich von der Qualität der Annahme bei weitem nicht so abhängig wie ein variationsreiches Angriffsspiel. Selbst bei einer stereotypen Angriffsgestaltung bieten sich dem Angreifer eine Reihe individualtaktischer Möglichkeiten – und solange ein Spieler mit ein und derselben Variante erfolgreich ist, muss er seine Taktik nicht ändern. Es wäre sogar unsinnig, sie aufzugeben. Merkt man jedoch, dass der Gegner sich darauf einstellt und kann sich der Angreifer nicht gegen einen übermächtigen Blocker durchsetzen, sollte man über Variationen nachdenken. Die im Folgenden skizzierten Angriffsvariationen sollen vor allem die Arbeit des Blockers erschweren. Sie sind daher erst ab dem mittleren Leistungsniveau zu empfehlen, da im Hobbybereich vor allem die Aufschlag-Annahme-Situation mit dem anschließenden Feldzuspiel spielentscheidend sind.

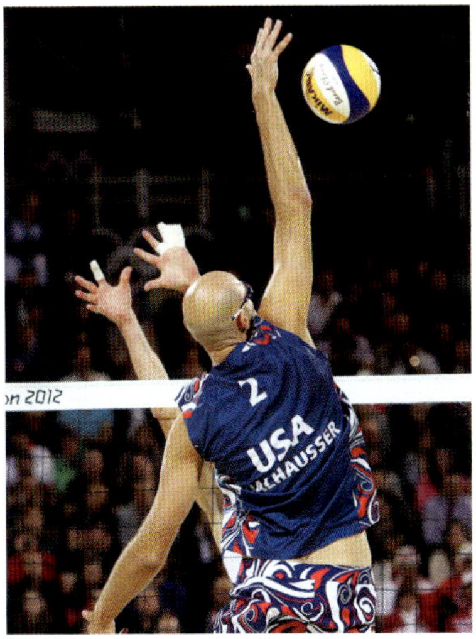

Bild 110:
Auch ohne Varianten erfolgreich (Phil Dalhausser).

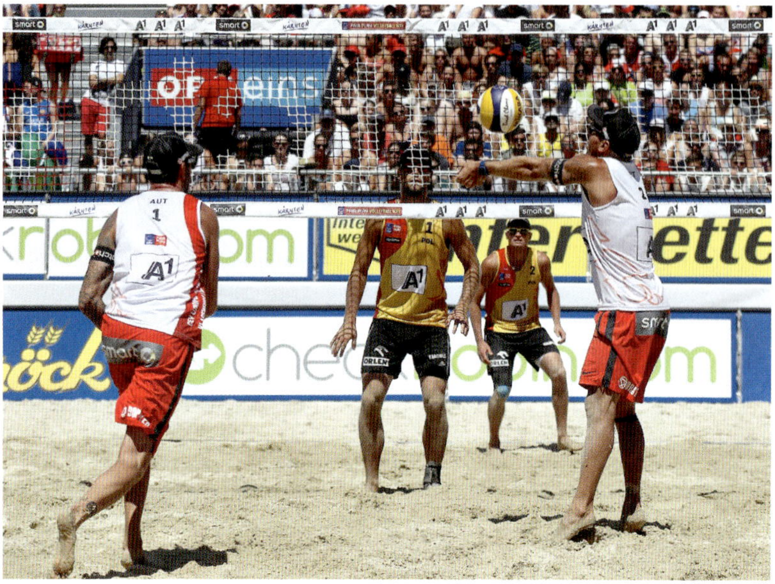

Bild 111

ANMERKUNG

„Hat man Probleme gegen große Blockspieler, sollte man diese bewegen."

Veränderung des Angriffsorts

Das Einfachste ist, den Abstand zwischen Zuspieler und Angreifer zu verändern, so dass sich der gegnerische Blocker neu orientieren muss, da er sich erst später für eine Ausgangsposition im Block entscheiden kann. Dabei empfiehlt es sich aber, den Ausgangspunkt für den Anlauf beizubehalten und den Anlauf erst nach dem Zuspiel zu gestalten. Dadurch wird der Blockspieler zu zusätzlichen Seitschritten vor dem Block gezwungen, was ihm gerade im Sand die Einnahme der optimalen Ausgangsposition und damit verbunden auch das optimale Timing erschwert. Diese Variante kann ab dem mittleren Leistungsniveau gespielt werden, da hierfür auch gute Annahmen ausreichen, die auch für Zuspieler leicht zu realisieren sind.

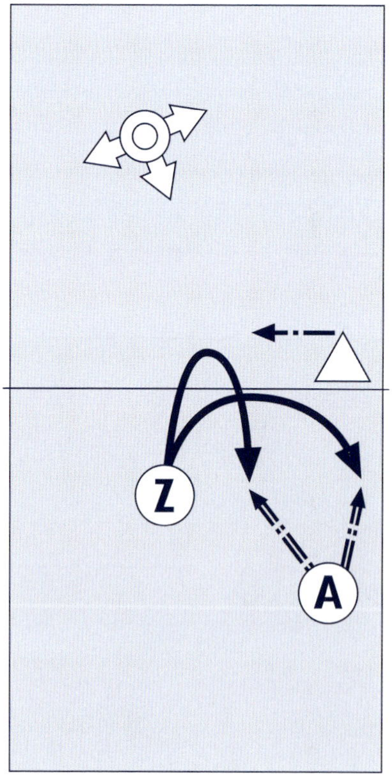

Abbildung 24: Variation des Angriffsorts und der Zuspielhöhe vor dem Zuspieler.

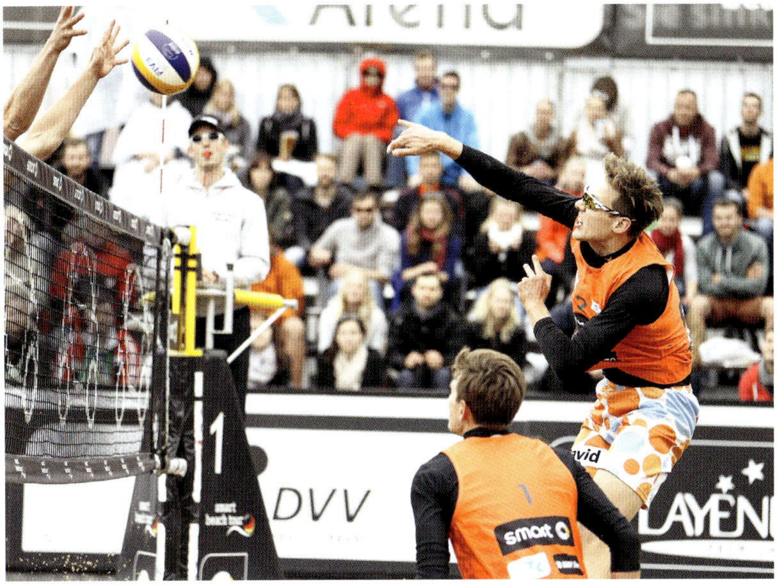

Bild 112

ANMERKUNG

„Schnelle Pässe eignen sich gut dazu, nach vorne laufende Blockspieler auszuspielen."

Veränderung der Zuspielhöhe

Eine weitere Variante ist die Veränderung der Zuspielhöhe, die vom Blockspieler eine Timing-Änderung erfordert. Gerade spezialisierte Blockspieler, die nach dem eigenen Aufschlag nach vorne ans Netz rennen müssen, geraten durch ein schnelles Zuspiel immens unter Zeitdruck. Verbindet man diese Variante mit dem Angriff über unterschiedliche Zuspielorte, erhält man diverse Möglichkeiten, dem Blocker wegzulaufen.

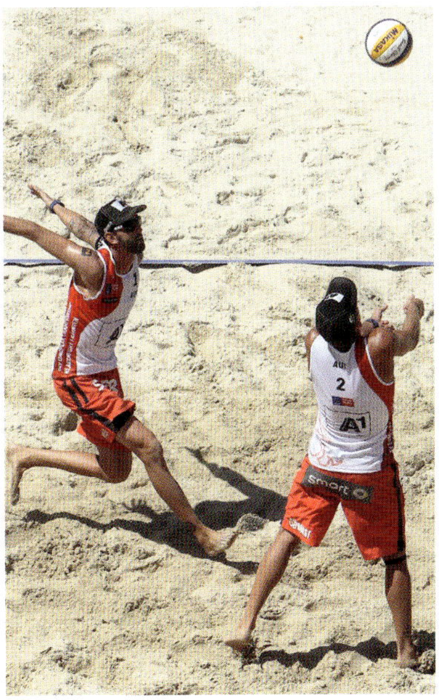

Und sie eignet sich auch besonders gut dazu, den Angriffsort in Abhängigkeit vom Ausgangspunkt des Blockspielers zu wählen. Startet der Blocker außen, weil er einen schnellen Pass an die Antenne erwartet, führt man den Angriff dicht beim Zuspieler durch. Und wenn der Blocker in der Mitte wartet, dann spielt man dafür einen schnellen Pass nach außen. Diese Variante erfordert aber vom Zuspieler besondere Fähigkeiten, sodass sie erst ab dem Leistungsbereich der Männer angewendet werden sollte.

Bild 113: Flaches Zuspiel (Alexander Horst).

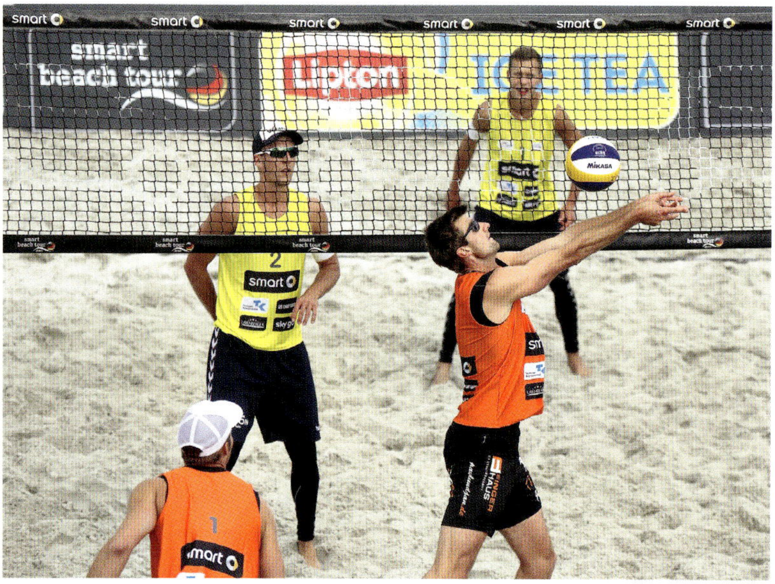

Bild 114

ANMERKUNG

„Das Kreuz stellt die gegnerische Block-Abwehr-Formation vor eine völlig neue Situation."

Das Kreuz und das Doppelkreuz

Als komplexe Variante bietet sich das Kreuzen an, wobei der Angreifer den Laufweg des Zuspielers kreuzt und nach einem Überkopfpass angreift. Der Blocker hat dabei nicht nur eine größere seitliche Distanz zur Startposition zu überwinden, sondern wird ebenso wie der Abwehrspieler, vor eine komplett neue Situation gestellt. Die vorher getroffenen Zuordnungen bezüglich des Blocks sind nicht mehr gültig, was die meisten Teams vor große Schwierigkeiten stellt. Diese Variante benötigt neben den zusätzlichen Fähigkeiten des Zuspielers auch eine sehr gute Annahme und sollte daher nur von den Teams der oberen Leistungsklasse angewendet werden. Doch gerade kleineren Spielern mit einer sehr guten Annahme bietet sie sehr gute Möglichkeiten, den gegnerischen Blockspieler auszuschalten. Im Frauenbereich führt sie sogar dazu, dass die Blockspielerinnen sich bei einem Überkopfzuspiel oftmals zurückziehen und die Angreiferin blockfrei zum Angriff kommt.

Perfekt ist das Kreuz gegen Blockspieler, die aus einer tiefen Hocke agieren und

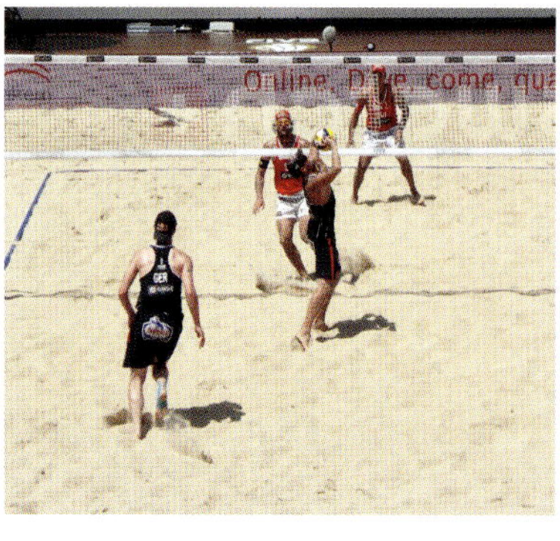

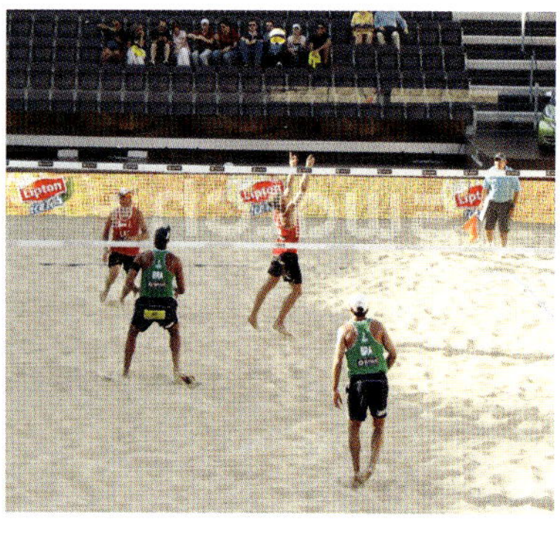

Bild 115 (links): Angriff über Kopf nach Baggerzuspiel Jonas Reckermann).

Bild 116 (rechts): Angriff über Kopf (Andrew Schacht).

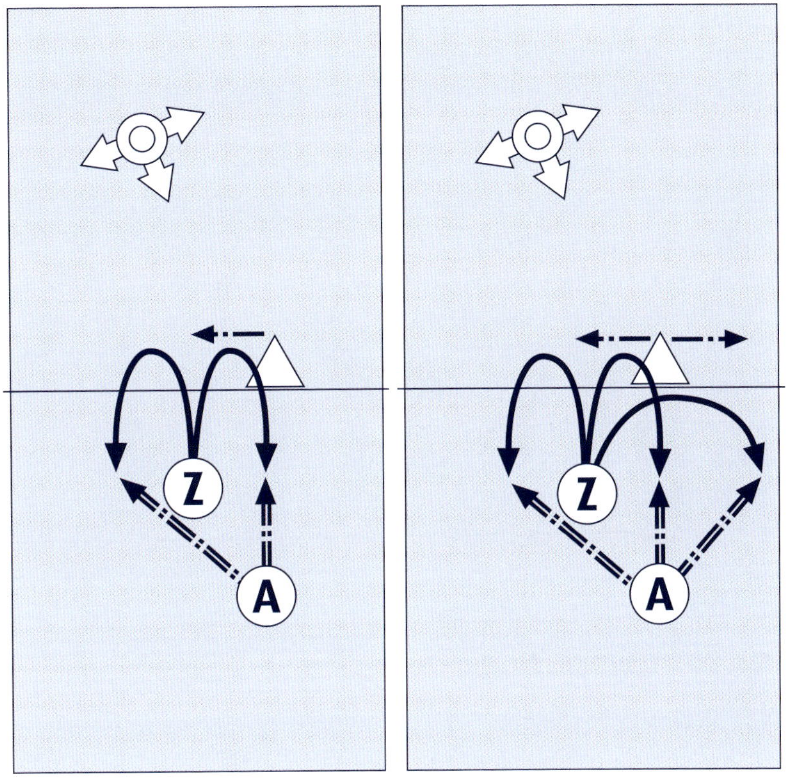

ANMERKUNG

„Achte beim Angriff nach dem Überkopfzuspiel darauf, so anzulaufen, dass du noch in alle Richtungen schlagen kannst."

Abbildung 25:
Variation des Angriffsorts vor und hinter dem Zuspieler.

dann nach der seitlichen Bewegung nicht mehr genug Zeit haben, die für sie geeignete Ausgangsposition einzunehmen. Eine gute Ausweichmöglichkeit ist das Zuspiel über Kopf auch, wenn der Gegner durch kurze Aufschläge versucht, den normalen Anlauf des Angreifers zu behindern. Mit dem über Kopf gespielten Ball kann der Angreifer seinen Anlaufweg wieder verlängern und erhält seine benötigte Anlauflänge zurück.

Wichtig ist es auch hier, noch einmal darauf hinzuweisen, dass man den Angriff über Kopf ausreichend trainieren sollte, um ihn im Spiel erfolgreich anwenden zu können. Vor allem muss der Anlauf so gestaltet werden, dass ein Angriff in alle Richtungen möglich ist.

Als letztes sei hier noch auf eine Variante des oberen Leistungsbereiches angewiesen. Hat man im Laufe des Satzes das Kreuz zweimal erfolgreich gespielt, so ist der gegnerische Blocker schon vorbereitet und wird auf eine mögliche Anlaufveränderung bereits mit einer Korrektur der Blockposition reagieren. Das gibt dem Angreifer die Möglichkeit mit dem sogenannten Doppelkreuz wieder über die normale Angriffsposition zu agieren, häufig komplett blockfrei.

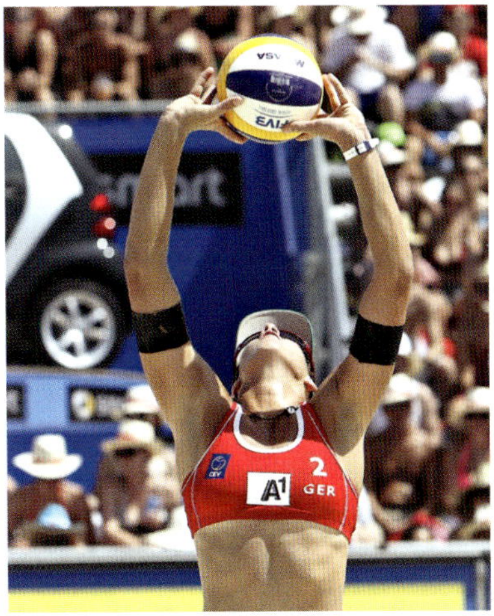

Bild 117:
Überkopfzuspiel
(Kira Walkenhorst).

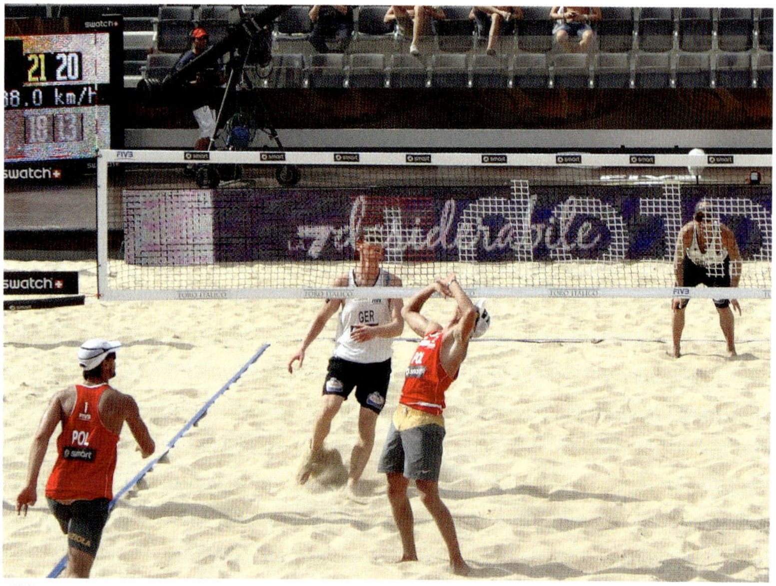

Bild 118

ANMERKUNG

„Der Angriff des 2. Balls macht immer Sinn, wenn der Annahmespieler in der Lage ist, kontrolliert und gut genug anzunehmen."

Angriff des 2. Balls

Diese Taktik eignet sich besonders gut für Rechtshänder, die auf der linken Seite spielen, und Linkshänder, die auf der rechten Seite spielen, da ihnen das gesamte Feld zum Angriff offen steht. Schwieriger wird es da für Rechtshänder auf der rechten Seite und für Linkshänder auf der linken, da ihr Angriffswinkel durch die eingeschränkte Beweglichkeit gegen die Schulterachse eingeengt wird. Benötigt wird in beiden Fällen eine genaue Annahme ans Netz, die häufig nicht mehr zuspielbar ist – und diese Annahmegenauigkeit zeigen eigentlich nur Teams der oberen Leistungsklasse. Dieser Angriffsschlag sollte im Sprung aggressiv in eine der Feldecken oder als Poke bzw. Cut kurz hinters Netz ausgeführt werden (siehe Abbildung 26).

Sinnvoll ist dieser Angriff als 2. Ball im Sprung immer, wenn der eigene Annahmespieler einen sicheren 1. Pass hat. Besonders hilfreich ist er aber gegen aufschlagende Blockspieler, sodass der Angriff bestenfalls ohne Block erfolgt. Er hilft aber auch bei kurzen Aufschlägen des Gegners. Allein die Tatsache, dass der gegnerische Blockspieler sich auf einen 2. Ball über die

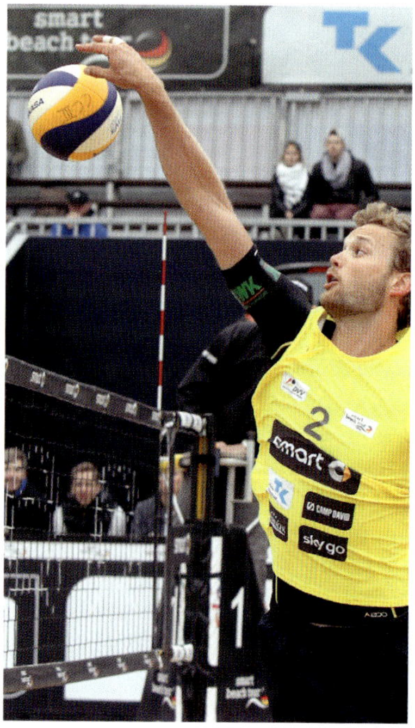

Bild 119: Angriff des 2. Balls (Armin Dollinger).

ANMERKUNG

„Wenn du den 2. Ball angreifst, dann mache es aggressiv und richtig."

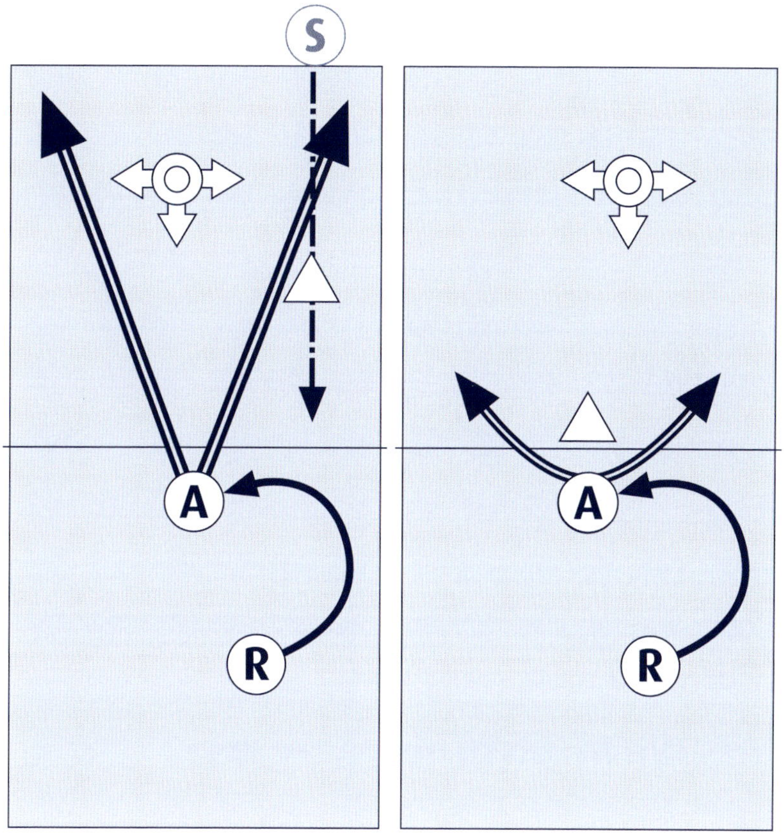

Abbildung 26:
Angriff des 2. Balls;
links mit aufschlagendem und rechts mit nicht aufschlagendem Blockspieler.

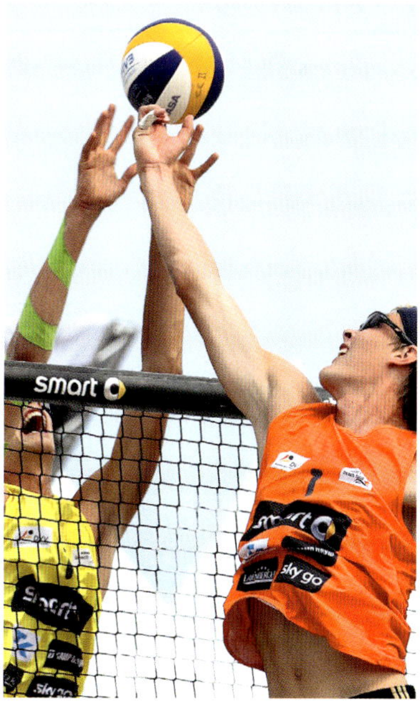

Bild 120:
Poke über Kopf, als 2. Ball gespielt (Philipp Bergmann).

Mitte vorbereiten muss, erschwert ihm seine Blockarbeit beim Angriff über die Außenposition. Wichtig ist in allen Fällen, dass diese Angriffsvariante vor dem Aufschlag abgesprochen wird, damit sich der entsprechende Spieler auf diesen Ball einstellen kann.

Als Überraschungsmoment bietet sich auch ein 2. Ball aus dem Stand oder ein Zuspiel über Kopf an, das nur senkrecht zur Schulterachse erlaubt ist. Bei aufmerksamen Gegnern ist das schon beim ersten Mal riskant, aber spätestens nach einem erfolgreichen Versuch sollte man darauf verzichten. Unter Provokation fällt schließlich die Variante, den 2. Ball frontal nach vorne über das Netz zu pritschen, wenn gleichzeitig der Partner einen Angriff über Kopf andeutet.

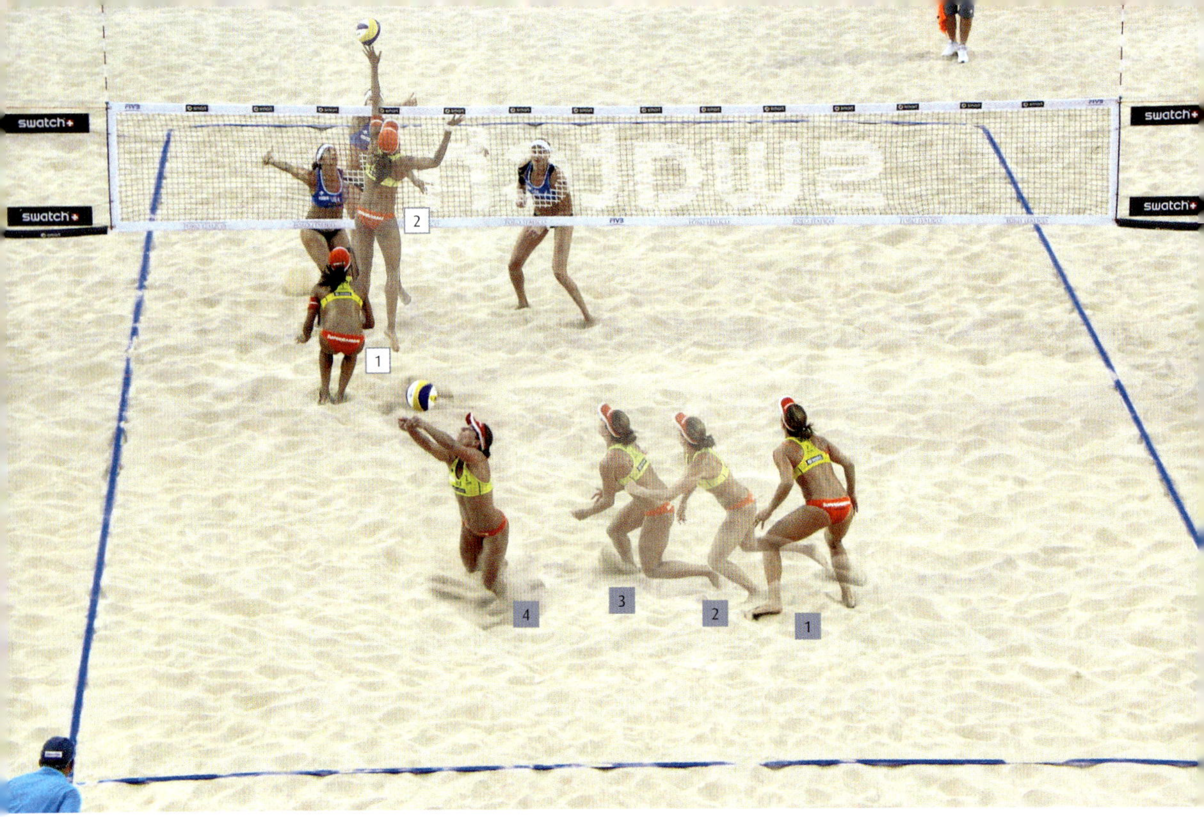

Grundlegende Blockabwehrstrategien

FACHBEGRIFFE

KING BZW. QUEEN OF THE BEACH:
Turniermodus, bei dem jeder mit jedem spielt.

Diese Strategien kennzeichnen die Block-Abwehr-Formation beim normalen Spielaufbau der gegnerischen Mannschaft. Bei Annahme- oder Zuspielproblemen muss die Taktik sofort angepasst werden. Wenn das Zuspiel zu dicht ist, muss der Blocker direkt auf den Ball gehen und bei einem zu weit vom Netz entfernten Zuspiel sollte er sich vom Netz lösen.

Bei diesen Block-Abwehr-Strategien geht es nicht um die individuellen Möglichkeiten des Blockers oder Abwehrspielers, die für sich gesehen zahlreiche weitere Varianten ergeben.

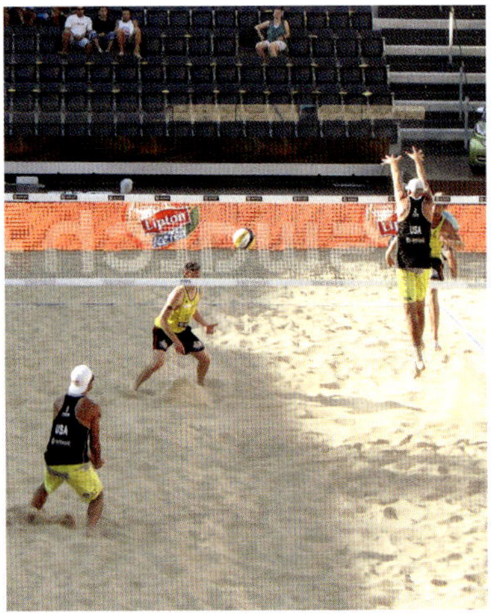

Bild 122:
Die typisch amerikanische Strategie „Block Linie, Abwehrspieler diagonal" (Dalhausser/Rogers).

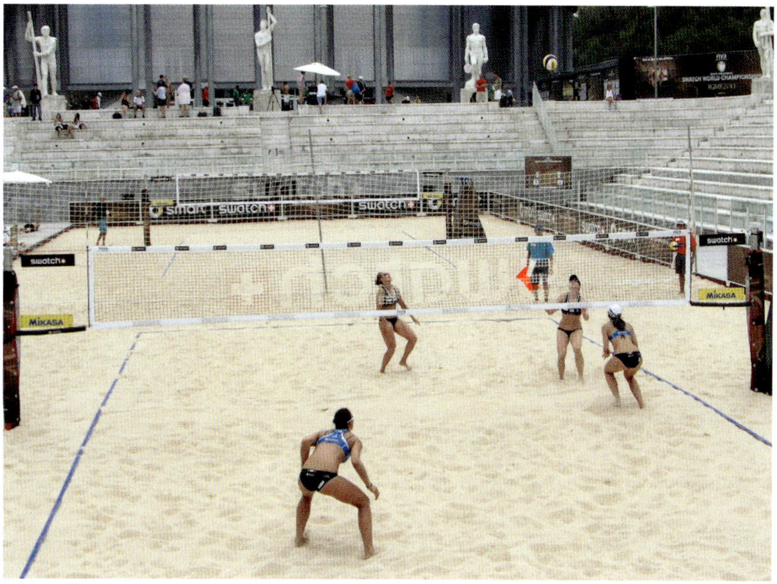

Bild 123

ANMERKUNG

„Decke als Blockspieler die Linie zunächst für einen Lineshot ab."

Block Linie und Abwehr diagonal

Bei dieser am häufigsten verwendeten Taktik teilen sich Block- und Abwehrspieler das Feld weitestgehend auf. Der Blockspieler stellt je nach den Vorlieben des gegnerischen Angreifers einen Linieblock gegen Shots oder harte Angriffsschläge. Auf jeden Fall muss er verhindern, dass ihn halbscharfe Bälle seitlich passieren. Er ist auch für die kurzen Ableger hinter dem Block zuständig (gelber Bereich). Der Abwehrspieler übernimmt theoretisch alle Angriffsschläge in die Diagonale und versucht zudem, die Lineshots über den Block zu erreichen. In der Praxis muss er sich jedoch entscheiden: Entweder stellt er sich in die scharfe Diagonale, um dort auch kurze Cutshots abzuwehren (siehe Abbildung 27), oder er postiert sich mehr Richtung Mitte und kann dann eventuelle Lineshots erlaufen.

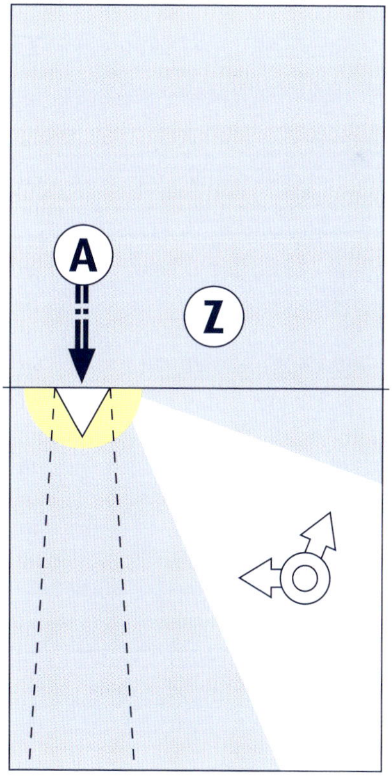

Abbildung 27: Block Linie und Abwehr diagonal.

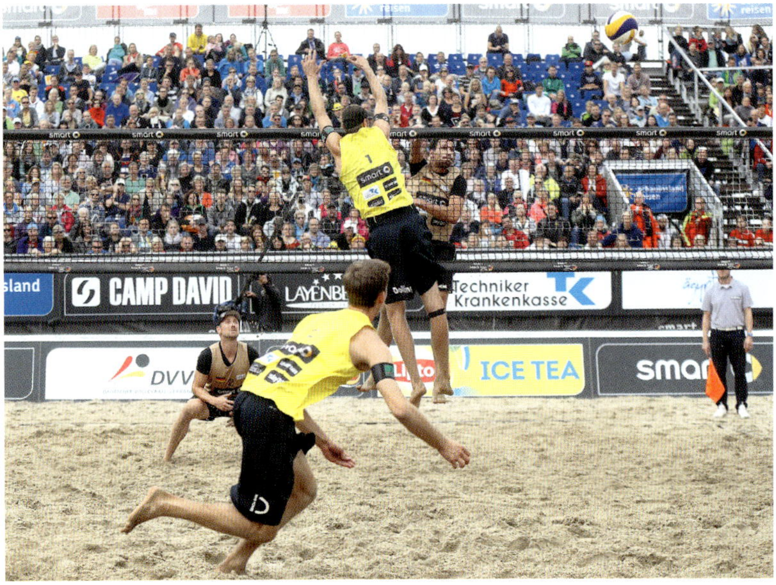

Bild 124

ANMERKUNG

„Versuche hier als Blockspieler zunächst, einen harten Angriff zu blocken."

Block diagonal und Abwehr Linie

Hier kommt es zur umgekehrten Aufgabenteilung. Der Abwehrspieler ist nun für Angriffe in die Linie zuständig (heller Bereich) und der Blockspieler für die Diagonale. Je nach Blocktechnik und dem dazugehörigen Wischen oder Springen in die Diagonale deckt der Blocker auch die Mitte oder die extreme Diagonale ab, wie in Abbildung 28 dargestellt. Dabei kann er selber nur noch kurze Diagonalshots erreichen (gelber Bereich).

Der Abwehrspieler hat nun zwei taktische Möglichkeiten. Er kann sich früh an die Linie orientieren, um dort hart geschlagene Bälle abzuwehren – um von dort aus schwache Diagonalshots zu erlaufen. Oder er wartet lange in der Diagonalen und läuft erst sehr spät in die Linie, wobei dann jedoch die komplette Diagonale für Shots offen bleibt.

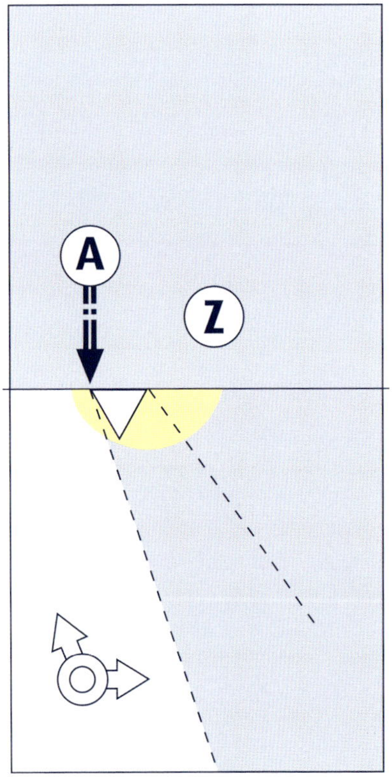

Abbildung 28: Block diagonal und Abwehr Linie.

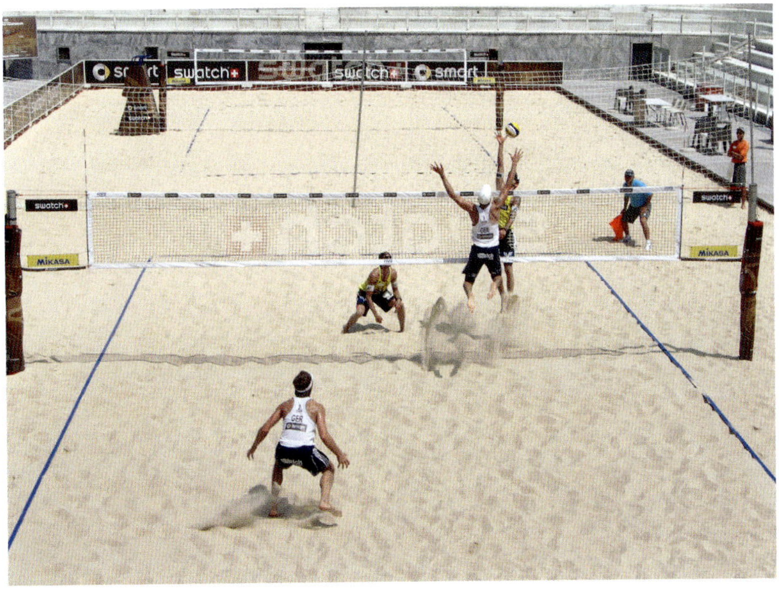

Bild 125

ANMERKUNG

„Da sich die wenigsten Angreifer trauen, absichtlich durch die Arme zu schlagen, konzentriere dich als Abwehrspieler auf die Shots."

Spreadblock und Abwehr zentral

Bei dieser Strategie übernimmt der Blocker alle harten Angriffschläge, die der Angreifer um ihn herum ausführen will. Sie taugt aber nur für Blockspieler, die über eine entsprechende Handlungshöhe verfügen, und wird daher fast nur im männlichen Leistungsbereich angewendet. Der Blocker lässt dem Abwehrspieler die hart geschlagenen Bälle in die Mitte des Feldes (heller Bereich). Der ist, je nach Ausgangsposition, mehr für die Shots Richtung Linie, für die in die Diagonale oder wie hier, für alle nicht exakt an die Seitenlinien gespielten Shots zuständig. Alle kurzen Ableger muss der Blockspieler selbst abwehren (gelber Bereich).

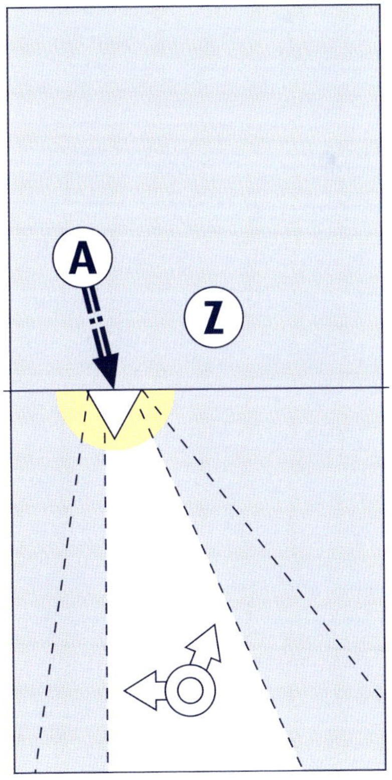

Abbildung 29: Spreadblock und Abwehr zentral.

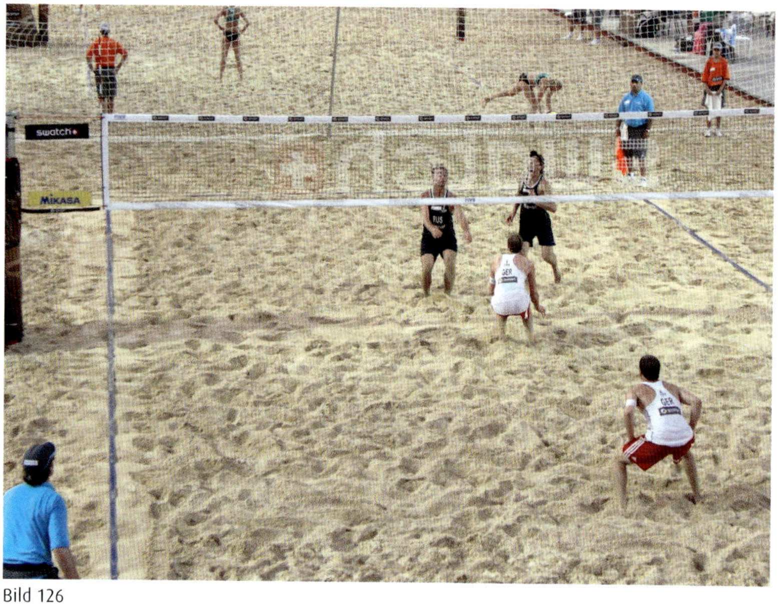

Bild 126

ANMERKUNG

„Hier kannst du als Abwehrspieler ruhig mal auf den Ruf des Gegners reagieren und dorthin laufen."

Block in Anlaufrichtung und Abwehr zentral

Diese Strategie eignet sich insbesondere für die gegnerische Sideout-Situation im Hobbybereich, aber auch für die Punktballsituation im mittleren Leistungsbereich. Dabei ist nur der Blockspieler für hart angegriffene Bälle zuständig.

Der Abwehrspieler versteckt sich in dessen Schatten und bereitet sich dort nur auf das Erlaufen von Shots vor. Je nach den Vorlieben des gegnerischen Angreifers kann er seine Ausgangsposition entweder in Richtung Linie oder in die Diagonale verschieben. Der Blockspieler ist, wie bisher, für die kurz abgelegten Dinks zuständig (gelber Bereich). Auch bei dieser Verteidigungsvariante kann der Abwehrspieler auf einen Ruf des Gegners warten und diesem Ruf entsprechend loslaufen.

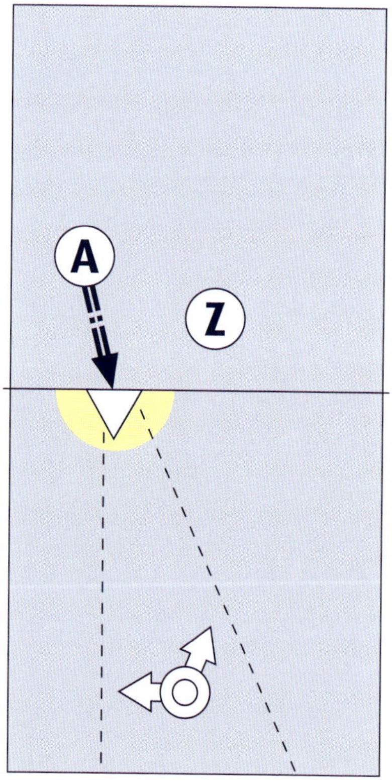

Abbildung 30:
Block in Anlaufrichtung und Abwehr zentral.

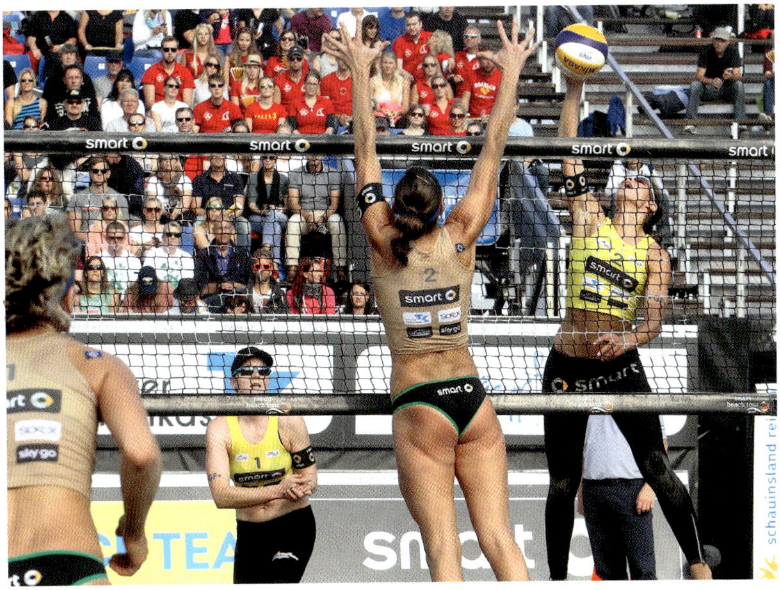
Bild 127

ANMERKUNG

„Viele Angreifer orientieren sich beim Shot am Blockspieler, daher ist das Doppeln eine sehr gute Alternative."

Verdopplung einer Richtung

Bei dieser Strategie wird, in Erwartung eines harten Angriffschlags, entweder die Diagonale gedoppelt oder der Abwehrspieler läuft im letzten Moment in den vom Blockspieler abgedeckten Feldbereich, damit er einen Shot über den Blockspieler erreichen kann.
Abbildung 31 zeigt die Dopplung eines harten Diagonalangriffs. Der Blockspieler deckt dabei mehr die Feldmitte ab, während der Abwehrspieler für harte Angriffe und Driveschläge in die scharfe Diagonale zuständig ist (heller Bereich). Doppelt der Abwehrspieler in Erwartung eines Shots, darf er erst im letzten Moment loslaufen.
Das Problem dieser Taktik liegt auf der Hand: Eine Seite des Feldes ist dabei komplett offen.

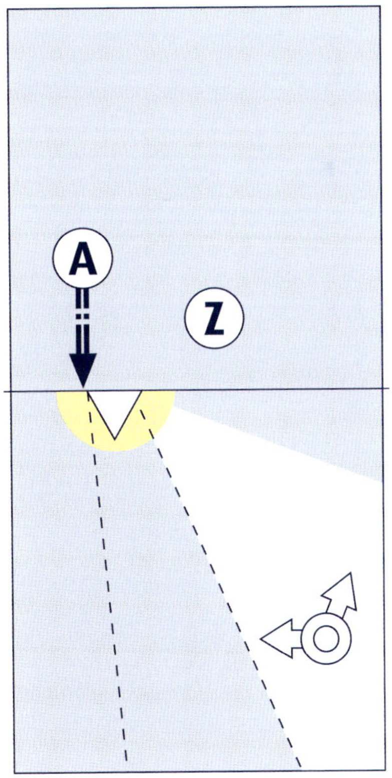

Abbildung 31: Dopplung der Diagonalabwehr.

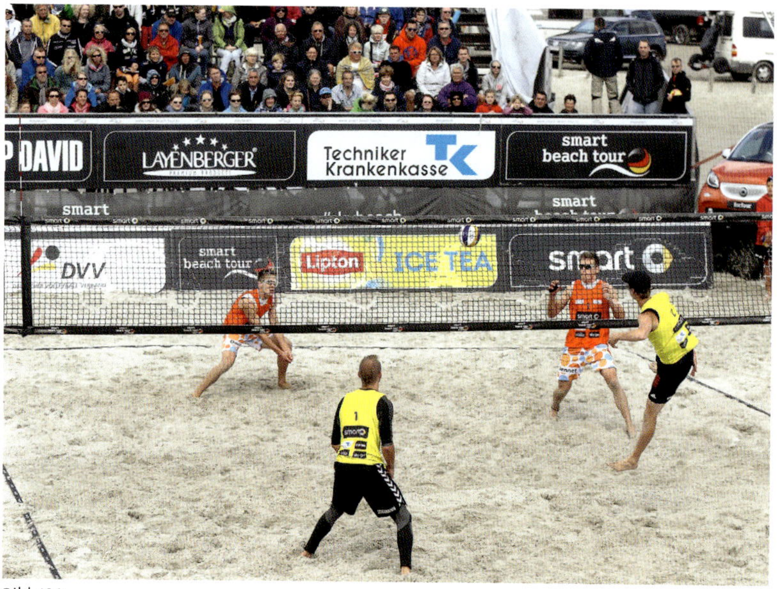

Bild 128

ANMERKUNG

„Wenn du nicht blockst, bleibe nicht im Niemandsland stehen, sonst ist dein Abwehrspieler allein in der Verteidigung."

Zurückziehen vom Netz: Drop oder Fakeblock

Bis zum mittleren Leistungsniveau bei den Herren und sogar bis zum oberen Leistungsniveau bei den Frauen gehört das Zurückziehen vom Netz zu den sehr Erfolg versprechenden Taktiken. Dabei gibt es zwei verschiedene Möglichkeiten in der Anwendung.
Der klassische Drop erfolgt bei der Erwartung eines netzfernen Angriffs. Hier zieht sich der Blockspieler möglichst früh vom Netz zurück, um in eine gute Abwehrposition zu gelangen. Ein wichtige Regel für den sich zurückziehenden Blocker ist es, im Moment des Angriffs zu stehen, um von dort aus auf den Angriff zu reagieren.
Abbildung 32 zeigt das Zurückziehen des Blockspielers in die Linie. Er ist dann für Angriffe in den gelben Bereich zuständig. Der Abwehrspieler sollte sich in die Mitte des Felds postieren, da ohne Block häufig dorthin angegriffen wird. Dabei ist er auch für alle kurzen Shots zuständig, da es für den sich zurückziehenden Blocker sehr

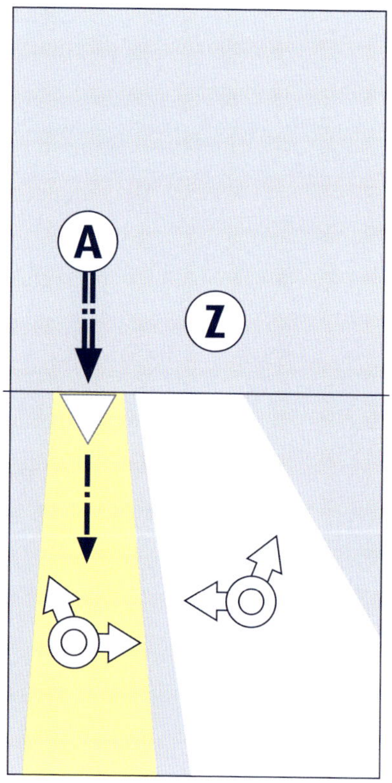

Abbildung 32: Fakeblock und Rückzug in die Linie.

schwer ist, sich wieder nach vorne abzudrücken. Spielt der Gegner viele kurze Shots, kann sich der Blockspieler auch nur kurz hinters Netz zurückziehen und ist dann für die kurzen Shots zuständig. Im Extremfall ergibt sich dann eine „Vorne-Hinten-Verteidigung", da der Abwehrspieler natürlich für alle langen Shots zuständig ist.

Ein diagonales Zurückziehen (siehe Bild 129) taugt nur gegen Spieler, die häufig einen Cutshot spielen. Entsprechend zieht sich der Blockspieler in die kurze Diagonale zurück und ist für die Cutshots und die halbscharfen diagonalen Driveschläge zuständig.

Der Abwehrspieler verhält sich ähnlich wie vorher und deckt zunächst die Mitte des Felds zur Abwehr harter Angriffsschläge ab, ist aber auch für alle langen Shots zuständig.

Beim Fake dagegen täuscht der Blockspieler seinen Block bis zum letzten Moment vor und zieht sich stattdessen im letzten Moment nur kurz hinters Netz zurück, um einen kurzen Shot abzuwehren. Besonders gut funktioniert diese Taktik, wenn der Blocker aus einer tiefen Ausgangsposition agiert und sich von dort aus vom Netz zurückzieht.

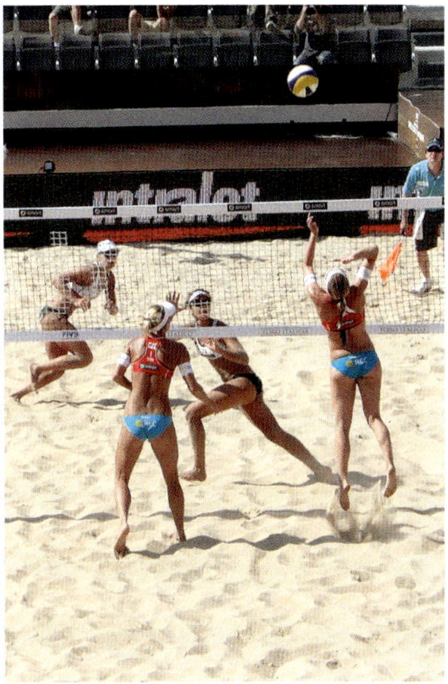

Bild 129: Diagonales Zurückziehen.

ANMERKUNG

„Verrate deinen Fakeblock nicht durch eine übertriebene Blockbewegung."

NOTIZEN

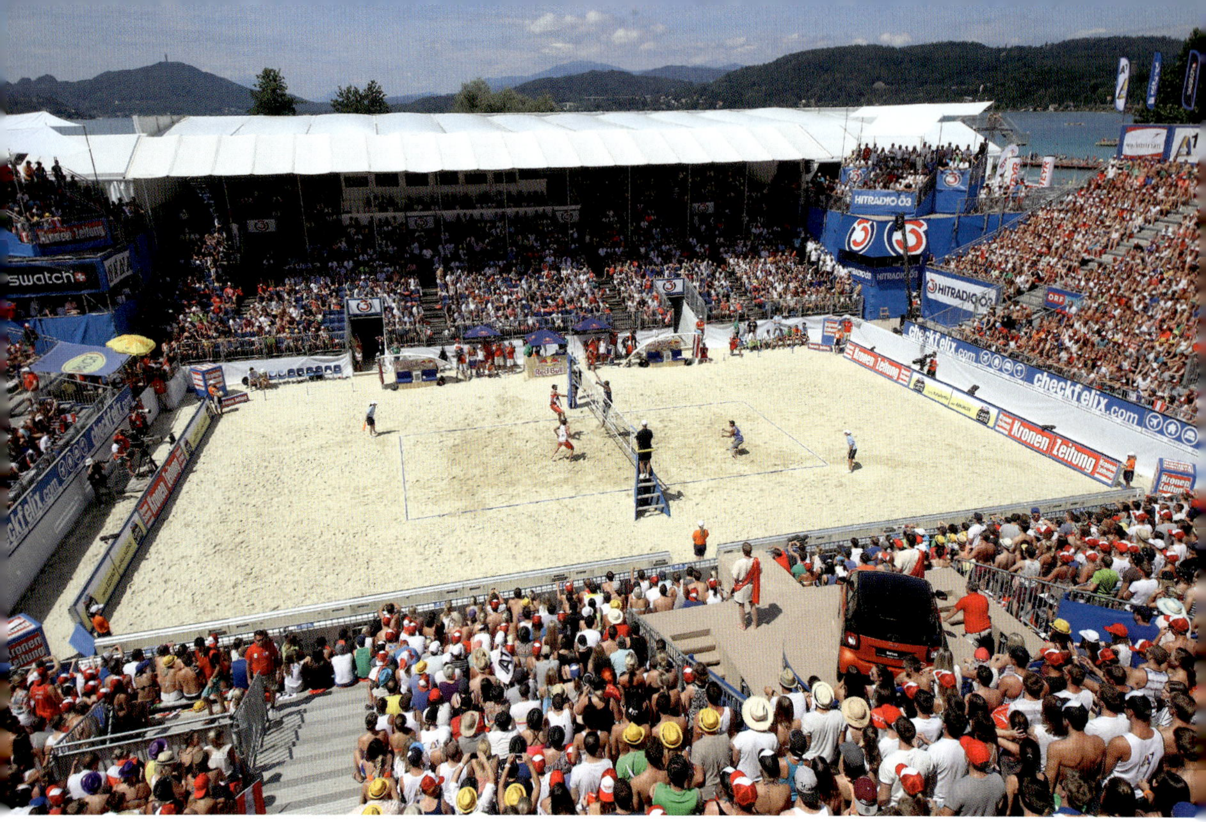

Taktische Überlegungen bei eigenem Aufschlag

Achtelfinale bei den Olympischen Spielen 2000 in Sydney gegen Jody Holden und Conrad Leinemann aus Kanada. Eigentlich wollten wir unsere Gegner mit langen Flatteraufschlägen unter Druck setzen. Leider ging die Taktik nicht auf. Obwohl wir selbst einen guten Sideout spielten, lagen wir irgendwann mit 2:6 zurück. Nach einer Auszeit beschlossen wir, unsere komplette Taktik zu ändern und beim Aufschlag „Arsch oder König" zu spielen, also bei jedem Aufschlag mit vollem Risiko zur Sache zu gehen. Im Folgenden konnten wir das Spiel mit 7 Aufschlagwinnern zu unseren Gunsten drehen, ohne auch noch einen einzigen Punkt abzugeben.

LOCATION

TIMMENDORF:
Das Beachmekka Deutschlands, das jedes Jahr für neue Zuschauerrekorde sorgt.

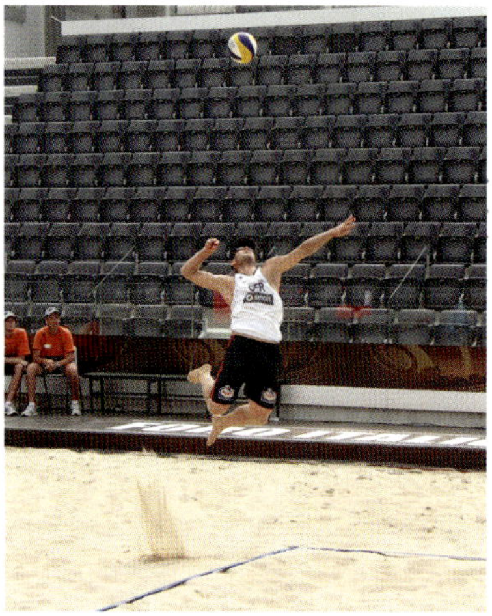

Bild 131:
Auch „volles Risiko" ist eine Taktik (Julius Brink).

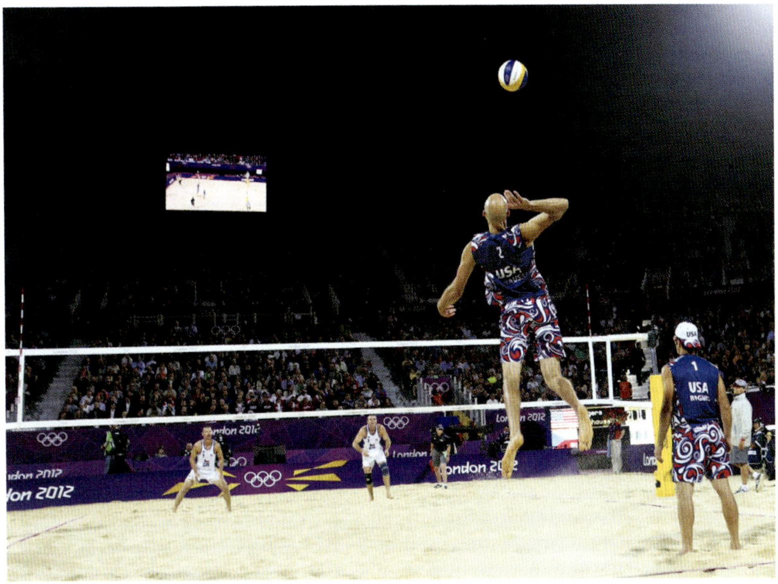

Bild 132

ANMERKUNG

„Spezialisierung ist nur im Block-Abwehr-Bereich möglich, deshalb muss jeder Spezialist zunächst einmal annehmen, pritschen und angreifen können."

Spezialisierung oder nicht?

Unterschieden wird zwischen den spezialisierten Teams, bei denen die Block- und Abwehrpositionen im Normalfall eindeutig verteilt sind, den spezialisierten Allroundern, bei denen zunächst beide Spieler blocken und erst in der Schlussphase des Satzes beide Spieler auf ihren Spezialpositionen spielen, und schließlich den Allroundern, bei denen beide Spieler sich die ganze Block- und Abwehr teilen.

In der Weltspitze der Männer und Frauen gibt es praktisch nur noch spezialisiert spielende Teams. Nur in Ausnahmefällen bleibt der eine oder andere Blockspieler nach seinem Aufschlag doch einmal hinten in der Abwehr. Eine vollständige Spezialisierung ist besonders dann sinnvoll, wenn sich das Team aus einem Abwehr- und einem Blockspezialisten zusammensetzt. Eine solche Spezialisierung hat nicht nur den Vorteil, dass die Spieler entsprechend ihren Fähigkeiten eingesetzt werden können, sondern auch den, dass man dann im Training entsprechend mehr Zeit für die Spezialbereiche verwendet werden kann. Ein Nachteil kann die höhere Sprungbelastung des Blockspielers werden, wenn er vom Gegner dauernd im Sideout angespielt wird, und das besonders bei sehr hohen Temperaturen. Schwierigkeiten kann der Blockspieler nach dem eigenen Aufschlag im Block bekommen, da er

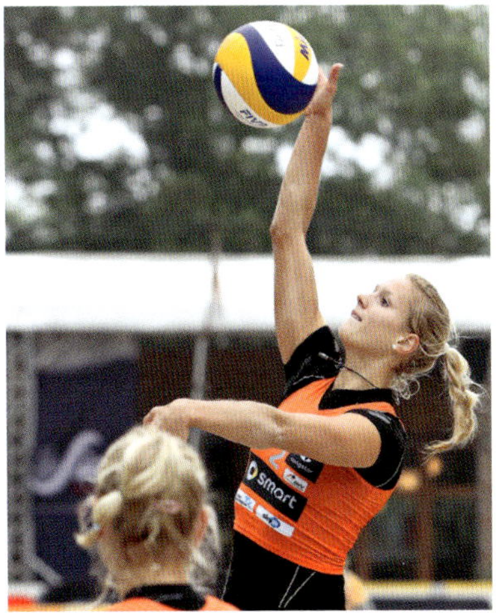

Bild 133: Aufschlag des Blockspielers (Kim Behrens).

BEACH-TALK

„Ein Blockspieler rennt so lange zum Block, bis er (zusammen)bricht."

je nach eigener Aufschlagtaktik unter großem Zeitdruck ans Netz zum Block laufen muss. Um Konditionsproblemen vorzubeugen, spezialisieren sich einige Teams erst in der Endphase des Spiels. Das schont zwar die konditionellen Ressourcen des Blockspielers, birgt jedoch die Gefahr, dass man in der Anfangsphase des Satzes Punkte verschenkt.

Wenn der Blocker aufgrund von konditionellen Problemen nicht jedes Mal ans Netz laufen kann, sollte er das Blocken jedes dritte oder vierte Mal seinem Partner überlassen, um immer mal wieder eine kleine Erholungspause zu bekommen. Er kann aber auch seine Aufschlagtaktik entsprechend anpassen. Dabei stehen ihm zwei Möglichkeiten zur Verfügung: Entweder geht er bei jedem Aufschlag ein höheres Risiko ein, sodass er sich bei Assen und Aufschlagfehlern den Spurt ans Netz sparen kann. Oder er schlägt hohe taktische Aufschläge Richtung Grundlinie, die ihm die Zeit geben, ohne Hektik ans Netz zu kommen. Die Spezialisierung macht nur da Sinn, wo

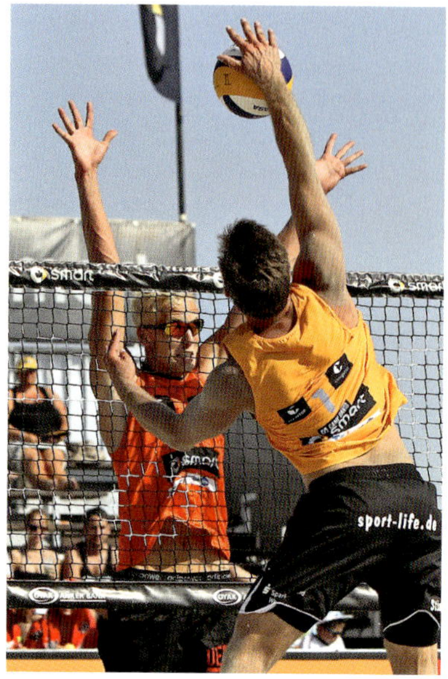

Bild 134:
Blockspezialist (Tim Holler).

auch oft hart angegriffen wird, d. h. ab dem mittleren Leistungsniveau bei den Männern und dem Leistungsniveau bei den Frauen.

Hat weder der eine noch der andere Spieler besondere Vorzüge für Block oder Abwehr, sollten sie in der Abwehr abwechseln – das heißt, der nicht aufschlagende Spieler geht zum Block. Neben der gleichmäßigen Belastung beider Spieler hat diese Spielweise auch noch weitere Vorzüge. Jeder von ihnen hat seine speziellen Techniken und Taktiken und so muss sich der gegnerische Angreifer im Extremfall auf zwei komplett unterschiedliche Block-Abwehr-Systeme einstellen. Zeigt sich dann im laufenden Spiel, dass eine Kombination besser funktioniert, kann man auch zum Spiel der spezialisierten Universalisten übergehen.

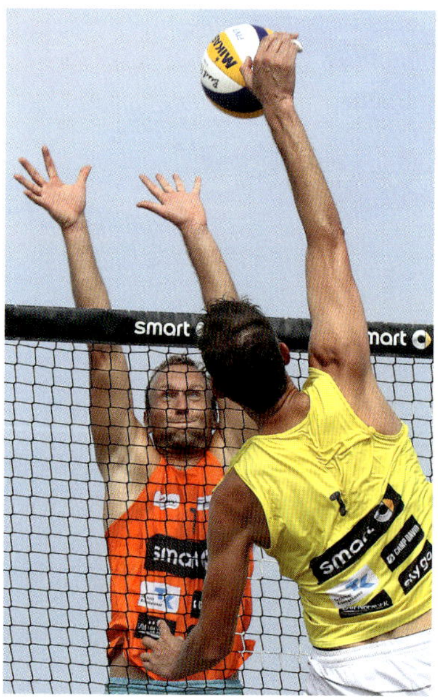

Bild 135:
Universalist (Markus Popp).

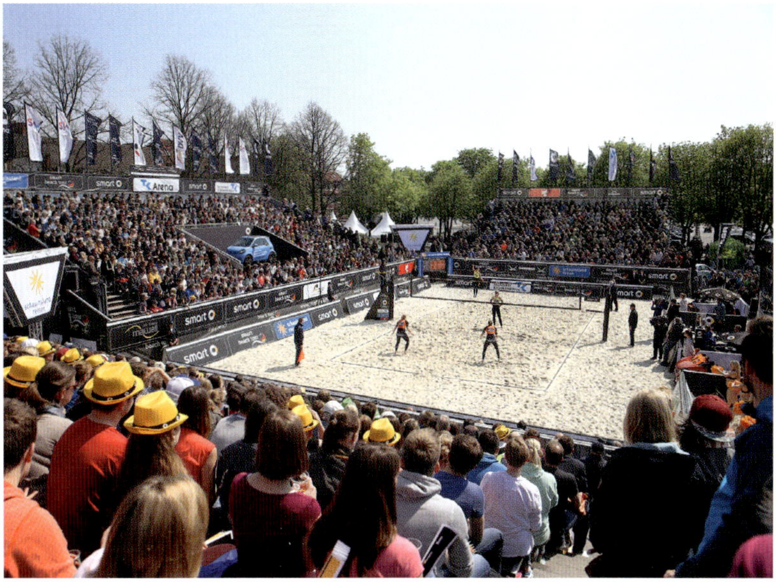

Bild 136

ANMERKUNG

„Ein guter Blocker und ein guter Abwehrspieler ergeben noch keine gute Verteidigung. Erst die Zusammenarbeit bringt Erfolg."

Zusammenspiel Block – Abwehr

Eines sollte jedem Team klar sein: Eine gute Kommunikation zwischen Block- und Abwehrspieler ist die Voraussetzung für ein erfolgreiches Spiel gegen die Angriffe des Gegners. Das muss jedoch nicht heißen, dass Block- und Abwehrspieler immer nur das machen, was sie vereinbart haben. Es gibt immer wieder Situationen, in denen die Absprache keine Gültigkeit mehr hat. Ein dichtes oder schlechtes Zuspiel, eine neue Angriffsvariante des Gegners oder einfach nur eine veränderte Angriffsposition am Netz – da zeigt sich, wie gut ein Team eingespielt ist! Der Abwehrspieler weiß dann, dass der Blockspieler seine Taktik ändert, aber er weiß auch, wie er zu reagieren hat. Das ändert aber nichts daran, dass prinzipiell das Einhalten einer Taktikabsprache die Basis für ein gutes Zusammenspiel von Block und Abwehr sind.

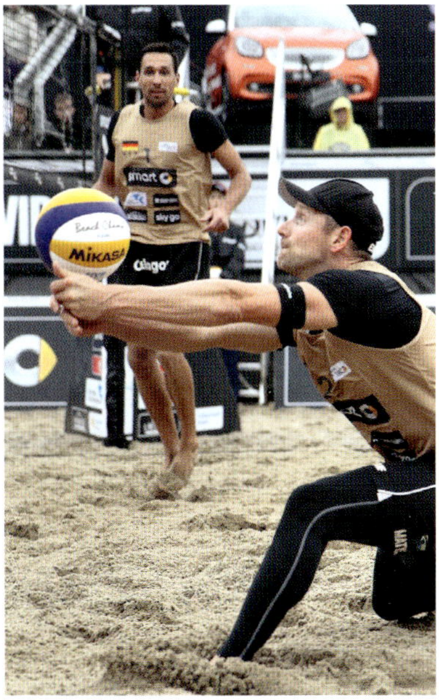

Bild 137: Perfektes Zusammenspiel (Erdmann/Matysik).

Zur guten Kommunikation gehört nicht nur die Absprache vor der Annahme des Gegners, sondern auch die während des Ballwechsels. So kann einer von beiden bei einer schlechten bzw. dichten Annahme des Gegners dies dem Partner durch einen entsprechenden Ruf wie „Trouble!" bzw. „2. Ball!" signalisieren. Immer wieder

gibt es auch Bälle, die beide Spieler erreichen können. Dann muss der Abwehrspieler signalisieren, wer den Ball nehmen soll, da nur er den Überblick hat, der Blockspieler dagegen seinen Partner meist nicht sehen kann.
Im Normalfall teilen sich Block- und Abwehrspieler das Feld auf. Das muss jedoch nicht heißen, dass der Blockspieler immer für die eine Seite zuständig ist und der Abwehrspieler für die andere. Es ist durchaus angebracht, ab und zu eine Seite des Felds zu doppeln, da sich viele Angreifer bei ihren Angriffen nur nach dem Blockspieler richten – also hart am Block vorbeischlagen oder Shots über den Blockspieler hinweg spielen. Da kann der Abwehrspieler noch so viel Verstecken spielen oder täuschen: Die Position des Blockers verrät dem Angreifer auch die des Abwehrspielers!

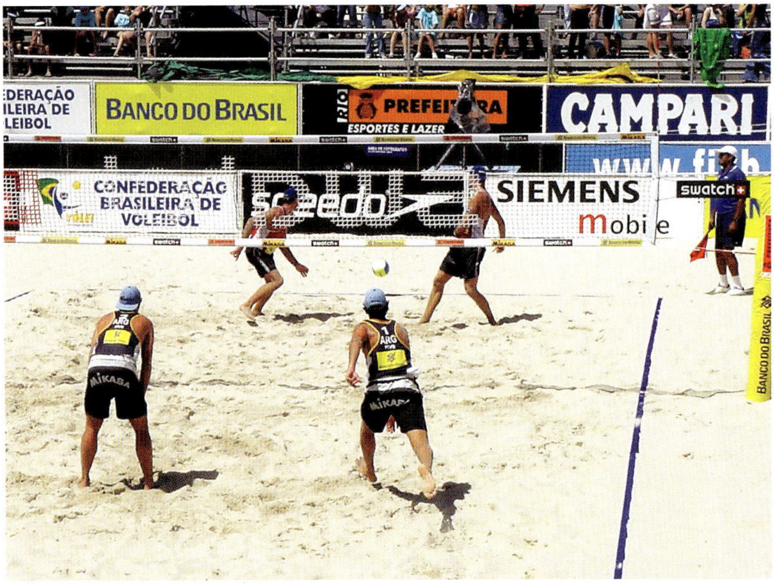

Bild 138

BEACH-TALK

SERVE HARD IN THE MIDDLE: Aufschlagtaktik, die gegen unbekannte Gegner immer gut ist.

Auf welchen der beiden Gegner aufschlagen?

Die Entscheidung darüber, auf welchen Spieler man spielen soll, ist nicht immer einfach. Wenn es für das eine Team besser ist, auf Spieler A zu spielen, kann es für ein anderes Team durchaus besser sein, auf Spieler B zu spielen. Es kommt nicht nur darauf an, wer der bessere Annahmespieler, der bessere Zuspieler oder bessere Angreifer ist. Ein guter Zuspieler kann schlechte Annahmen kompensieren und einem schwachen Angreifer immer den perfekten Pass geben. Und ein guter Angreifer kann die Pässe eines schlechten Zuspielers ausgleichen und verwerten.
Neben den individuellen Fähigkeiten des Gegners gilt es noch weitere Aspekte zu beachten. Haben manche Spieler einmal ihren Rhythmus gefunden, sind sie nur schwer zu stoppende Sideout-Maschinen. Werden sie dagegen nur ab und zu angespielt, haben sie große Probleme, ins Spiel zu finden. Das kann sogar so weit gehen wie, angeblich, bei Mike Dodd und Mike Whitmarsh,

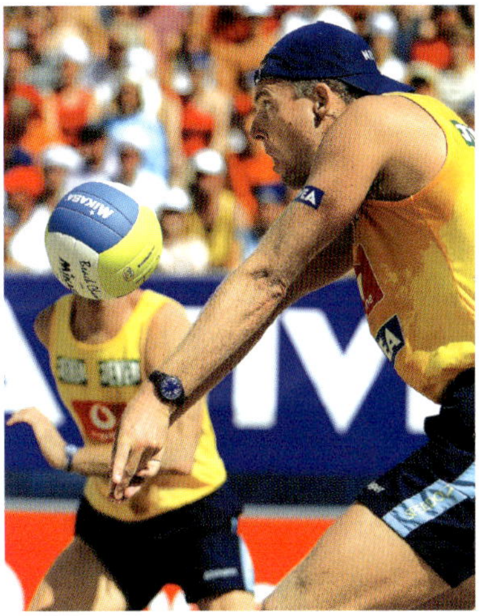

Bild 139:
Aufschlag auf Axel Hager.

Silbermedaillengewinner von 1996 in Atlanta. Im Spiel gegen ihre größten Kontrahenten, Karch Kiraly und Kent Steffes, schlugen sie im Verhältnis zwei zu eins auf Kiraly auf, um mit dieser Taktik Punkte gegen Steffes zu machen! Manche Spieler schlagen nur dann gut auf oder spielen nur dann einen guten Block oder eine gute Abwehr, wenn sie nicht mit ihrem eigenen Sideout beschäftigt werden. Umgekehrt gibt es Spieler, die schnell die Motivation verlieren, wenn sie nur zuspielen müssen. Auch einem Abwehrspieler kann es sehr schwer fallen, Punktchancen zu verwerten, wenn er vorher kaum selber angreifen musste. Deshalb sollten bei der Frage, auf wen aufzuschlagen sei, psychologische Aspekte berücksichtigt werden. Wenn ein Spieler sich vorher über den Schiedsrichter oder seinen Partner aufgeregt hat, sollte man ihn ruhig anspielen. Auch auf den Spieler, der zuvor eine Punktchance verpatzt hat oder eine anderweitig unglückliche Szene hatte, kann man gut aufschlagen.

Funktioniert die gewählte Taktik, muss man sie fortführen. Macht ein Spieler Fehler oder ist er im Sideout erfolglos, muss er weiter angespielt werden. Allzu häufig sieht man leider, dass stattdessen plötzlich sein Partner angespielt wird.

Bei all dem muss man jedoch immer die eigenen Möglichkeiten berücksichtigen. Was nützt es einem, eine Schwäche des Gegners erkannt zu haben, wenn man die nicht nutzen kann?!

Bisher bin ich hier immer davon ausgegangen, dass man seinen Kontrahenten ausreichend kennt. Das muss jedoch nicht immer so sein. Auch Axel und ich haben schon mal den einen Spieler konsequent angespielt – und nachher festgestellt, dass wir das Spiel über den anderen hätten gewinnen können. Weiß man also nicht um die Stärken und Schwächen des Gegners, kann man den ersten Ball einfach als Flatteraufschlag zwischen beide Spieler in die Mitte platzieren. Im Normalfall wird der stärkere von beiden diesen Ball annehmen, sodass man danach weiß, welcher Spieler anzutesten ist. Diese Taktik eignet sich nicht nur gegen unbekannte, sondern auch gegen ausgeglichene Gegner, deren jeweilige Tagesform über die eigene Taktikwahl entscheidet.

ANMERKUNG

„Nach drei erfolgreichen Sideouts eines gegnerischen Spielers in Folge, sollte man die Aufschlagtaktik ändern."

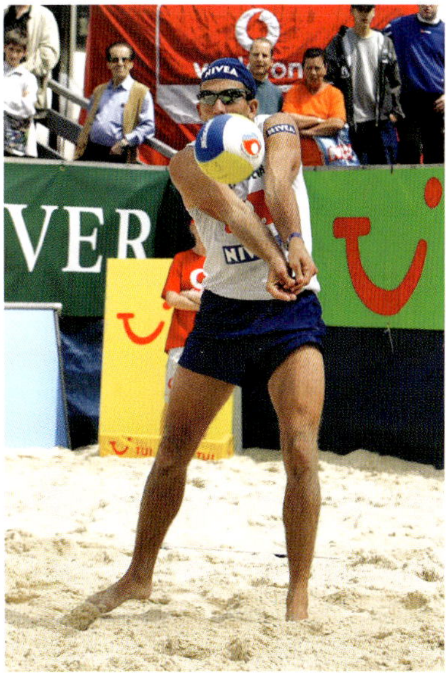

Bild 140:
Aufschlag auf Jörg Ahmann.

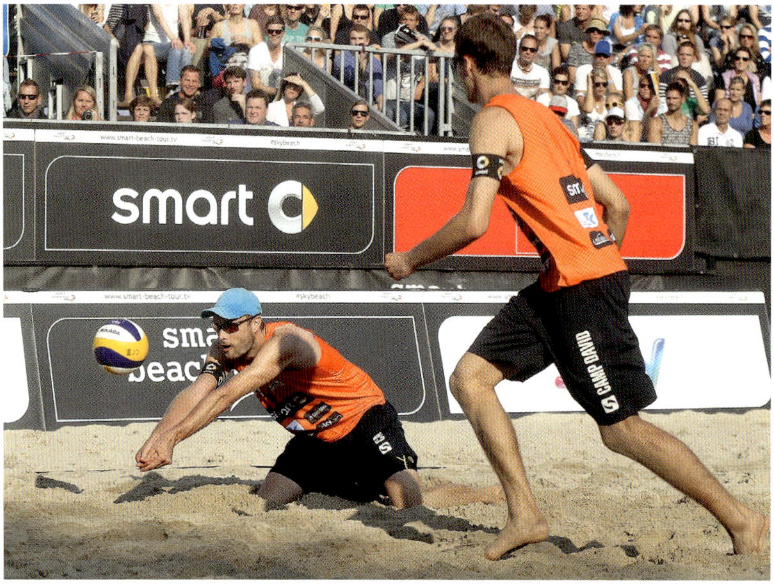

Bild 141

ANMERKUNG

„Gib deinem Gegner nicht die Möglichkeit, seinen gewohnten Angriffsaufbau durchzuführen."

Behinderung des optimalen Angriffsaufbaus

Natürlich will man als Aufschläger den Gegner schon so weit unter Druck setzen, dass er bereits in der Annahme und damit beim Spielaufbau Probleme bekommt. Mit steigendem Niveau der Teams wird es aber immer schwieriger, Aufschlagpunkte oder Aufschläge mit direkter Wirkung zu erzielen. Deshalb wird man versuchen, den Gegner am Aufbau seines für ihn optimalen Angriffs zu hindern, oder ihn zwingen, ungeliebte Angriffstaktiken zu verwenden.

Wenn man weiß, dass ein Annahmespieler bestimmte Schwächen auf einer Annahmeseite bzw. bei einer bestimmten Aufschlagtechnik hat, sollte man die konsequent angehen bzw. anwenden. Wenn nicht, sollte man versuchen, den Angriffsrhythmus so weit wie möglich zu stören. Wie oben bereits erklärt, kann man das am besten mit der Platzierung des Aufschlags. Benötigt der Angreifer einen langen Anlauf, kann man ihn mit kurzen Aufschlägen gut unter Druck setzen. Angreifer, die gern von außen nach innen anlaufen, sollten in der Mitte anserviert werden. Umgekehrt sollte man Angreifer, die von innen nach außen anlaufen, auf ihrer Außenseite anvisieren. Bevorzugen Angreifer ein schnelles oder ein flaches Zuspiel, sind sie durch lange Lollipop-Aufschläge sehr gut zu stören, da sie entweder eine sehr hohe Annahme benötigen oder aber sehr schnell ans Netz nach vorne laufen müssen.

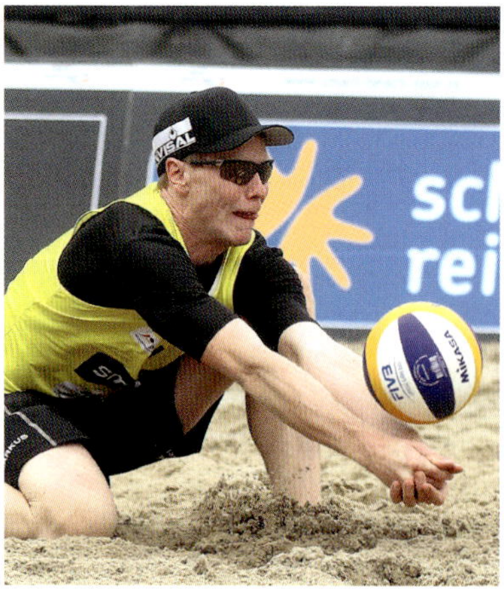

Bild 142: Behinderung des Anlaufs durch kurzen taktischen Aufschlag (Markus Böckermann).

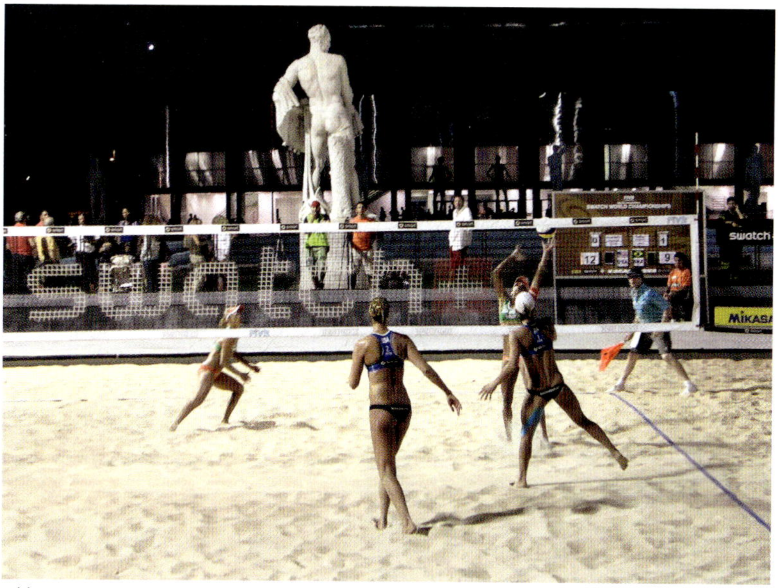

Bild 143

ANMERKUNG

„Zwinge deinem Gegner das Spiel auf, das er am wenigsten mag."

Aufzwingen einer Angriffsstrategie

Diese Methode funktioniert besonders gut gegen Spieler, die nicht allzu variabel spielen, also entweder sehr oft hart angreifen oder sehr viele Shots spielen. Diese Spieler muss man zwingen, möglichst häufig die entgegengesetzte Technik anzuwenden. Im Spiel gegen den Shotspieler bedeutet das für den Blockspieler, sich häufiger als normal vom Block in die Abwehr zu lösen, um den Angreifer zu zwingen, auf die ungeliebten harten Angriffe umzustellen. Aber auch im Spiel gegen hauptsächlich hart angreifende Spieler kann man so vorgehen. Block- und Abwehrspieler konzentrieren sich zunächst darauf, die hart geschlagenen Bälle abzuwehren, etwaige Shots werden vernachlässigt. Dabei hängt es von ihren jeweiligen Stärken ab, wer von ihnen für die Hauptschlagrichtung verantwortlich ist. Eventuell kann die Hauptschlagrichtung sogar gedoppelt werden. Prinzipiell geht es also bei dieser Strategie darum, dass einer von beiden Spielern die besten Angriffsschläge des Gegners verhindert oder erschwert, damit dann die vermeintlich schlechteren Angriffe vom anderen Spieler geblockt oder abgewehrt werden können.

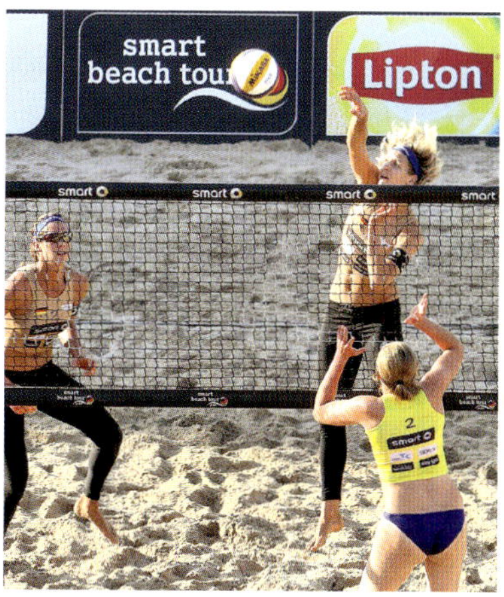

Bild 144:
Erzwingen eines harten Angriffsschlags.

ANMERKUNG

„Wenn du deinen Gegner in eine ‚Wenn-dann-Situation' bringst, dann handle auch entsprechend."

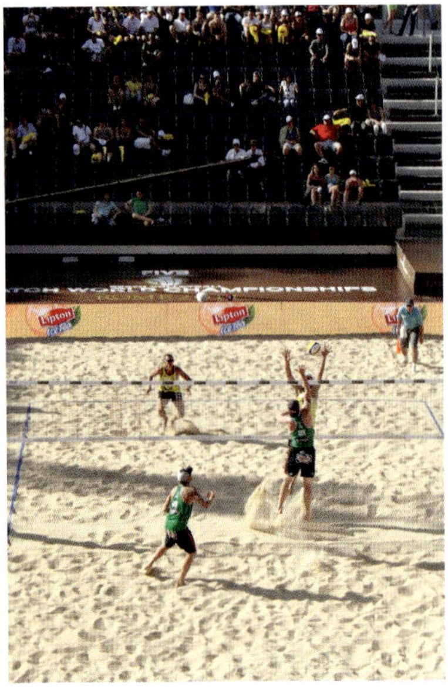

Bild 145

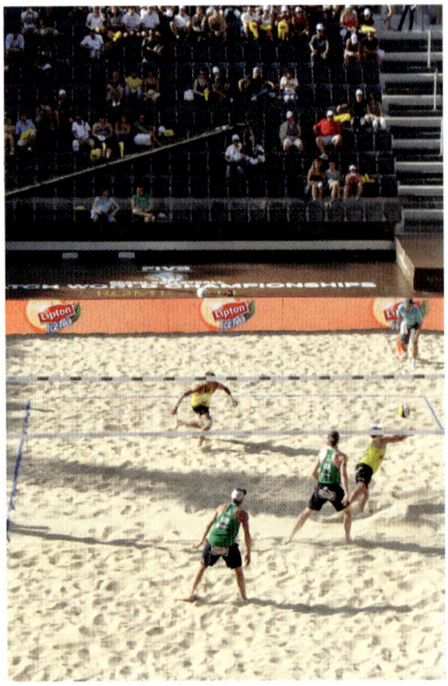

Bild 146

Das „Wenn-dann-Prinzip"

Je höher das Niveau der Teams wird, desto variabler spielen auch die Angreifer. Und dann greift das einfache Prinzip des Aufzwingens einer Angriffsstrategie nicht mehr. Dann müssen sich Block- und Abwehrspieler auf verschiedene Situation vorbereiten. Sie müssen sich auch im Klaren darüber sein, dass man nicht jeden Ball blocken oder abwehren kann, denn dafür ist das Feld selbst nach der Verkleinerung noch zu groß. Deshalb muss man sich als verteidigende Mannschaft eventuelle Gegner-Situationen, das „Wenn", überlegen – und dazu eine Taktik das „Dann", mit denen man darauf reagieren will. Das soll an einigen Beispielen, von einfach zu komplex, verdeutlicht werden:

– Zeigt ein Angreifer bestimmte Angewohnheiten bei einem bestimmten Schlag oder Shot, könnte man sagen: „Wenn der Angreifer den Ellenbogen fallen lässt, dann geht der Abwehrspieler nur auf den Cutshot."

– Hat die gegnerische Mannschaft Probleme mit dem Zuspielbagger oder dem netzfernen Zuspiel, könnte es heißen: „Wenn der Gegner das Baggerzuspiel anwendet oder weit entfernt vom Netz zuspielt, dann spielen wir ohne Block."

– Ein Spieler zeigt folgendes einfaches Angriffsverhalten: Wenn der Angreifer hart schlägt, dann greift er fast nur diagonal an. In den meisten Fällen spielt er jedoch einen Linie- oder Cutshot. Dann könnte man so reagieren: „Wenn der Ball dicht zugespielt ist, dann blockt der Blockspieler diagonal und der Abwehrspieler läuft in die Linie. Ist der Ball dagegen weg vom Netz zugespielt, dann löst sich der Blockspieler diagonal zurück für den Cutshot und der Abwehrspieler läuft wieder in die Linie."

– Die Analyse eines anderen Angreifers bringt folgendes Ergebnis. Zunächst einmal, dass er als Annahmespieler Probleme mit hohen Aufschlägen auf seine linke Schulter hat. Weiterhin, dass er bei geradem Anlauf von außen vermehrt diagonal und bei Anlauf von der Mitte Linie angriff. Als Shots spielt er einen sehr scharfen Cutshot oder einen höheren Lineshot. Dafür ergibt sich folgende Aufgabenteilung: Wenn der gegnerische Angreifer an der Außenlinie anläuft, dann wird er diagonal geblockt, und wenn er in der Mitte annimmt, dann wird er Linie geblockt. Der Abwehrspieler fängt dabei weiter vorne diagonal an und bereitet sich auf die Abwehr des scharfen Cutshots und auf das Erlaufen des Lineshots vor. Die Aufschläge werden vermehrt auf die schwache linke Schulter gespielt, dabei muss jedoch immer wieder mal mit kurzen Aufschlägen oder mit langen Aufschlägen auf die rechte Schulter variiert werden.

Bei den „Wenn-Situationen" kann es sich um jede Art von Spielsituation oder Merkmal, Eigenheit oder Verhalten der beteiligten Spieler handeln: Annahmeort oder Annahmequalität, Zuspieltechnik, Anlaufrichtung, Besonderheiten beim Sprung, aber auch Spielstände und Punktbälle. Kann man diesen mit einer relativ hohen Wahrscheinlichkeit bestimmte Aktionen zuordnen, ergibt sich die Möglichkeit, entsprechend den eigenen Möglichkeiten darauf zu reagieren.

Je stärker die einzelnen Spieler werden, desto schwieriger mag es werden, einfache Tendenzen zu finden. Da aber jeder Spieler seine Eigenheiten und Vorlieben hat, lassen sich diese immer auch herausfinden. Manchmal mögen solche Taktiken zu Beginn eines Spieles nicht sofort greifen. Aber je enger es wird und je mehr es dem Ende zugeht, desto häufiger liegt man mit dieser Spielweise richtig.

ANMERKUNG

„Einige dich mit deinem Partner auf eine Strategie und haltet euch daran."

DIE 10 GOLDENEN REGELN ZUR TAKTIK BEI EIGENEM AUFSCHLAG

1. Bei Spezialisierung sollte der Blockspieler risikoreicher aufschlagen.
2. Wenn man den Gegner nicht kennt, erst einmal zwischen beide Spieler aufschlagen.
3. Kennt man den Gegner, vor dem Spiel eine Taktik festlegen.
4. Bei der Taktikerstellung nach dem „Wenn-dann-Prinzip" vorgehen:
   - Blockspieler übernimmt zunächst den besten harten Schlag.
   - Abwehrspieler geht auf den besten Shot.
5. Eine Taktik nicht zu früh aufgeben, viele wirken erst nach einigen Versuchen.
6. Ist eine Strategie erfolgreich, muss sie durchgespielt werden.
7. Schwächen des Gegners nutzen.
8. Dem Angreifer die Chance zum optimalen Anlauf nehmen:
   - Große Spieler kurz anspielen.
   - Kleine Spieler hoch und lang anspielen.
   - Spieler, die von außen nach innen anlaufen, in der Mitte anspielen.
   - Spieler, die von innen nach außen anlaufen, an der Seitenlinie anspielen.
9. Bei Gegnern, die viele gute Shots spielen, zieht man sich häufig zurück.
10. Nur Taktiken anwenden, die den eigenen Stärken entsprechen.

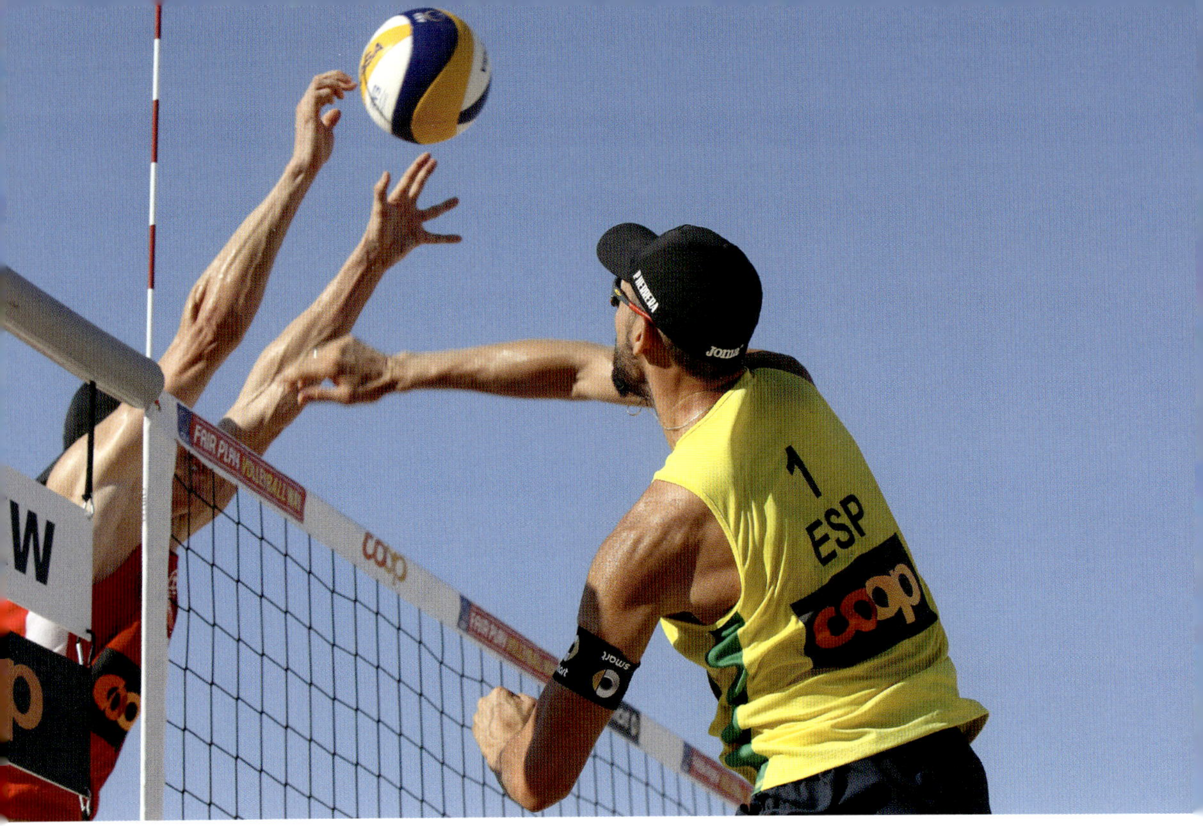

Den Angreifer „lesen"

LOCATION

MANHATTAN BEACH OPEN:
Traditionsreichstes Turnier der amerikanischen Beachserie.

Woran erkennt ein guter Blocker oder Abwehrspieler, für welche Angriffstechnik und für welche Richtung sich der Angreifer entscheidet? Natürlich hat jeder Angreifer bestimmte Angewohnheiten, die ein entsprechend vorbereiteter Blocker oder Abwehrspieler ausnutzen kann. Es gibt aber einige Bewegungs- und Handlungsmuster, die bei fast jedem Angreifer anzutreffen sind.

Die erste Frage, die man sich beantworten muss, lautet: Spielt der Gegner einen Shot oder einen harten Angriff? Dabei kann man sich vor allem nach seinem Anlauf- und Absprungverhalten richten, da die wenigsten Angreifer sich erst im Sprung und kurz vor dem Schlag entscheiden. Häufig läuft der Angreifer nicht so aggressiv an oder stemmt nur halbherzig ein – sein Anlauf ist also langsamer als normal oder die Beugung des Knies beim Einstemmen ist geringer als beim harten Angriffsschlag. Gerade Spieler, die normalerweise hart angreifen und daher

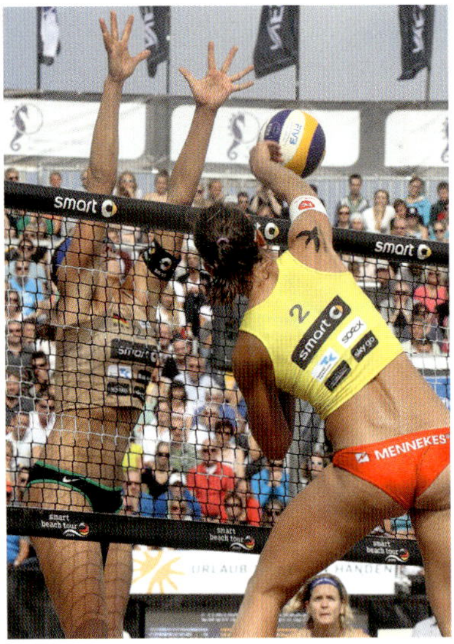

Bild 148: Abknicken nach links (Theresa Mersmann).

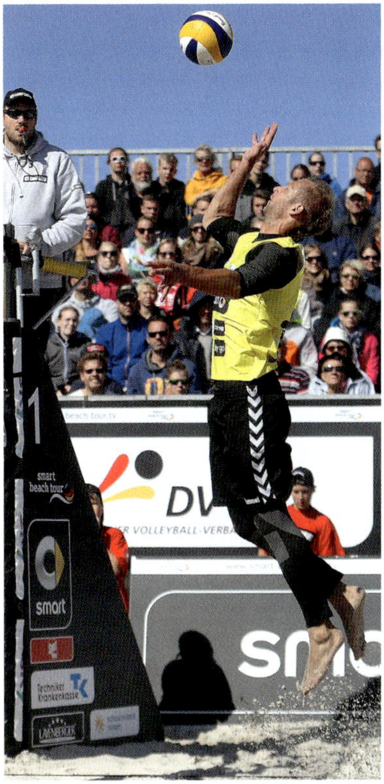

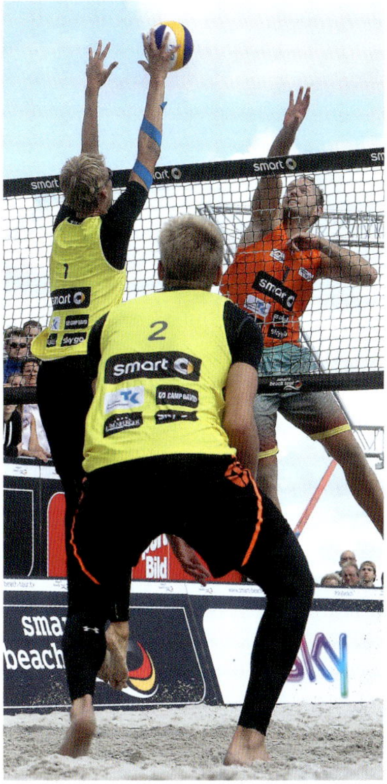

ANMERKUNG

„Als Erstes gilt es zu antizipieren, ob ein Shot oder ein harter Angriffsschlag kommt."

Bild 149 (links): Hier ist nur noch ein Shot möglich (Tom Kröger).

Bild 150 (rechts): Lineshot mit Ansage? (Markus Popp)

mehr auf den Blockspieler achten, schauen, beim Absprung plötzlich auf den Abwehrspieler, wenn sie einen Shot spielen wollen. Grundsätzlich gilt: Sieht der Angreifer zum Blocker, so greift er eher hart an, sieht er dagegen zum Abwehrspieler, spielt er eher einen Shot. Als letzte Möglichkeit einen Shot zu entlarven, bietet sich der Armschwung des Angreifers an. Viele Spieler nehmen beim Absprung die Arme nicht mehr ganz zurück um Schwung für einen maximalen Sprung zu holen. Zusätzlich wird dann nur noch der Schlagarm nach oben geführt, so dass es auch nicht zu einem Zurücknehmen der Schlagschulter kommt. Und sie führen dann nur noch den Schlagarm nach oben, nehmen also nicht die Schlagschulter zurück. Häufig schieben sie diese sogar nach vorne, womit ein harter Angriffsschlag unmöglich wird. Selbst wenn sie beidarmig explosiv abspringen, lassen sehr viele Angreifer beim Shot den Ellbogen fallen. Sehen Blocker und/oder Abwehrspieler so also einen Shot kommen, können sie zusätzlich aus der Handhaltung des Angreifers sehr gut seine Richtung antizipieren. Besonders der Cutshot ist durch eine frühzeitige Eindrehung des Handgelenks zu erkennen. Doch sollte man sich darauf nicht immer verlassen, da es Spieler gibt, die den Shot immer gegen die ursprüngliche Handhaltung spielen, um den Abwehrspieler in die falsche Richtung zu schicken.

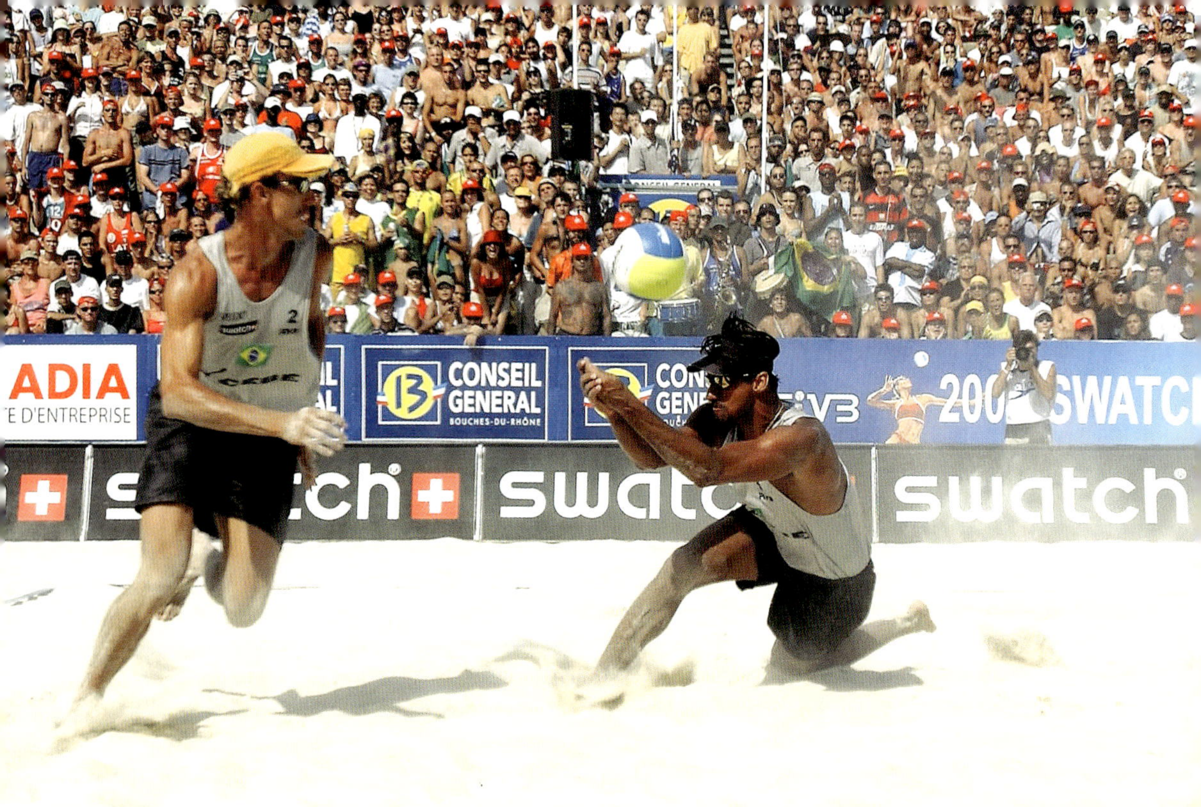

Mannschaftstaktik in der Punktballsituation

LOCATION

COPACABANA: Legendärer Strand in Rio, an dem zahlreiche Weltmeisterschaften ausgetragen wurden.

Auch wenn jetzt bei jedem Ballwechsel ein Punkt verteilt wird, entschieden wird das Spiel durch die bei eigenem Aufschlag erzielten Punkte, den Minibreaks. Hier unterscheiden sich die guten von den durchschnittlichen Spielern. Oder, wie die Amerikaner es so schön auszudrücken pflegen: „This separates the men from the boys!"

Wenn einem Gelegenheit zu einem Minibreak gegeben wird, heißt es alle Kräfte mobilisieren und die Chance beim Schopf packen. Sieht also der Block- oder Abwehrspieler die Möglichkeit, sich einen Punktball herauszuarbeiten, darf er nicht zögern, sondern muss mit ganzer Entschlossenheit handeln. Gerade der Abwehrspieler sollte sich keine Gedanken um die Perfektion der Abwehr machen – meist geht es einfach nur darum, den Ball zu erreichen und hoch in die Mitte des Feldes bringen. Wie wichtig der Ausgang einer Punktchance ist, zeigt die Erfahrung, dass eine vergebene Punktchance im Gegenzug häufig eine Punktchance für den Gegner ergibt. Dann macht der Gegner den Punkt im Sideout durch die vergebene Punktchance und zusätzlich einen weiteren durch das Minibreak. Gerade in der Endphase des Spiels sollte man daher nach einer nicht genutzten Punktchance eine Auszeit nehmen, sofern man noch eine hat. Und umgekehrt, wenn der Gegner eine Punktchance vergeben hat, muss der nächste Aufschlag auf jeden Fall ins Feld und möglichst auf den Spieler, der die Punktchance nicht genutzt hat.

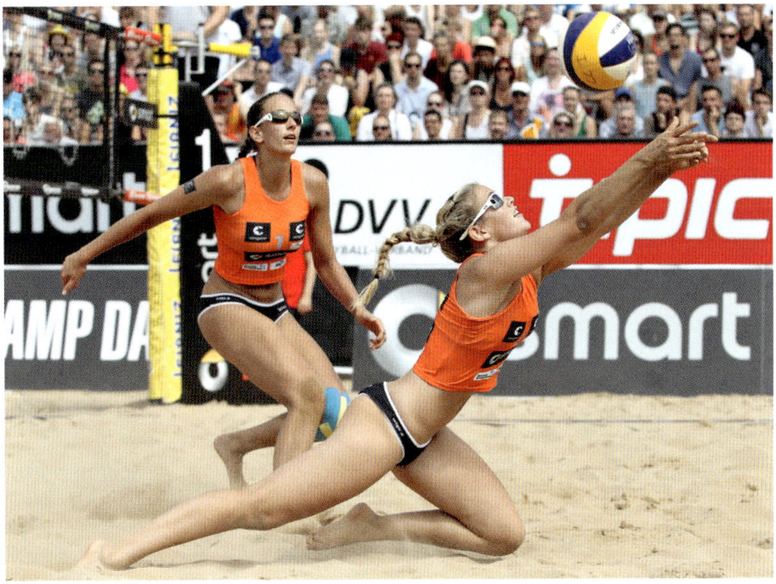

Bild 152

ANMERKUNG

„Gib dem Ball beim Baggerzuspiel von hinten nach vorne eine Vorwärtsrotation."

Punktballzuspiel

Beim Punktballzuspiel gibt es nur ein Motto: Wenn du den Ball erreichen kannst, dann spiele ihn zu. Das hört sich ganz einfach und logisch an, wird aber viel zu wenig praktiziert. Denn mit dem Zuspiel ist hier der Pass gemeint, der dem Partner die Möglichkeit gibt, den Ballwechsel erfolgreich abzuschließen. Viel zu häufig sieht man, dass ein solcher Ball aus Angst vor einem Fehler nur halbherzig weitergespielt wird. Er wird dann lieber sicher hochgespielt, sodass der Partner ihn nur noch halbscharf rüberspielen kann. Wenn man aber die Chance hat, ein Minibreak zu machen, sollte der Zuspieler aus jeder Lage den optimalen Ball zu spielen versuchen. Anders als beim Sideout soll er hier das Risiko eingehen, einen Ball zu dicht oder auf die andere Seite zu spielen. Mit „Risiko" ist hier nur die Passqualität selbst gemeint, nicht die angewandte Technik. Nur wenn der Zuspieler optimal zum Ball steht, sollte er das obere Zuspiel verwenden. Wenn er im Bagger agieren muss, kann er dem Ball eine Vorwärtsrotation mitgeben, die es dem Angreifer erleichtert, Topspin in den Angriffsschlag zu bekommen. Genau wie beim Zuspiel nach einer schlechten Annahme muss der Ball unter einem möglichst großen Winkel ans Netz gespielt werden.

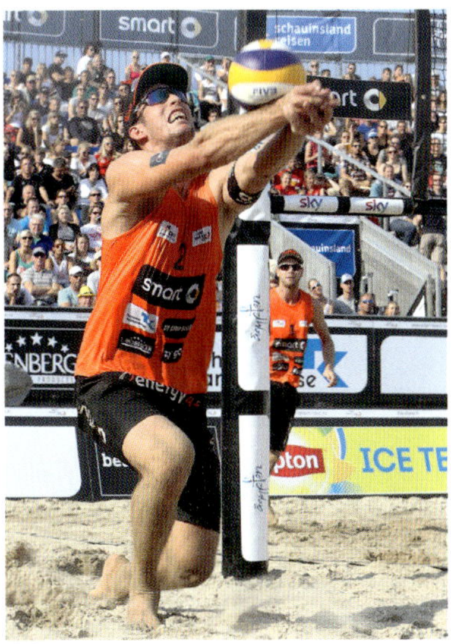

Bild 153: Punktballzuspiel von der gegnerische Seite (Sebastian Fuchs).

Zuspiel aus der Abwehrposition

Dieser Fall tritt dann ein, wenn der Blockspieler sich zurückgezogen hat und entweder er selbst oder sein Partner den Ball abwehrt. Hierbei hat man als Zuspieler den Vorteil, von einer hinteren Feldposition, ähnlich wie in der Annahmesituation, starten zu können. Je genauer die Abwehr und je besser der Abwehrspieler nach seiner Aktion postiert ist, desto eher eignet sich ein Zuspiel wie beim Sideout, besonders dann, wenn der abwehrende Spieler auf seiner angestammten Seite abwehrt. Deshalb sollten die Spieler in einer Dankeballsituation möglichst ihre Seite einnehmen, auch wenn sie dazu die Positionen tauschen müssen.

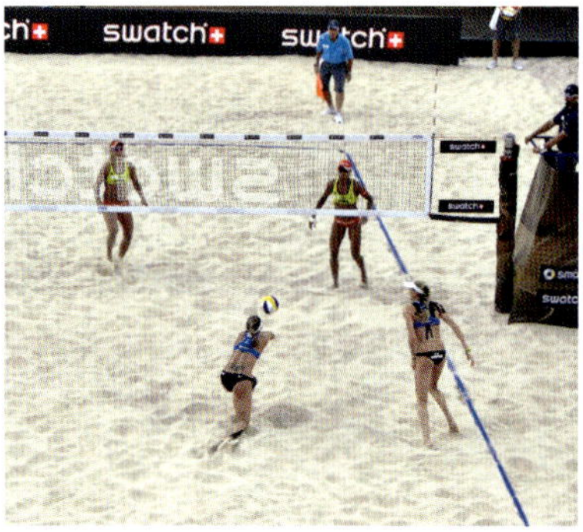

Bild 154:
Zuspiel aus der Abwehr (Misty May).

Zuspiel als Blockspieler

ANMERKUNG

„Suche dir beim Feldzuspiel einen Anhaltspunkt für dein Zuspiel, wie die Netzantennen, oder stelle dich parallel zum Netz."

Der Unterschied besteht nun darin, dass der Zuspieler sich zum Zuspiel vom Netz weg bewegen muss, außer bei einer perfekten Abwehr. Der Zuspieler benötigt für ein frontales oberes Zuspiel nun weitaus mehr Zeit, da er sich erst wieder in Richtung Netz drehen muss. Fehlt ihm diese Zeit, sollte er entweder auf den Zuspielbagger oder auf ein laterales Zuspiel setzen. Kann der Angreifer ihm nicht zu verstehen geben, welchen Pass er wünscht, muss sein Zuspiel auf Höhe des Angreifers in Anlaufrichtung erfolgen. Er darf keinesfalls einen nach innen anlaufenden Spieler überspielen, oder umgekehrt, einen nach außen anlaufenden Spieler mit einem zu kurzen Zuspiel überraschen. Erfolgt die Abwehr dicht am Netz, zum Beispiel bei einem Cutshot, muss der Ball so zugespielt werden, dass der Abwehrspieler noch in der Lage ist, einen Anlaufschritt zu machen, ohne das

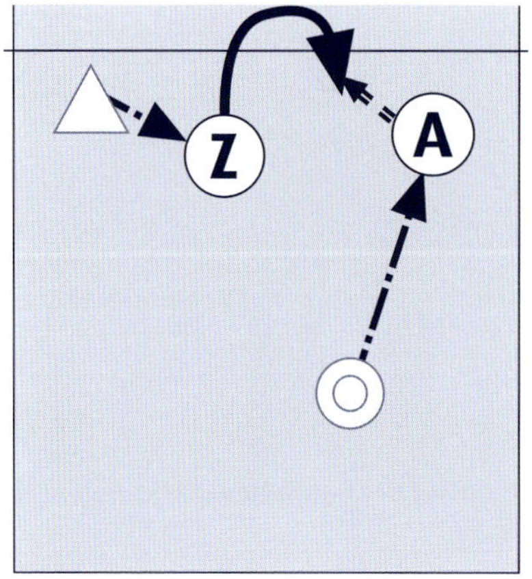

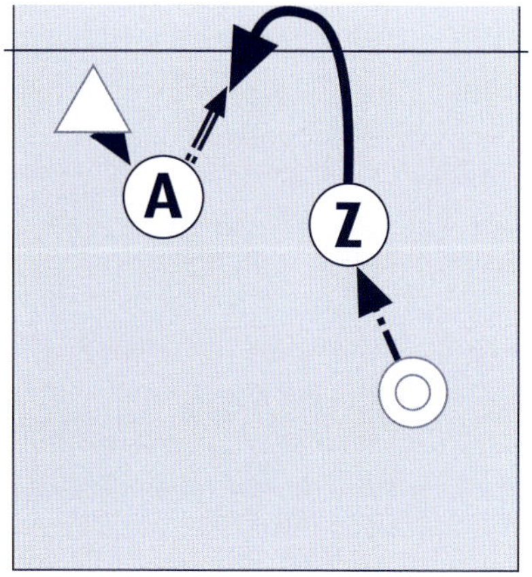

Abbildung 33:
Punktballzuspiel nach Abwehr eines Cuts (links); Punktballzuspiel durch den Abwehrspieler nach Blockberührung (rechts).

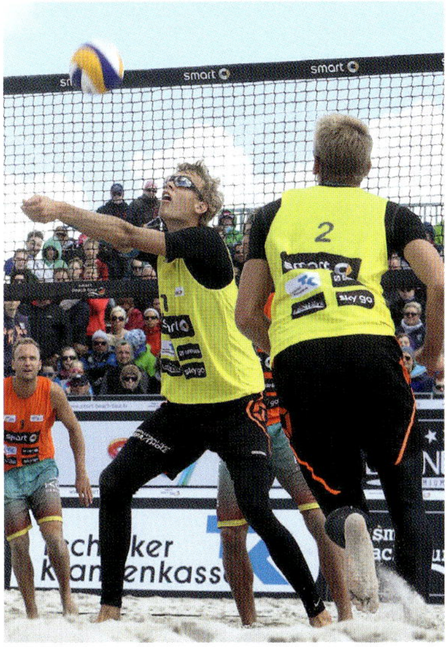

Zuspiel in den Rücken zu bekommen (siehe Abbildung 33 links). Wehrt der Abwehrspieler einen Ball nahe der Grundlinie ab, darf dafür das Zuspiel nicht zu dicht am Netz erfolgen, da der Abwehrspieler durch seinen langen Anlauf einen starken Vorwärtsimpuls beim Absprung hat, und daher bei einem dichten Zuspiel eine Netzberührung riskiert.

Bild 155:
Punktballzuspiel des Blockspielers (Julius Thole).

Zuspiel nach Blockberührung

Als letzten wichtigen Fall gibt es noch das Zuspiel nach der Blockberührung. Beim Beach-Volleyball zählt der Block als erste Ballberührung, sodass der Ball danach sofort zuzuspielen ist. Da der Blocker nach seiner Blockberührung und vor seinem Angriff häufig wenig Zeit hat, gibt es für den Abwehrspieler zwei Möglichkeiten, den Ball ans Netz zu spielen. Entweder spielt er einen flachen Pass auf die Blockposition, sodass der Blocker den Ball nur noch umleiten muss, oder er spielt den Ball ca. zwei Meter vom Angreifer entfernt ans Netz, damit der Blocker auch dann noch anlaufen kann, wenn er noch direkt am Netz steht (siehe Abbildung 33 rechts). Der Vorteil des flachen Zuspiels liegt darin, dass sich die gegnerische Mannschaft noch nicht formiert hat, während das hohe Zuspiel dann dem Blocker Zeit für einen richtigen Anlauf gibt.

Spielt der Blocker den von ihm berührten Ball selbst zu, wobei er häufig in Netznähe agiert, sollte er den Ball einfach hoch in die Mitte ans Netz spielen.

Wie schon im Kapitel „Zuspiel" beschrieben, muss der bei der Punktchance Zuspielende immer das optimale Zuspiel für seinen Angreifer suchen und darf sich nicht mit einem einfachen Weiterspielen des Balles begnügen. Kein Risiko sollte er dagegen bei der Zuspieltechnik eingehen, um die Punktchance nicht durch einen Pritschfehler zu vergeben. Gerade nach dem Punktballzuspiel ist die Arbeit des Zuspielers nicht beendet. Nun muss er seinem Angreifer helfen, den Ball zu verwerten. Besonders wichtig ist es dabei, auf ein Sich-Zurückziehen des Blockers achten und seinem Partner den richtigen Ruf geben.

FACHBEGRIFFE

PUNKTBALL-AUSWERTUNG:
Anzahl der erfolgreich verwandelten Punktbälle im Vergleich zur Gesamtzahl der Punktballchancen.

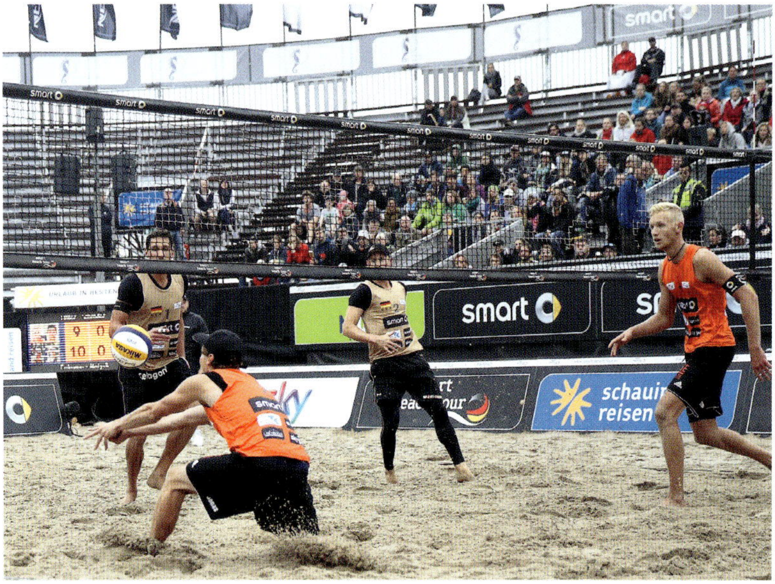

Bild 156

FACHBEGRIFFE

MINIBREAK: Punktgewinn bei eigenem Aufschlag.

Punktballangriff: Keep cool!

Für den Angreifer ist es das Entscheidende, kühlen Kopf zu bewahren und nicht überhastet zu handeln. Natürlich hat er es da oft sehr schwer, weil er nach einer Ballabwehr häufig in Zeitnot ist und kaum noch genügend Zeit für einen ruhigen Anlauf hat. Umso mehr muss er – zumindest gedanklich – kurz innehalten, um danach einen überlegten Anlauf und Absprung durchzuführen, der dem Angreifer viele Möglichkeiten offen lässt. Verliert er dennoch die Übersicht, sollte er sich auf den Ruf seines Partners verlassen.

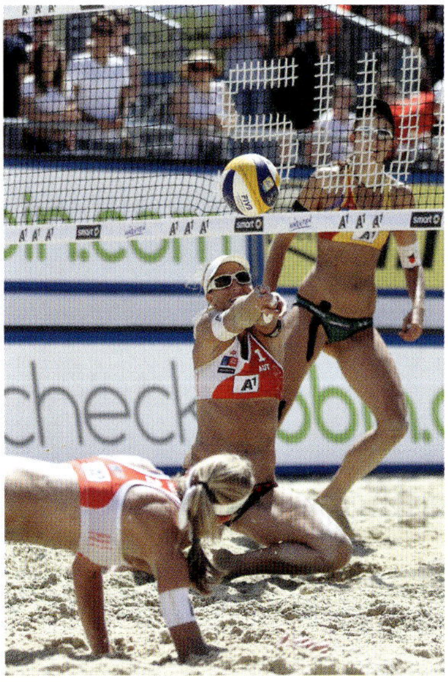

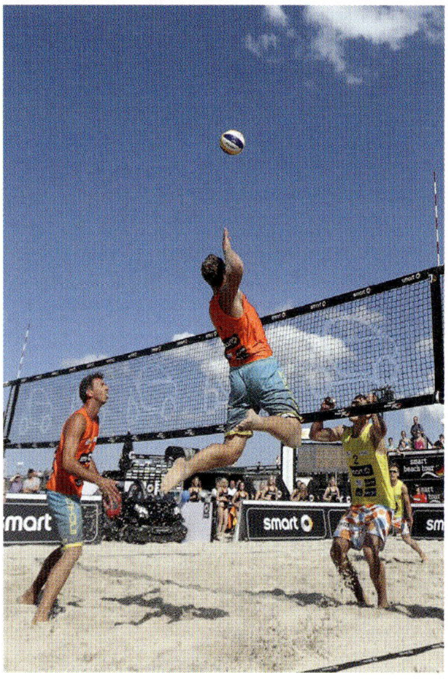

Bild 157 (links): Erwartung des Punktballzuspiels (Barbara Hansel).

Bild 158 (rechts): Punktballchance (Markus Popp).

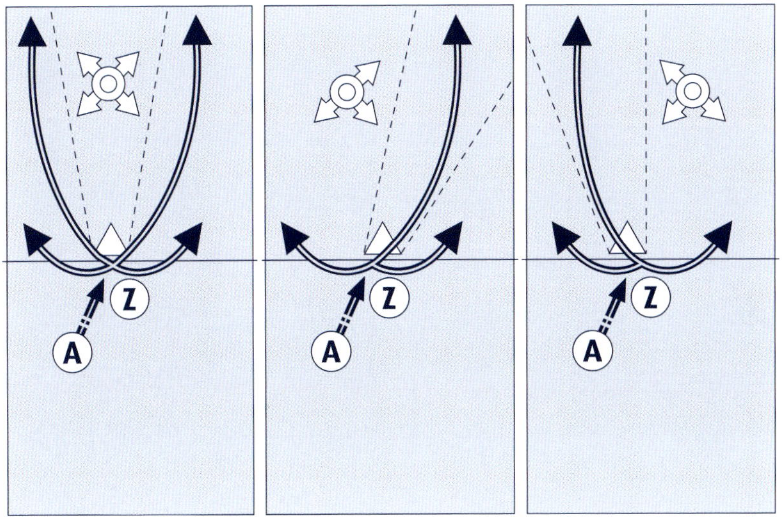

Abbildung 34:
Punktballangriff über die Netzmitte gegen unterschiedliche Block-Abwehr-Formationen.

Einige der wichtigsten Voraussetzungen für eine gute Punktballausbeute sind die Eingespieltheit der Partner und die Kommunikation zwischen ihnen. Bereits beim Training sollte man sich überlegen, welche Optionen in den unterschiedlichsten Situationen für das Team die besten wären. Denn auch gute Spieler sind sich nicht immer darüber einig, wie eine Punktchance am besten zu verwerten ist. Eine häufige Möglichkeit ist ein hohes Zuspiel in die Mitte ans Netz, da die Blockabwehrformation des Gegners dann oft nur eine Linie bildet, die durch einen guten Shot in eine der vier Ecken bezwungen werden kann (siehe Abbildung 34).

Eine gute Variante beim Punktball ist es auch, den 2. Ball anzugreifen. Besonders günstig ist dies, wenn der Abwehrspieler einen kurzen Shot abwehren kann. Wenn er den Ball gut kontrollieren und seinem Blockspieler direkt ans Netz zuspielen kann, erwischt man den Gegner meist unvorbereitet und chancenlos.

Nur in ganz wenigen Fällen sollte der Ball direkt zurückgespielt werden, denn man riskiert dadurch, eine Punktchance zu vergeben – und so die Moral des eigenen Teams zu schwächen. Wenn schon direkt zurückgespielt wird, dann muss dieser Ball ein Punkt sein, die Betonung liegt auf „muss“.

ANMERKUNG

„Vergiss beim Punktball die Variante des Angriffs über den 2. Ball nicht. Sie trifft deinen Gegner meist unvorbereitet.“

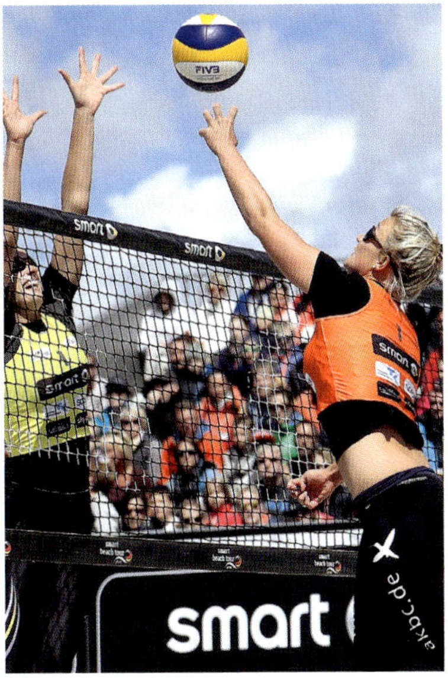

Bild 159:
Kurzer Ableger neben den Block (Isabell Schneider).

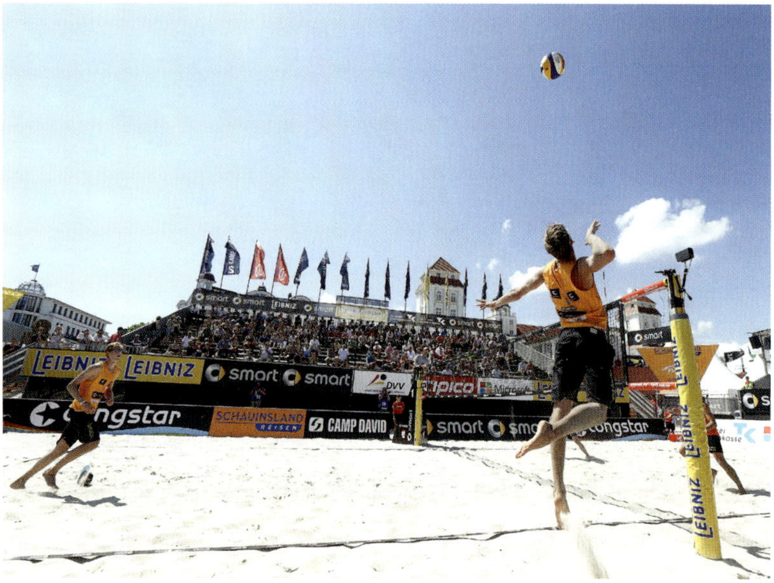

Bild 160

ANMERKUNG

„Auch die Taktik beim gegnerischen Punktball muss vor dem Spiel klar abgesprochen werden."

Der gegnerische Punktball

Ganz egal, wie der Gegner zu seinem Punktball gekommen ist – rückgängig zu machen ist es nicht mehr. Deshalb sollte man sich nicht darüber ärgern, dass man den Sideout nicht direkt geschafft hat, sondern alles daran setzen, die Punktchancen des Gegners zunichte zu machen. Dazu muss man so schnell wie möglich eine Verteidigungstaktik festlegen. Wenn vorher nicht anderes vereinbart wurde, ist der Blockspieler dafür zuständig.

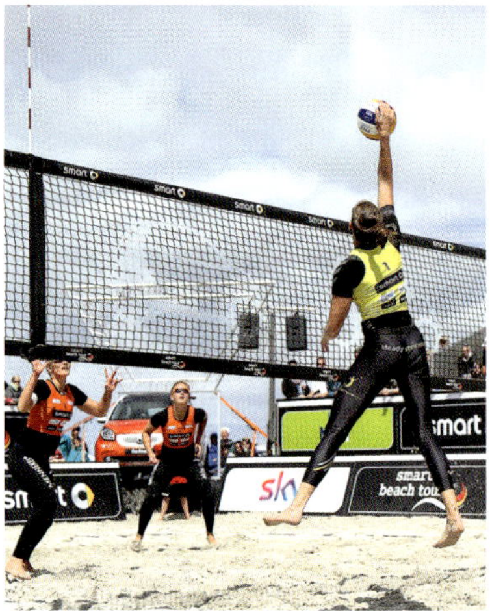

Bild 161: Warten auf den Punktballangriff (Mersmann/Schneider).

International wird im Punktball zu mehr als 60 % hart angegriffen. Das bedeutet für den Blockspieler, dass er sich die Entscheidung zum Zurückziehen sehr gut überlegen muss. Denn der gegnerische Angreifer wird umso eher seinen Lieblingsshot oder Schlag einsetzen, je mehr er unter Zeitdruck ist.

Da dank der Feldverkleinerung bedeutend häufiger diagonal angegriffen wird, sollte bis zum mittleren Leistungsbereich immer in Anlaufrichtung geblockt werden, und der Abwehrspieler sollte sich eine Position im Feld suchen, von der aus er alle nicht optimalen Shots erreichen kann.

Männer			
Angriff	hart	Shot	2. Ball
Anteil	55,6 %	37,8%	6,9 %
Kill	66,8%	52,9 %	64,0 %

Sideout	Kill	Sideout	Break
Angriff	61,2 %	66,2 %	33,8 %
Gesamt		65,4 %	34,6 %

Breakchancen	Kill	No Kill
Anzahl = 685	87,2 %	12,8 %

Frauen			
Angriff	hart	Shot	2. Ball
Anteil	48,2 %	46,5 %	5,4 %
Kill	62,7 %	54,6 %	45,2 %

Sideout	Kill	Sideout	Break
Angriff	58,7 %	67,9 %	32,1 %
Gesamt		65,9 %	34,1 %

Breakchancen	Kill	No Kill
Anzahl = 621	77,8 %	22,2 %

Abbildung 35:
Verteilung und Erfolgsquote im Angriff bei der WM 2015.

Männer				
Angriff hart	S. Dia	Dia	Mitte	Linie
Anteil	6,5 %	45,6 %	22,7 %	25,2 %
Kill	58,8 %	64,2 %	70,3 %	70,6 %

Angriff Shot	Cut	Angle	Dink	Line
Anteil	21,2 %	19,1 %	3,3 %	56,4 %
Kill	56,0 %	52,8 %	59,1 %	56,5 %

Frauen				
Angriff	S. Dia	Dia	Mitte	Linie
Anteil	4,0 %	46,7 %	23,1 %	26,1 %
Kill	64,5 %	61,2 %	57,6 %	69,5 %

Sideout	Cut	Angle	Dink	Line
Anteil	22,4 %	23,6 %	7,7 %	46,3 %
Kill	62,0 %	47,0 %	57,4 %	58,9 %

Abbildung 36:
Verteilung und Erfolgsquote der Angriffsrichtungen bei der WM 2015.

DIE 10 GOLDENEN REGELN FÜR DIE PUNKTBALLSITUATION

1. Wenn du den Ball erreichen kannst, dann versuche ihn optimal zu spielen – gib dich nicht mit der Ballrettung zufrieden.
2. Sicherheit bei der Zuspieltechnik, aber Risiko beim Zuspiel selbst – immer den optimalen Pass versuchen.
3. Beim Baggerzuspiel den Ball mit Vorwärtsrotation spielen.
4. Je besser die Abwehr, desto eher kann auf das normale Sideout-Zuspiel zurückgegriffen werden.
5. Wenn der Angreifer in Zeitnot ist, im Bagger zuspielen.
6. Bei Abwehraktionen dicht am Netz darf man dem Abwehrspieler nicht in den Rücken zuspielen.
7. Bei Abwehraktionen an der Grundlinie nicht zu dicht ans Netz zuspielen.
8. Versuche, in den Anlauf des Abwehrspielers hinein zuzuspielen.
9. Als Blocker den Ball nach einer Blockberührung nur gerade hoch in die Feldmitte ans Netz zuspielen.
10. Bei Dankebällen möglichst auf die eigene Annahmeseite wechseln.

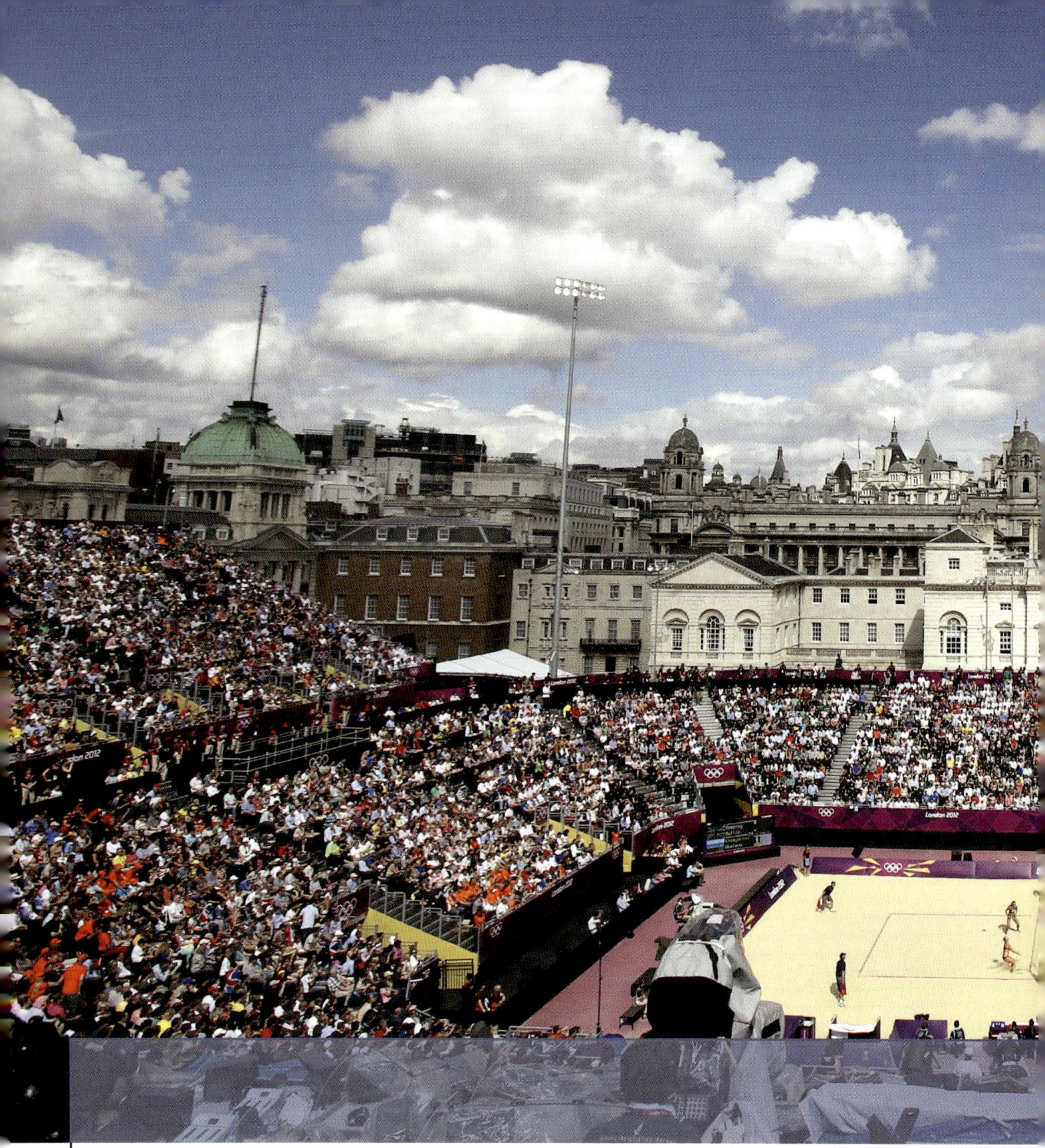

Kommunikation: Zusamm

Eines sollte jedem Spieler klar sein: Man gewinnt und verliert als Team, gemeinsam. In den seltensten Fällen kann einer allein das Spiel gewinnen. Selbst wenn ein Spieler mit seinen Aktionen – mit Aufschlag, Block oder Abwehr – die Punkte macht, muss der Partner mindestens seinen Sideout halten.

Egal wie ein Spiel oder ein Turnier läuft, die Kommunikation inner- und außerhalb des Feldes muss funktionieren. Dazu brauchen die Partner auch nicht die dicksten Freunde zu sein und am Abend gemeinsam auf die Spielerparty zu gehen!

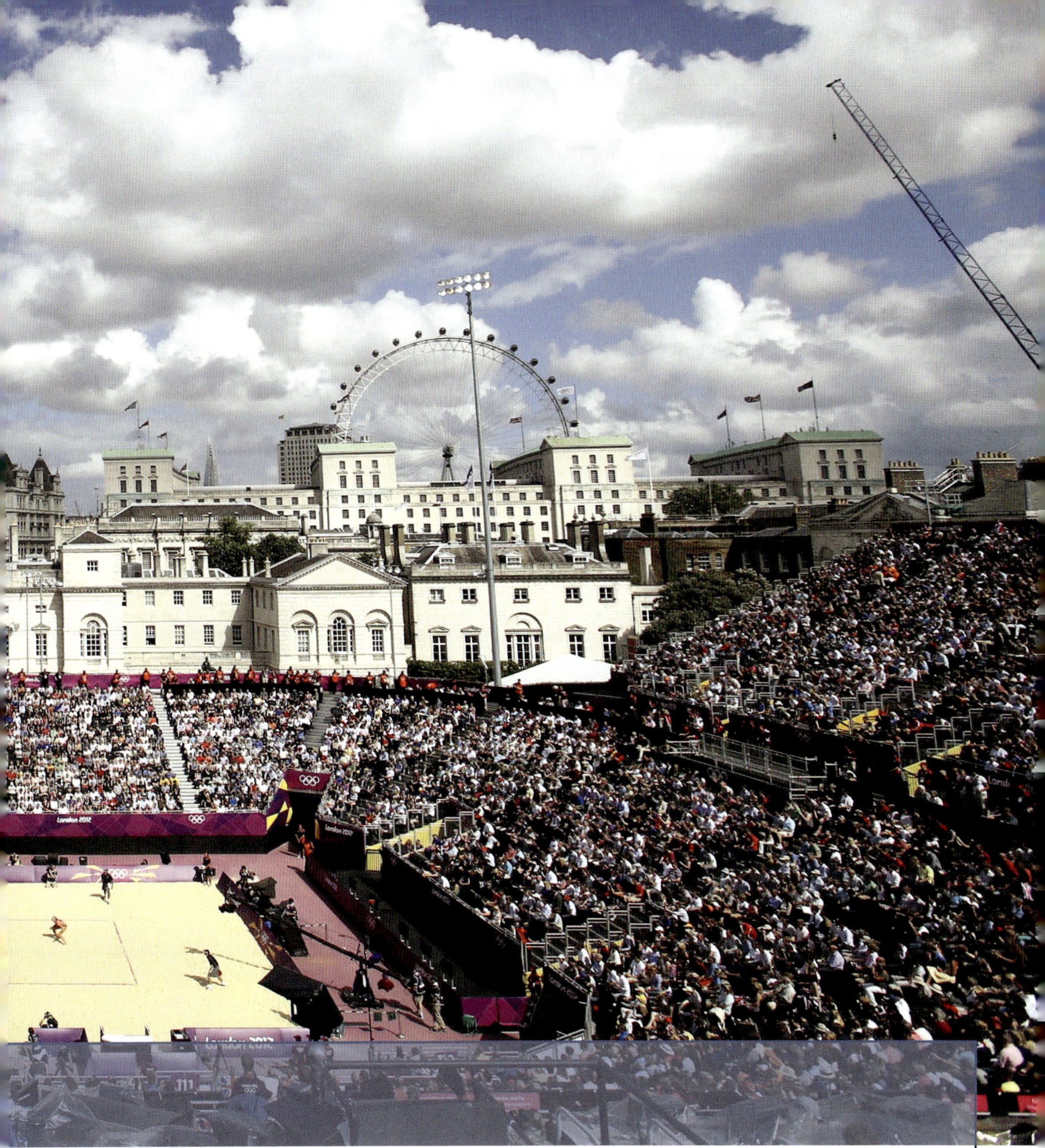

en kommt man weiter

Am auffälligsten ist die Kommunikation der Spieler, wenn einer der beiden mit seinen Händen dem Partner die Blocktaktik anzeigt. Genau so wichtig ist aber die sprachliche Verständigung in allen Bereichen des Spiels. Sie hilft einerseits bei der Interaktion der Spieler, wie Absprache vor und während der Annahme oder beim Punktballzuspiel. Sie erlaubt andererseits einem der beiden, seinen Partner bei einer Aktion zusätzlich zu unterstützen, etwa durch Zuruf beim Angriff oder bei der Annahme.

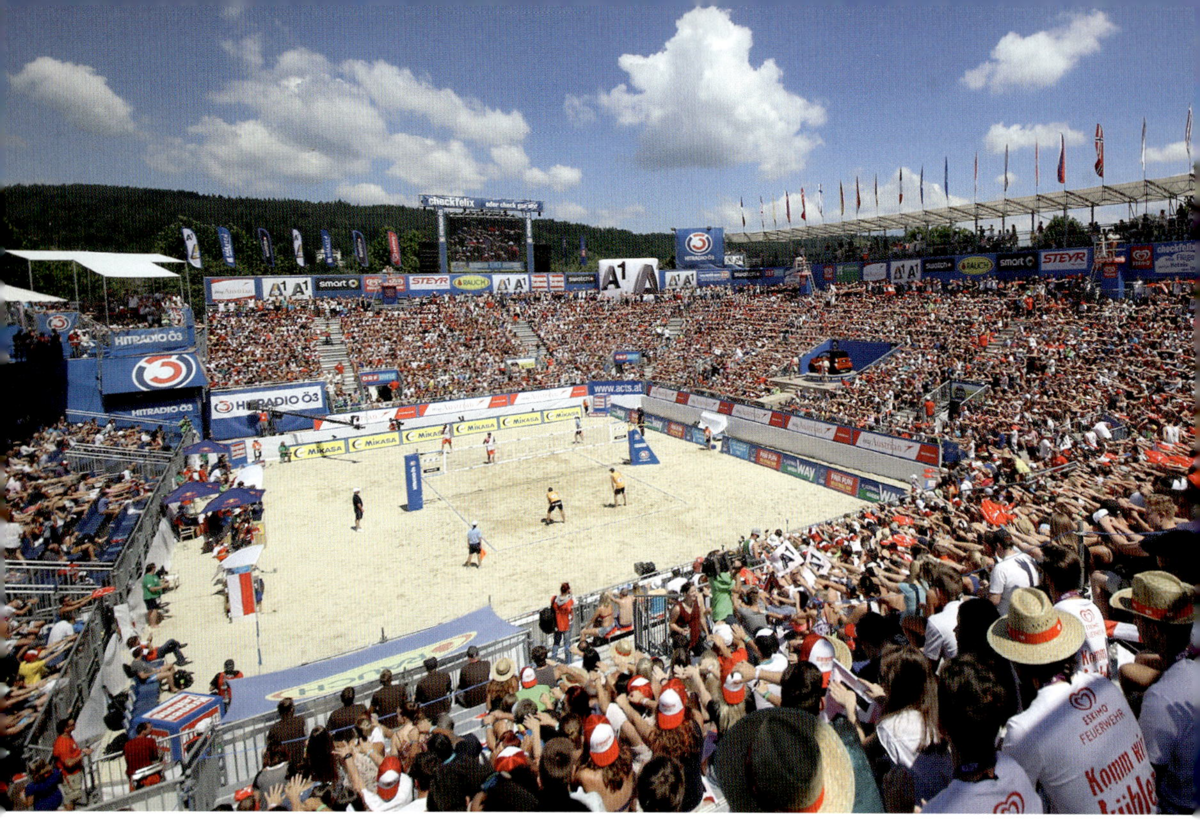

Absprache der Blocktaktik

HISTORIE

„Ca. 1920: Die Sportart Beach-Volleyball soll auf Hawaii geboren worden sein."

Es gibt drei Absprachetaktiken. Die am häufigsten verwendete ist die Absprache der Blocktaktik vor dem eigenen Aufschlag. Dabei hält sich der Blockspieler an die von ihm oder seinem Partner angezeigte bzw. die abgesprochene Taktik. Sie kann in allen Leistungsbereichen sinnvoll angewendet werden, vor allem wenn der gegnerische Angriff von den Außenpositionen erfolgt. Am einfachsten ist es in diesem Fall, wenn der Blockspieler sich um eine Seite kümmert, also entweder um die Linie oder um die Diagonale. Er hat vor allem zu verhindern, dass hart geschlagene Bälle die von ihm abgedeckte Seite passieren können – und Shots und Driveschläge dürfen nur über ihn hinweg, nicht jedoch an ihm vorbei gehen! Im Hobbybereich und im mittleren Bereich der Frauen bietet es sich an, in Anlaufrichtung des Angreifers zu blocken, da er nur im Ausnahmefall scharfe Winkel schlagen kann!

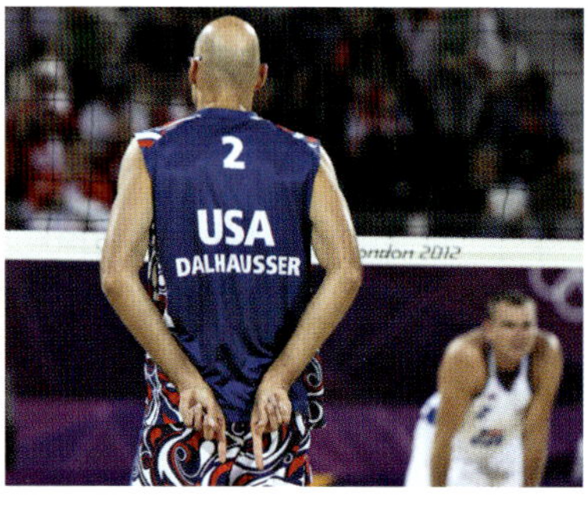

Bild 164:
Anzeige der Blocktaktik (Phil Dalhausser).

Bei der zweiten Variante entscheidet der Blocker ganz allein im Moment des gegnerischen Angriffs darüber, wie er blockt – ohne seinen Abwehrspieler davor in Kenntnis zu setzen. Diese Taktik eignet sich nur für blockstarke Spieler im Leistungsbereich, die nicht nur in der Lage sind, den gegnerischen Angreifer zu „lesen", sondern auch entsprechend blocken können.

Die dritte Möglichkeit ist eine Mischung aus beiden: Hier entscheidet der Blocker nach dem Aufschlag oder nach der gegnerischen Annahme, wie er blockt. Diese Taktik ist nur für den Leistungsbereich sinnvoll und nach entsprechender taktischer Vorbereitung auf das Angriffsverhalten des Gegners, und zwar in Abhängigkeit von Annahmeort und dessen Annahmequalitäten.

Hat man das Gefühl, dass Dritte dem Gegner die Blockzeichen weitergeben, sollte man auf das Anzeigen verzichten und lieber mündliche Absprachen treffen.

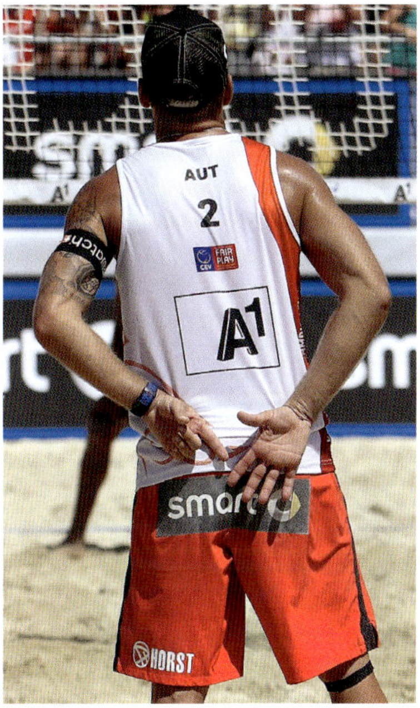

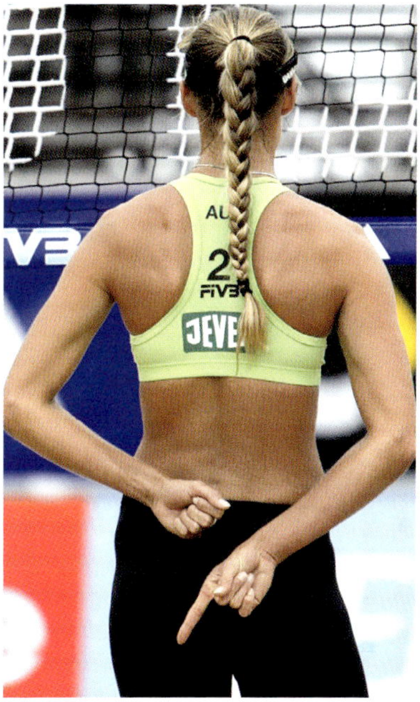

HISTORIE

„Ca. 1930: Beach-Volleyball wird zum ersten Mal an amerikanischen Stränden gesichtet."

Bild 165 (links): Absprache der Blocktaktik (Alexander Horst).

Bild 166 (rechts): Absprache der Blocktaktik (Nicole Sanderson).

NOTIZEN

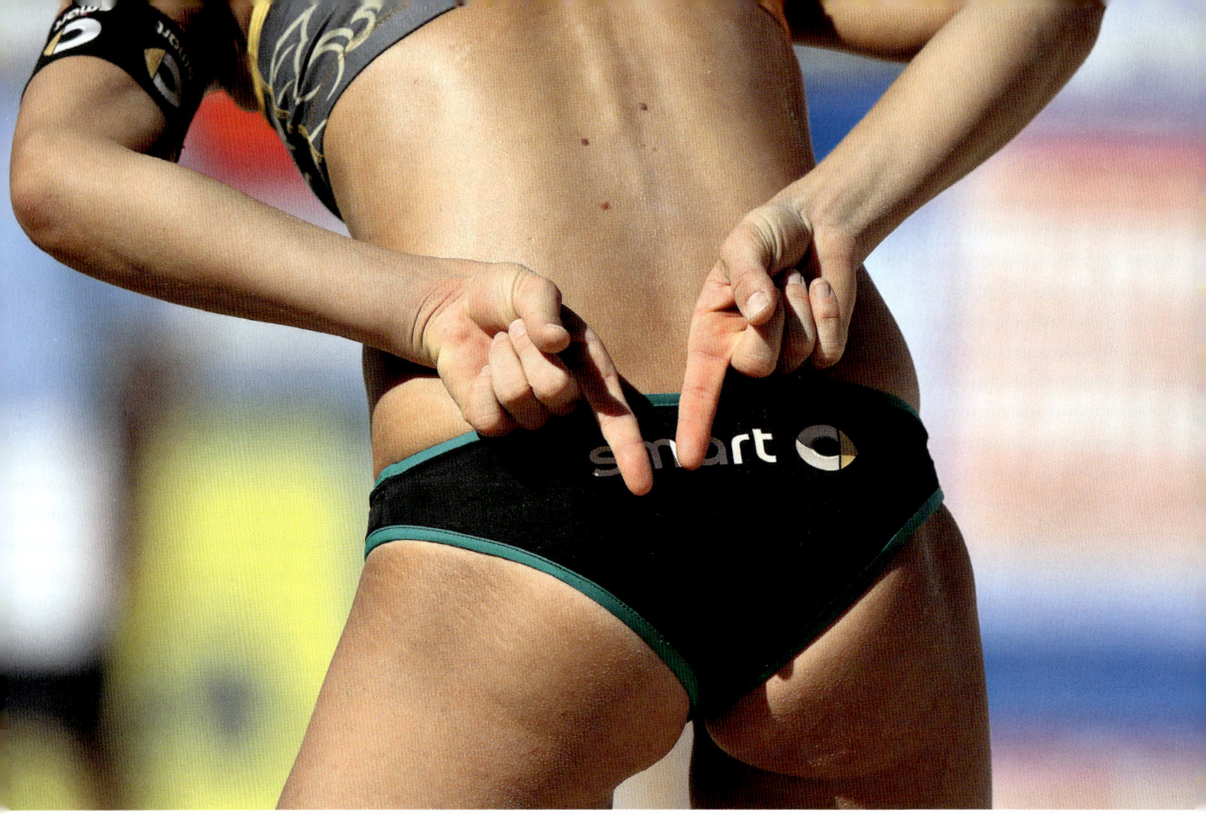

Handzeichen bei Block-Abwehr: Kein Buch mit sieben Siegeln

HISTORIE

„1947: Erstes offizielles Beach-Volleyball-Turnier in State Beach, CA."

Wird die Blocktaktik vor dem Aufschlag vereinbart, sollte sie für beide Spieler getrennt angezeigt werden, auch wenn vielleicht für beide Angreifer die gleiche Blocktaktik gilt. Gibt der Blockspieler die Taktik erst nach der gegnerischen Annahme vor, reicht natürlich ein Zeichen.

National und international einheitlich gilt: „ein Finger" für den Linieblock und „zwei Finger" für den Diagonalblock. Bei allen weiteren Blockzeichen gibt es Variationen, die von Team zu Team verschieden sind.

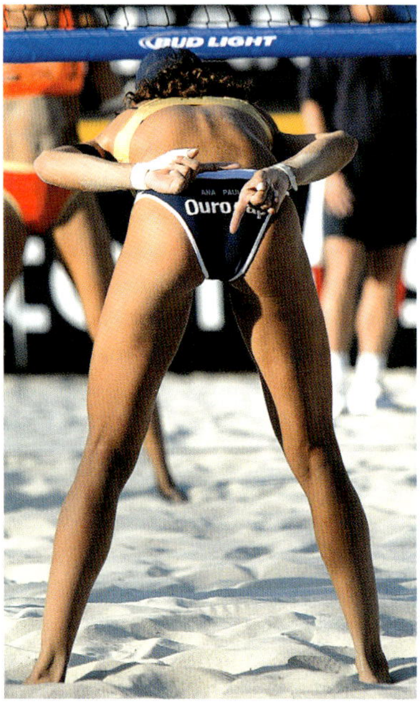

Bild 168:
Blocktaktik „Linie" für beide Angreifer (Ana Paula).

HANDZEICHEN

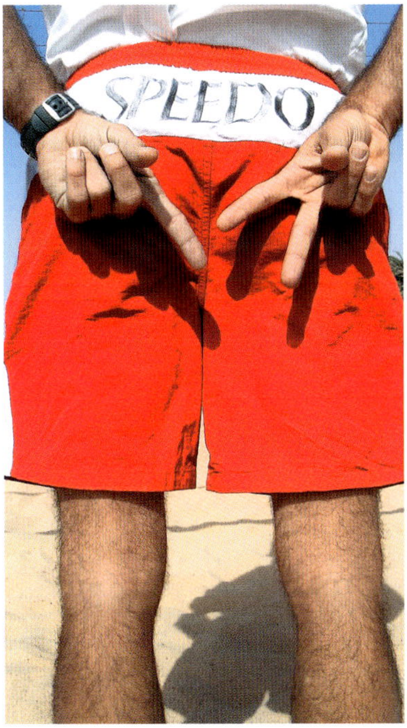

Im Folgenden soll nun ein System vorgestellt werden, das auch die weiteren Blocktechniken berücksichtigt; es wurde zum Teil von Axel und mir angewendet. Bild 169 zeigt noch einmal die Kombination der gebräuchlichsten Zeichen – „Linienblock" für den einen und „Diagonalblock" für den anderen Spieler –, und Abbildung 37 demonstriert die zugehörige Block-Abwehr-Taktik. Ich persönlich bevorzuge sehr häufig eine solche Kombination, da ich dann nur für eine Seite in der Abwehr zuständig bin, ganz egal, was der Gegner drüben veranstaltet. Das hat für mich große Vorteile bei der Einnahme der Ausgangsposition, die ja in beiden Fällen die gleiche ist.

Bild 169:
„Linienblock" für den linken und „Diagonalblock" für den rechten Angreifer.

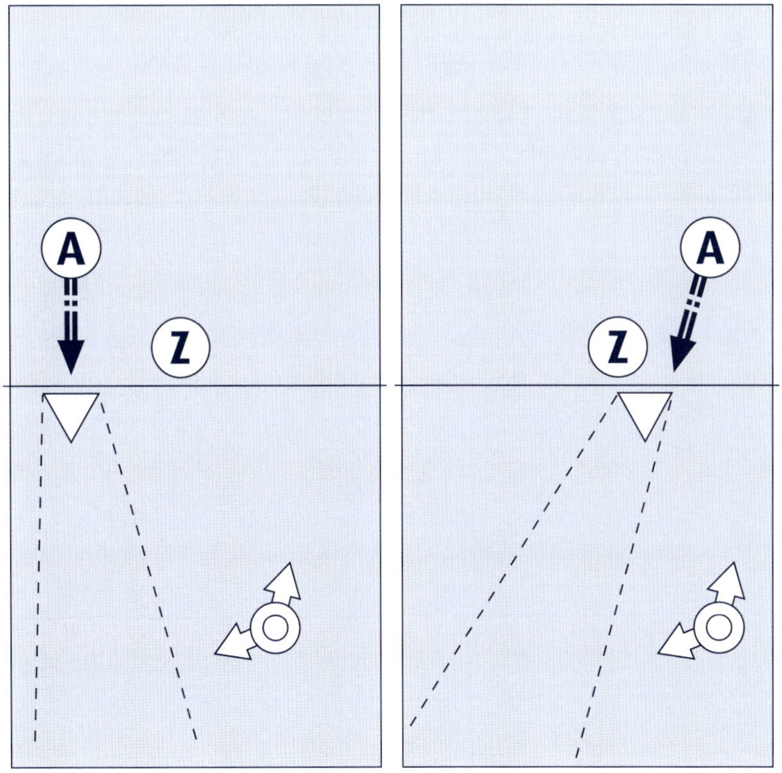

HISTORIE

„1968: Das längste Spiel der Beach-Volleyball-Geschichte dauert 7 1/2 Stunden, es ist das Finale der Manhattan Beach Open."

Abbildung 37:
Zu dem Handzeichen in Bild 169 gehörende Block-Abwehr-Taktik.

Wenn der Blockspieler den Spreadblock anwendet (siehe Bild 170 und Abbildung 38), ist der Abwehrspieler für die durch den Block hart geschlagenen Bälle zuständig – vor allem aber für die Shots des Angreifers. Da der Blockspieler für diese Taktikvariante eine ausreichende Reichhöhe und eine sehr gute Blocktechnik braucht, wird sie hauptsächlich im Leistungsbereich der Männer angewendet. Ganz besonders geeignet ist sie gegen Angreifer, die gerne in der Mitte angreifen, aber auch gegen Spieler, die den Block gut sehen und gerne knapp an ihm vorbei angreifen.

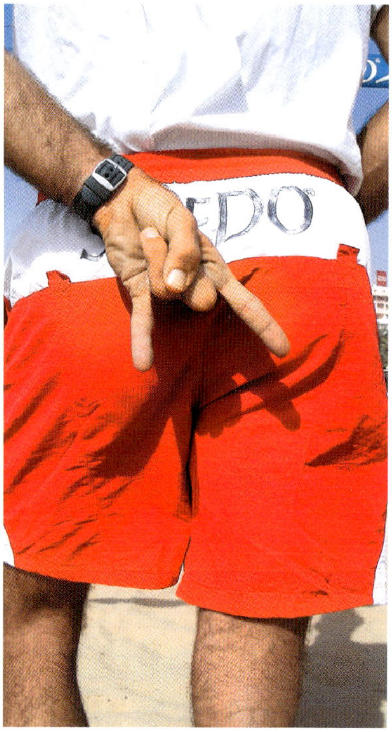

Bild 170:
„Spreadblock für beide Angreifer".

HISTORIE

„Seit 1986 dürfen die Spieler beim Block übergreifen."

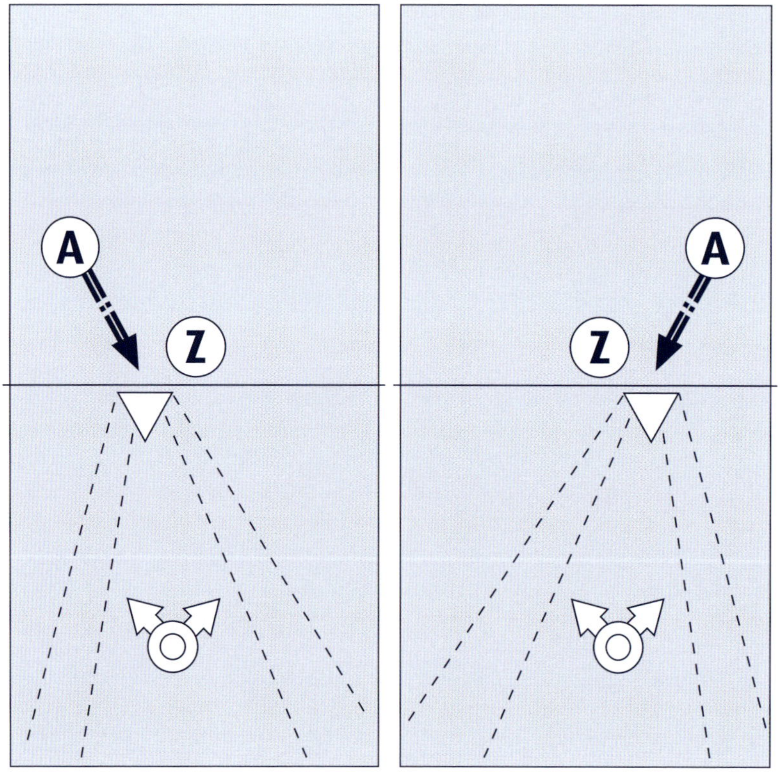

Abbildung 38:
Zu dem Handzeichen in Bild 170 gehörende Block-Abwehr-Taktik.

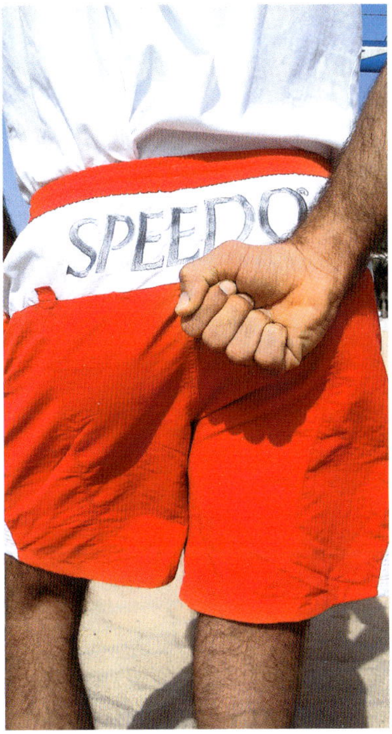

Zeigt der Blockspieler die Faust (siehe Bild 171), will er die Feldmitte gegen harte Angriffschläge abdecken. Der Abwehrspieler versteckt sich hinter ihm, um eventuelle Shots zu erlaufen (siehe Abbildung 39 links), oder bewegt sich kurz vor dem Schlag in die Linie oder Diagonale, um dorthin geschlagene harte Angriffe abzuwehren (siehe Abbildung 39 rechts für hart in die Diagonale geschlagene Bälle).
Er kann diese Blocktaktik gut damit kombinieren, dass er sich im Blockschatten seines Partners versteckt – und zudem auf den Zuruf des Gegners hin versucht, den Shot zu erlaufen.

Bild 171:
„Block der Feldmitte".

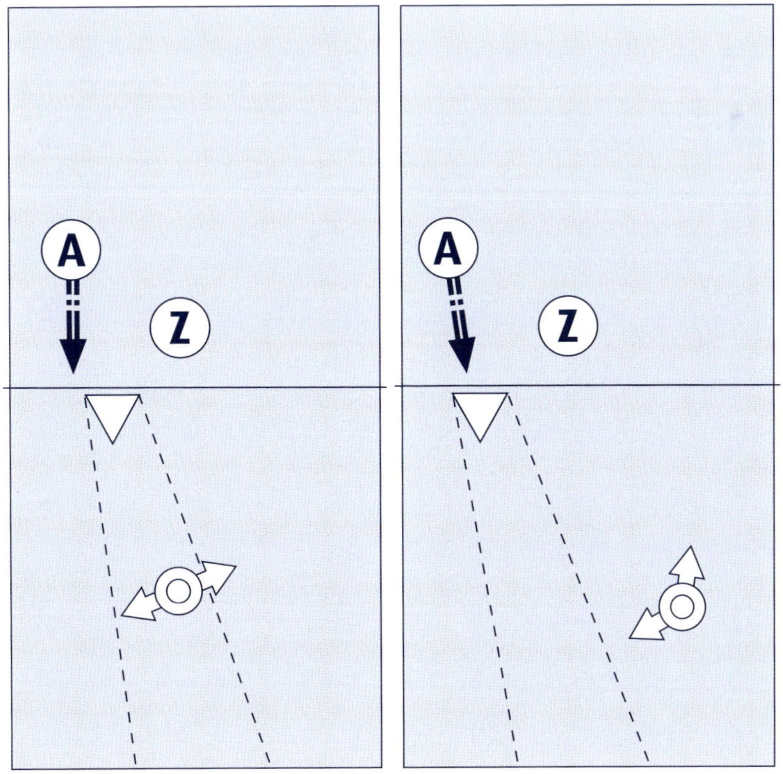

HISTORIE

„1987: Erstes offizielles internationales Turnier in Ipanema Beach."

Abbildung 39:
Zu dem Handzeichen in Bild 171 gehörende Block-Abwehr-Taktik. Links: Abwehrspieler versteckt sich hinter dem Block, rechts: Abwehrspieler übernimmt die Diagonale.

Zeigt der Blockspieler die offene Hand, signalisiert er, dass er den Angreifer in Anlaufrichtung blocken wird. Für diese Block-Abwehr-Taktik (siehe Abbildung 40) müssen Blocker und Angreifer sehr aufeinander eingespielt sein, um die Anlaufrichtung einheitlich bewerten zu können.

Sie eignet sich hervorragend für den gegnerischen Sideout im Hobbybereich und dem mittleren Leistungsniveau der Frauen, aber auch bei der Abwehr von Punktbällen in allen Leistungsbereichen. Der Abwehrspieler positioniert sich, wie in Abbildung 40 links, außerhalb des Blockschattens oder agiert, wie in Abbildung 40 rechts, aus dem Blockschatten heraus.

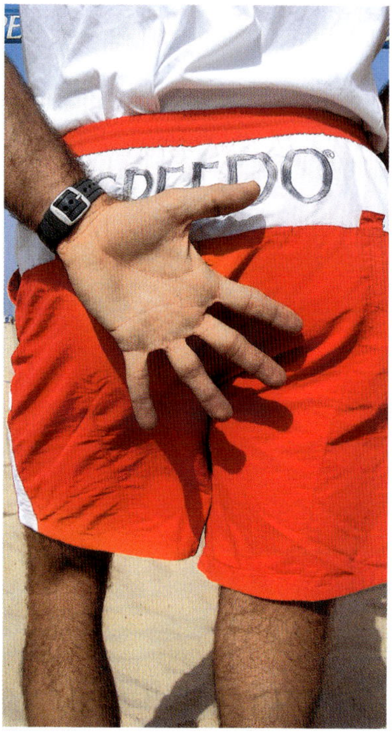

Bild 172:
„Block in Anlaufrichtung".

HISTORIE

„1992 gibt es die ersten offiziellen deutschen Meisterschaften in Damp."

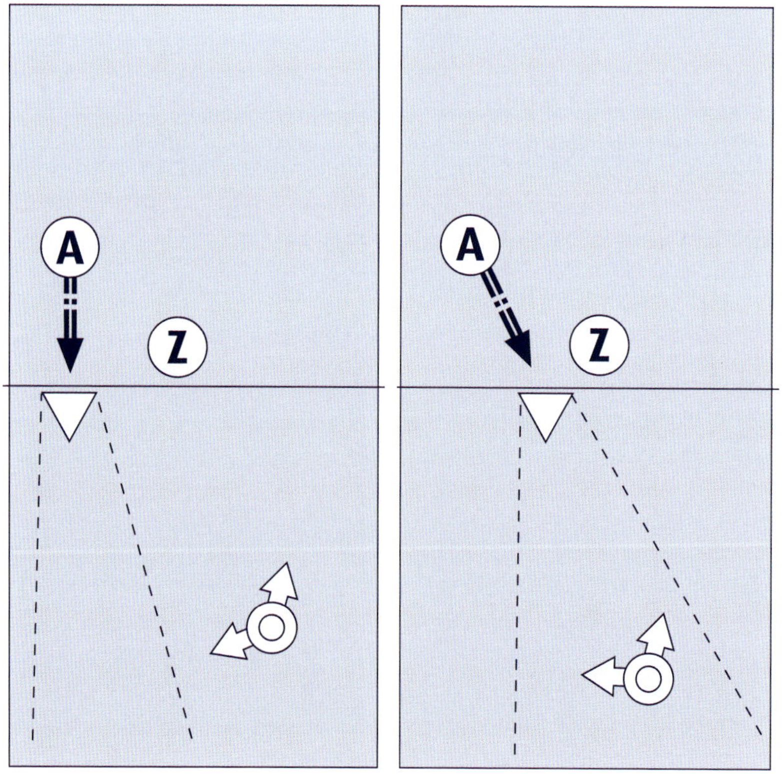

Abbildung 40:
Zu dem Handzeichen in Bild 172 gehörende Block-Abwehr-Taktik. Links: bei Angriff über die Außenposition, rechts: bei Angriff über die Mitte.

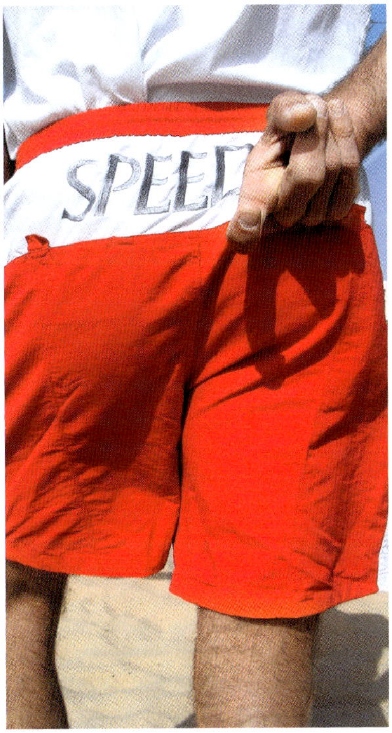

Die beiden folgenden Zeichen werden ergänzend zum eigentlichen Blockzeichen verwendet. Dabei blinkt man mit den Fingern, um sie als Zusätze auszuweisen. Der Blockspieler zeigt damit an, in welche Richtung er sich zurückziehen will. Sie muss nicht mit der im Block identisch sein. Er kann also durchaus diagonal blocken, sich aber im Falle des Falles in die Linie zurückziehen.

Bild 173 zeigt ein Ein-Finger-Blinken für das Sich zurückziehen in Richtung Linie – und Abbildung 41 die Möglichkeiten des Blockspieler dazu. Links geht er in Anlaufrichtung zurück, rechts dagegen an die Außenlinie. Der Abwehrspieler versucht in beiden Fällen, sich im Abstand von 3 bis 4 m zum Blockspieler zu positionieren.

Bild 173:
„Ziehe mich zur Linie zurück".

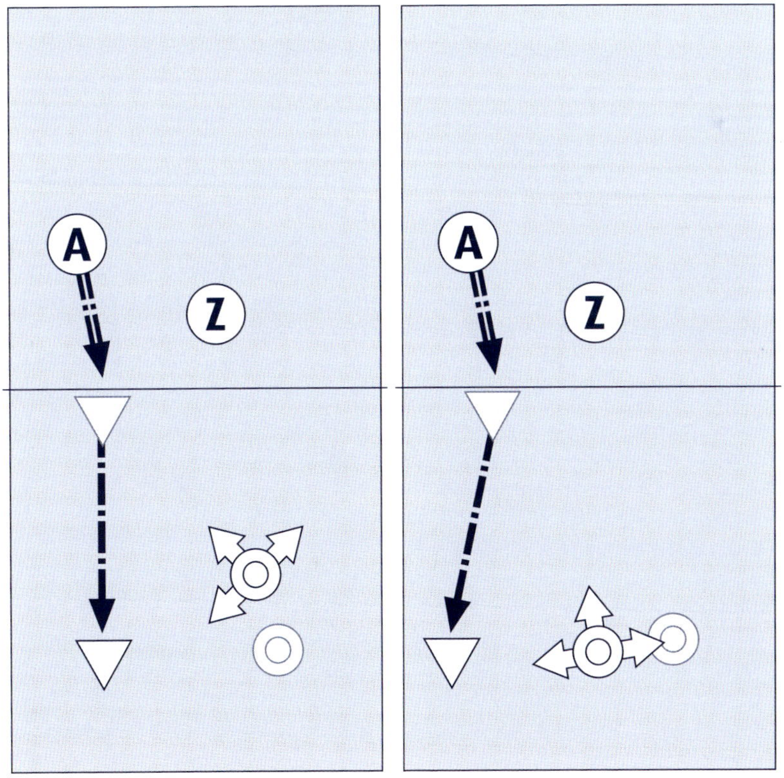

HISTORIE

„Seit 1996 ist Beach-Volleyball eine offizielle olympische Disziplin."

Abbildung 41:
Zu dem Handzeichen in Bild 173 gehörende Block-Abwehr-Taktik. Links: Gerades Zurückziehen, rechts: Zurückziehen zur Seitenlinie.

Blinkt der Blockspieler, wie in Bild 174, mit zwei Fingern, so zieht er sich in die Diagonale zurück. Abbildung 42 zeigt seine Möglichkeiten dazu. Links zieht er sich in die kurze Diagonale zurück und ist dort nur noch für den Cutshot zuständig. Der Abwehrspieler sollte sich in der Feldmitte postieren, um sowohl alle langen Shots als auch harte Schläge in der Mitte abzuwehren. Rechts in Abbildung 42 zieht sich der Blockspieler in die lange Diagonale zurück, um einen harten Diagonalschlag abzuwehren. Der Abwehrspieler sollte einen Abstand von 2 bis 3 m zu ihm einhalten, sodass dem Angreifer nur scharfe Schläge an die Linie offen bleiben.

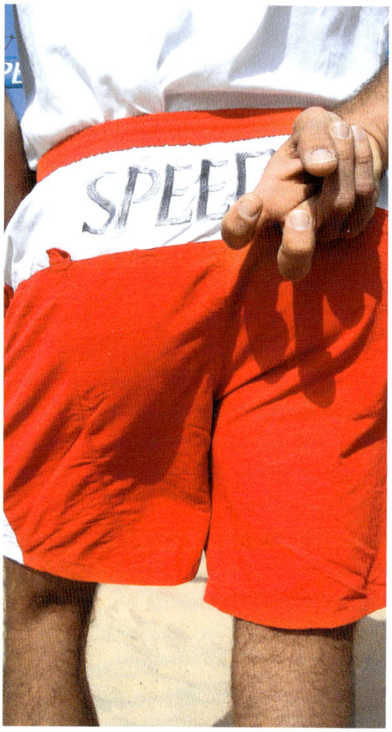

Bild 174:
„Ziehe mich diagonal zurück".

HISTORIE

„Seit 2000 ist die Netzberührung beim Aufschlag erlaubt."

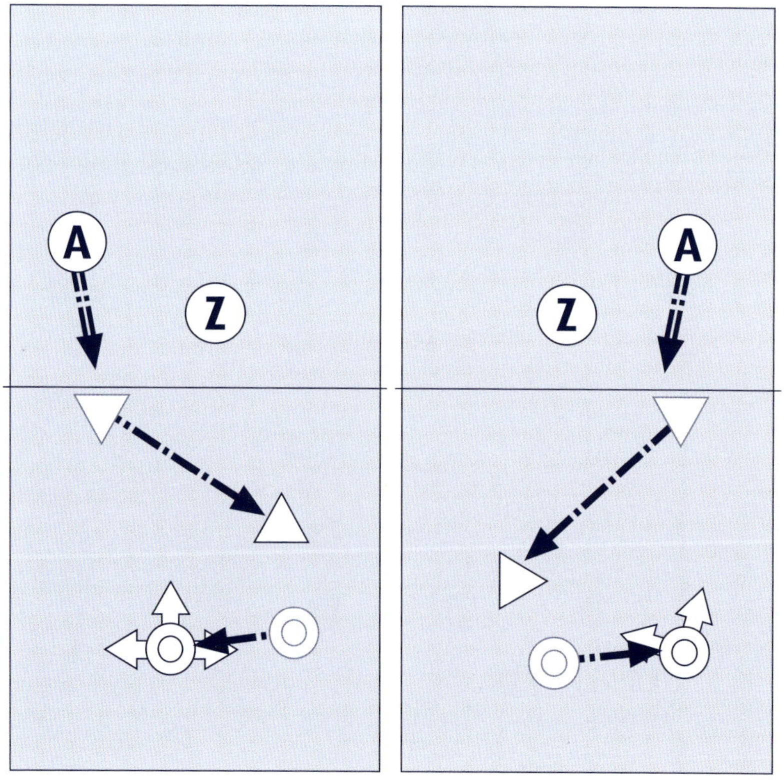

Abbildung 42:
Zu dem Handzeichen in Bild 172 gehörende Block-Abwehr-Taktik. Links: Zurückziehen in die kurze Diagonale, rechts: Zurückziehen in die lange Diagonale.

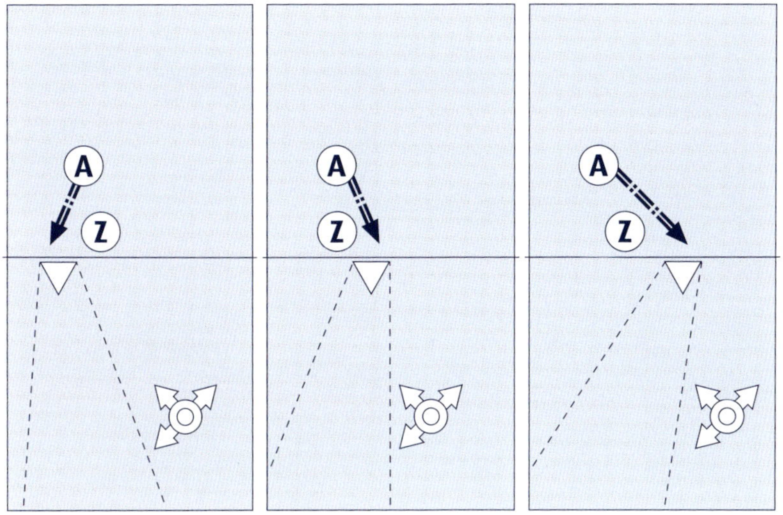

Abbildung 43:
Block-Abwehr-Spiel gegen Überkopfzuspiel bei angezeigtem Linieblock.

Wichtig ist es auch abzuklären, was bei außerplanmäßigem Spielaufbau oder Überkopfzuspiel des Gegners zu geschehen hat. Gerade beim Überkopfzuspiel kann es zu Missverständnissen kommen, was denn jetzt Linie und was diagonal sei. Deshalb sollten sich die Blockzeichen „ein" bzw. „zwei Finger" nicht auf Linie bzw. Diagonale beziehen, sondern auf die Seiten bei der gegnerischen Annahme. „Ein Finger" heißt dann für den gegnerischen Spieler auf der linken Seite (vom Aufschläger aus gesehen), dass immer die eigene linke Seite im Block abgedeckt wird, während beim Zeigen von „zwei Fingern" immer die rechte Seite abzudecken ist. Abbildung 43 zeigt das entsprechende Block-Abwehr-Verhalten gegen den linken gegnerischen Angreifer, wenn der Blocker einen Linieblock anzeigt. Block- und Abwehrspieler decken immer die gleiche Seite des Feldes ab. Diese Taktik ist natürlich auch beim Sich-Zurückziehen des Blockers anzuwenden.

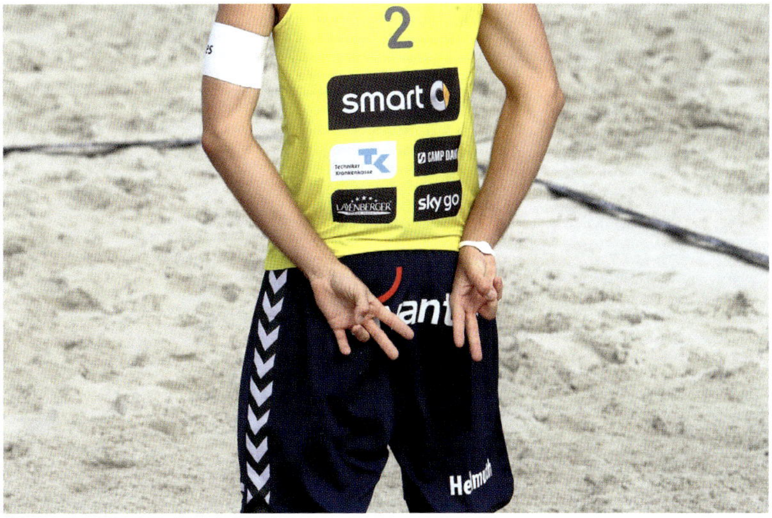

Bild 175:
Anzeige des „Diagonalblocks" für beide Spieler (Toni Helmuth).

HISTORIE

„Seit 2001 gibt es die neue Zählweise und das verkleinerte Feld."

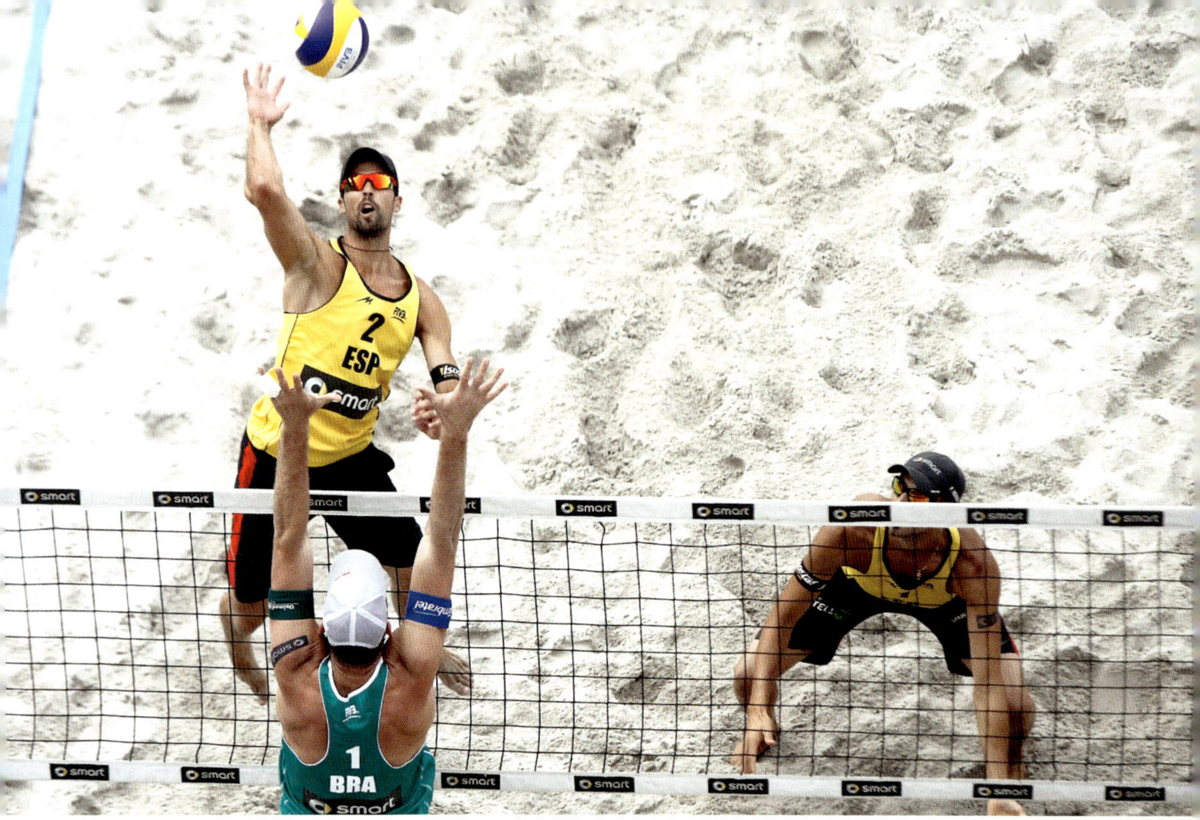

Das Problem des richtigen Calls

Neueste Untersuchungen im Topbereich (Künzell u. a., 2014) zeigen, dass nur etwa die Hälfte aller Calls, also der Ruf, in welche Ecke der Ball gespielt werden soll, richtig ist. Dieser an sich nicht optimale Wert relativiert sich weiter, wenn man den Zeitpunkt des Calls hinzunimmt. Betrachtet man die Calls, die rechtzeitig erfolgen und richtig sind, erhält man einen eher schlechten Wert von nur noch 30 %! Was ist der Grund für diesen niedrigen Wert? Zum einen positionieren sich gute Abwehrspieler möglichst spät, um einen einfachen Call unmöglich zu machen, zum anderen gibt es auch immer mehr Spieler, die einfach auf den Call laufen.

Trotzdem sollte auf das Rufen nicht verzichtet werden. Insbesondere im Hobby- und mittleren Leistungsbereich ist es ein wichtiges taktisches Element. Egal um welchen Leistungsbereich es sich handelt, der Call „Ohne", also wenn der Blockspieler sich vom Netz löst, ist definitiv der wichtigste. Daher hat der Zuspieler aber die gesamte

HISTORIE

„Das traditionelle Spielsystem im Beach-Volleyball ist das Double-Elimination-Systen, also das Double-KO System."

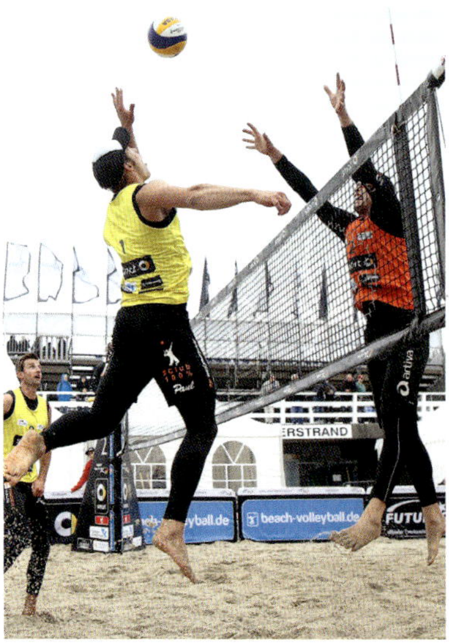

Bild 177: Richtiger Zuruf? (Jan Romund)

gegnerische Block-Abwehr-Formation zu beobachten, und nicht nur den gegnerischen Abwehrspieler. Sehr häufig ruft der Zuspieler seinem Mitspieler zwar die richtige Anweisung („Line" oder „Cut") bezüglich des Abwehrspielers zu, übersieht bzw. übergeht aber die viel wichtigere Tatsache, dass der Blockspieler sich genau dorthin gelöst hat. Er muss also unbedingt, insbesondere wenn der Gegner sich häufig zurückzieht – d. h. bis einschließlich des mittleren Leistungsniveaus bei den Männern und in allen Leistungsbereichen bei den Frauen – zunächst auf den gegnerischen Blocker achten. Erst wenn klar ist, dass der Blocker am Netz bleibt, hat er auf den Abwehrspieler zu achten und dem Partner zuzurufen, wohin der Ball gespielt werden soll. Ebenso fahrlässig wäre es, einfach zu rufen, nur um des Rufens willen. Immer wieder erlebt man Spieler die grundsätzlich zunächst einmal „Line" oder „Linie" rufen, weil der Call ja dazu gehört. Es sollte für beide Spieler klar sein, dass nur gerufen wird, wenn der gegnerische Abwehrspieler sich eindeutig für eine Seite entschieden hat. Falsche Rufe, die vom Partner befolgt werden führen nicht nur zu Missstimmung im Team, sie führen auch dazu, dass sich der Angreifer nicht mehr auf den Ruf verlassen kann. Daher ist beim Call weniger rufen, dafür häufiger richtig mehr! Abbildung 44 zeigt die richtigen Zurufe beim Angriff von der linken Seite.

HISTORIE

„Seit 2011 wird bei internationalen Turnieren bevorzugt zunächst Poolplay mit folgender Single-Elimination gespielt, also zunächst Gruppenspiele und danach das einfache KO-System."

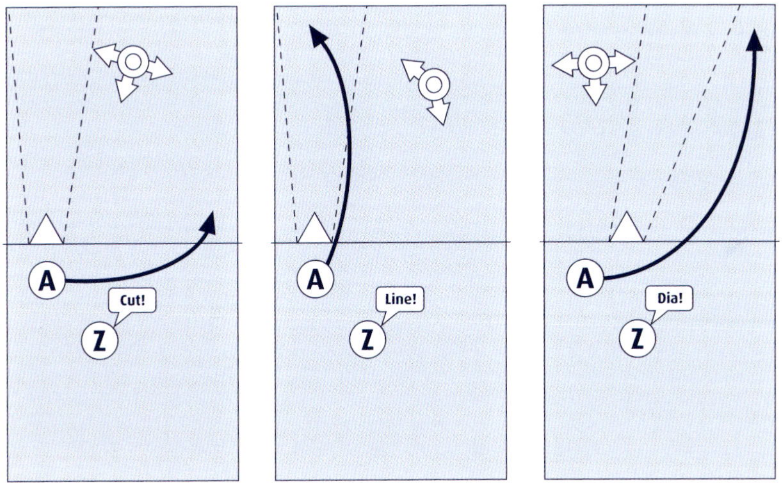

Abbildung 44

Der Ruf muss aber nicht nur richtig und angemessen sein, sondern auch so laut und eindeutig, dass dem Angreifer nichts anderes übrig bleibt, als ihn zu befolgen. Man kann den Ruf noch einmal bestätigen, damit der Partner sicher sein kann, wohin er den Ball zu spielen hat. Entscheidet sich der Abwehrspieler sehr früh und deutlich für eine Seite, kann man durch den Ruf „Einfach Linie" oder „Easy line" dem Partner mitteilen, dass die entsprechende Seite völlig offen ist.

Ist der Ball zu dicht ans Netz zugespielt, muss der Zuspieler wieder zuerst auf den Blocker schauen. Zieht der sich irrtümlicherweise zurück, muss das dem Mitspieler sofort mitgeteilt werden, da viele Angreifer bei einem dichten Zuspiel gern sofort poken oder einen Drückball versuchen. Solange einfach von außen angegriffen

HISTORIE

„2005: Beach-Volleyball-Weltmeisterschaft in Berlin."

wird, reichen die Rufe „Line" oder „Linie" für den Shot parallel zur Seitenlinie, „Cut" für den kurzen diagonalen Shot und „Angle" für den langen diagonalen Shot völlig. Sobald Angriffe jedoch durch die Mitte oder nach einem Zuspiel über Kopf erfolgen, sollte man, damit es nicht zu Missverständnissen kommt, die Begriffe „rechts" und „links" verwenden, eventuell mit den Zusätzen „lang" oder „kurz".

Da es auch Abwehrspieler gibt, die auf den Zuruf reagieren und sich in die entsprechende Ecke bewegen, kann man die einzelnen Feldbereiche gegebenenfalls mit Code-Zahlen bezeichnen. Im einfachsten Fall könnte man Zahlen für die sechs verschiedenen Hallenpositionen verwenden. Der Ruf „Fünf" hieße dann: ein Shot in die hintere rechte Ecke des Felds, der Ruf „Zwei": ein kurzer Shot links ins Feld.

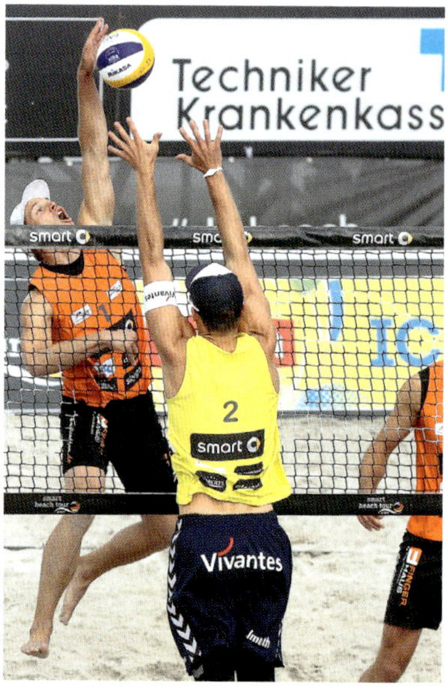

Bild 178:
Ruf (Jan Romund).

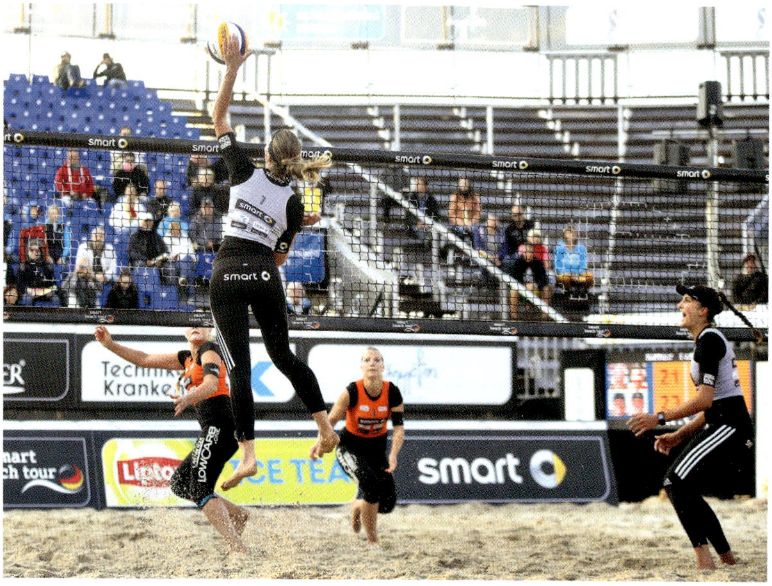

Bild 179:
Call „Ohne"
(Ilka Semmler).

Zusammenfassung Rufen

Die Abbildung zeigt den Ablauf des „Calls" im Angriff aus der Annahme, wobei ein besonderes Augenmerk auf den Wahrnehmungsbereich gelegt wird:

Angreifer: Beim Anlauf Wahrnehmung der gegnerischen Block-Abwehrposition		
Ausgangsposition des Abwehrspielers Linie → Sicherheitsshot ist Dia	Ausgangsposition des Abwehrspielers Mitte → Sicherheitsshot ist Cut	Ausgangsposition des Abwehrspielers Diagonal → Sicherheitsshot ist Linie

↓

Zuspieler: Nach dem Zuspiel Beobachten des gegnerischen Blockspielers		
Blocker zieht sich zurück → Call „Ohne"	Keine Positionsveränderung des Blockers → kein Call	Eindeutige Positionsveränderung des Blockers → Hinweis auf den richtigen Call

↓

Angreifer: Beim Absprung ganzheitliches Beobachten des Balls und der gegnerischen Blockposition		
Blocker zieht sich zurück → Schlag oder Shot ins freie Feld	Gute Blockpositionierung	Schlechte Blockpositionierung → Entscheidung für harten Schlag am Block vorbei

↓

Zuspieler: Nach dem Absprung Beobachten der gegnerischen Block-Abwehrposition		
Blocker faked → Call „Ohne"	Keine Bewegung des Abwehrspielers → kein Call	Eindeutige Positionsveränderung des Abwehrspielers → richtigen Call geben

↓

Angreifer: Nach dem Absprung scharfes Lesen des Blockers und „Warten" auf Call durch Angreifer		
Blocker direkt vor dem Ball → lockeres Reinspielen in den Block	Schlag am Block vorbei oder Spiel des Sicherheitsshot	Bei Richtungscall → Shot ins freie Feld

Abbildung 45

HISTORIE

„2012: Olympia-Gold für Julius Brink/Jonas Reckermann in London."

DIE 10 GOLDENEN REGELN FÜRS RUFEN

1. Der Ruf ist eine Hilfe, ganz besonders beim Punktball.
2. Zunächst auf den Blocker schauen.
3. Der Ruf „ohne Block" ist der wichtigste für den Angreifer.
4. Erst danach auf den Abwehrspieler schauen.
5. Nicht zu früh rufen.
6. Die Rufe „Rechts" und „Links" sind besser als „Cut" und „Line".
7. Lieber nicht als falsch rufen.
8. Wenn gerufen wird, dann laut und aggressiv.
9. Richtigen Ruf bestätigen.
10. Zunächst auf sich selbst, dann auf den Ruf des Partners bauen.

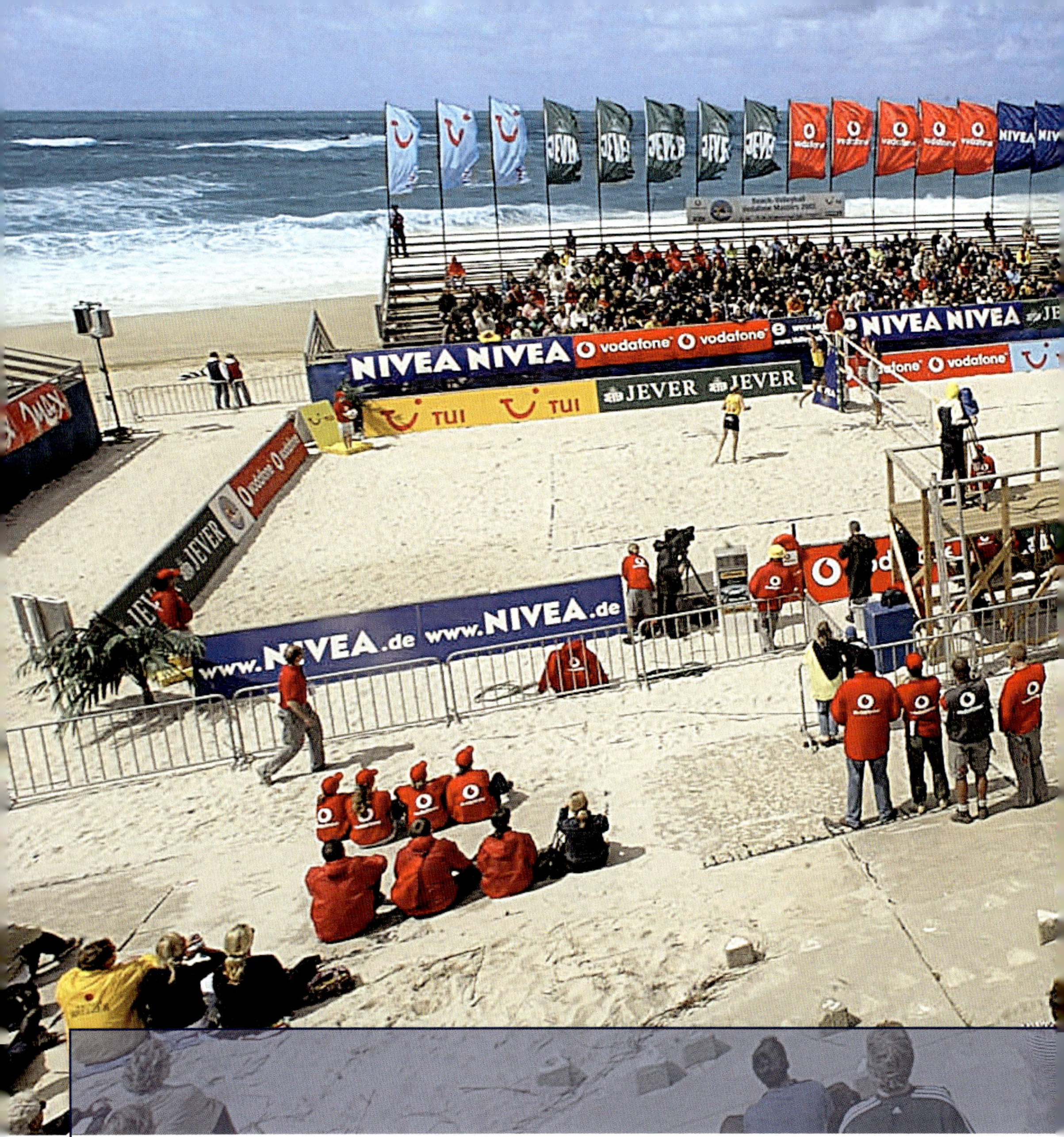

Das Wetter: Dein Freund

2006: Meine erste U23-EM, wie so häufig in Polen. Gleich bei meiner ersten internationalen Nachwuchs-Meisterschaft ging es in einem rein deutschen Endspiel um Gold und/oder Silber für meine Teams: Jana Köhler und Anja Günther gegen Sara Goller und Laura Ludwig. Wie schon in den Tagen vorher regnete es in Strömen bei recht unangenehmen Temperaturen. Der Regen machte insbesondere Jana Köhler zu schaffen, da sie als einzige mit einer Brille spielen musste. Wie Scheibenwischer fuhren ihre Finger immer wieder über ihre Brille, um für den nächsten Ballwechsel einigermaßen klare Sicht zu haben. Trotz dieses Handicaps holte sich Jana mit ihrer Partnerin hier den ersten ihrer zwei U23-EM-Titel.

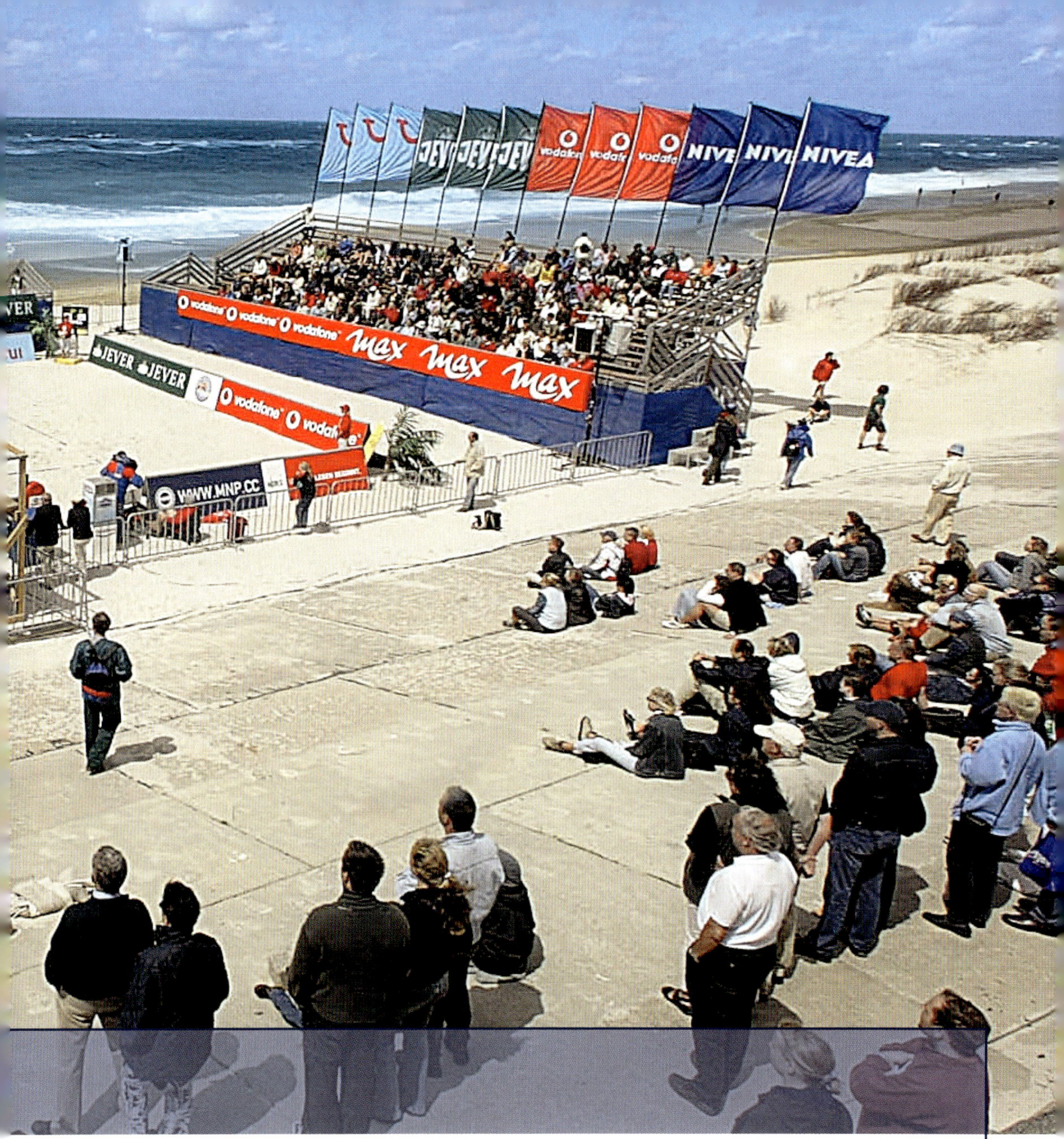

…und Helfer?!

Wer einmal in einer Halle Beach-Volleyball trainiert, es gibt inzwischen ja bei uns sehr viel Gelegenheit dazu, wundert sich dann darüber, wie anders das Spiel draußen unter freiem Himmel ist. Plötzlich fehlen die Orientierungshilfen für Höhe und Weite, die Sonne blendet und besonders der Wind verändert das Spiel. Die Athleten, die am Stützpunkt trainieren, behaupten sogar, dass der Ball in der Beach-Volleyballhalle einfach anders fliegt! Doch wie immer gibt es zwei Möglichkeiten, mit diesen Gegebenheiten fertig zu werden: Entweder man lamentiert und hat damit das Spiel schon verloren, oder man versucht, sich mit den Witterungsbedingungen anzufreunden und sie für sich zu nutzen.

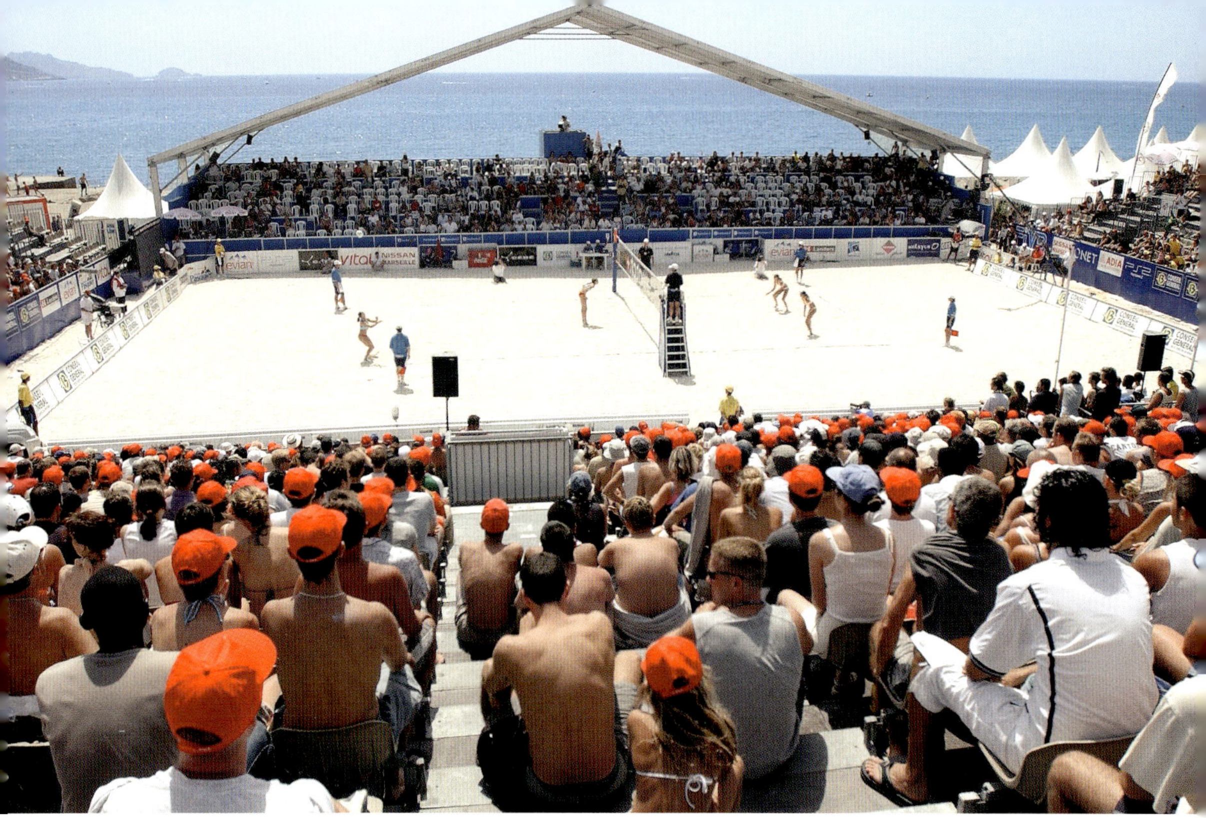

Wind: Den Ball flach halten

Die Gegenwindseite ist grundsätzlich die eindeutig bessere Seite – selbst wenn man auch dort Probleme bekommen kann, einen Aufschlag übers Netz zu bringen. Doch kann man auch auf der Mitwindseite, bei entsprechender Taktik, nicht nur seinen Sideout halten, sondern sogar Minibreaks erzielen.

Im Folgenden werden nur die Extremsituationen Gegen-, Rücken- und Seitenwind vorgestellt. Fällt der Wind schräg von der Seite ein, kann sich eine Mischung aus den zwei Einzeltaktiken für Seitenwind bzw. Rücken- oder Gegenwind empfehlen.

Muss man sich bei der Auslosung vor Spielbeginn oder vor dem entscheidenden 3. Satz für eine Seite entscheiden, so sollte man immer auf der Gegenwindseite beginnen. Bei Seitenwind ist dann die Seite so zu wählen, dass der Aufschlag auf den schwächeren Spieler des Gegners in den Wind erfolgen kann.

ANMERKUNG

„Spiele mit dem Wind, versuche nicht ihn zu besiegen."

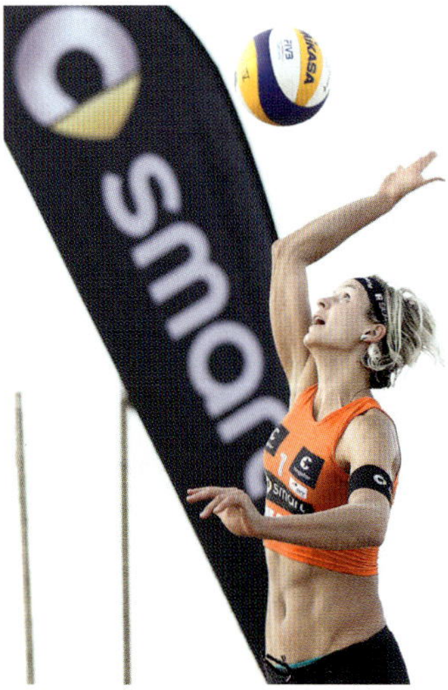

Bild 182:
Aufschlag bei Rückenwind (Laura Ludwig).

ANMERKUNG

„Schlage aggressiv in den Wind auf."

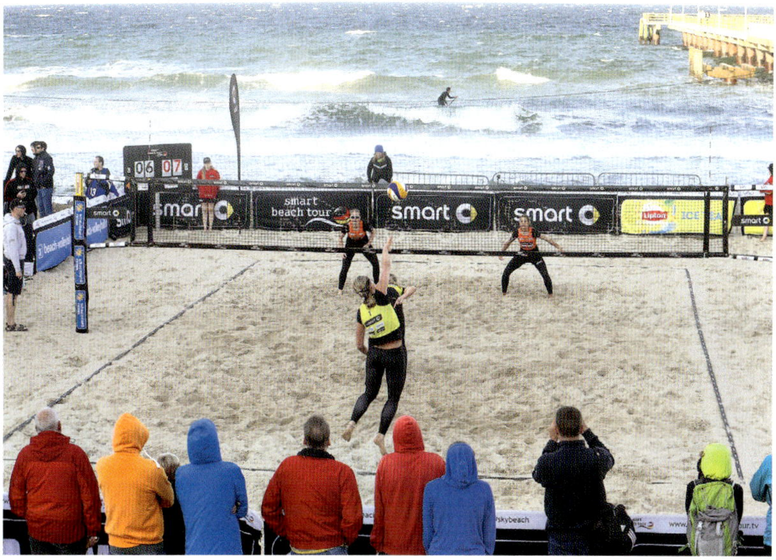

Bild 183

Aufschlag

Bei Gegenwind und Seitenwind sollte man immer in den Wind aufschlagen – je nach Windstärke sogar druckvoll in den Wind statt nur auf einen bestimmten Spieler.

Besonders geeignet sind Sprungaufschläge, deren Länge bei Gegenwind sehr gut zu variieren ist. Sehr hoch in den Wind geschlagene Bälle fallen bei entsprechender Härte in den hinteren Teil des Felds, können aber auch als Offspeed-Aufschläge bereits sehr kurz hinter dem Netz landen. Bei Gegenwind sollte man vor allem die Mitte des gegnerischen Felds anvisieren, um die gegnerischen Annahmespieler in Bewegung zu bringen und unnötige Fehlschläge ins Seitenaus zu vermeiden. Ob von links oder rechts aufgeschlagen wird, spielt dabei nur eine untergeordnete Rolle. Bei Seitenwind dagegen muss man diagonal auf den Spieler aufschlagen, der beim Angriff in die Diagonale Rückenwind hat. Auch Flatteraufschläge gegen den Wind können sehr wirksam sein. Es darf jedoch nicht zu hart aufgeschlagen werden, da das dabei sich bildende Luftpolster vor dem Ball diesen nicht nur zum Flattern bringt, sondern auch ins Aus tragen kann. Bei stärker werdendem Gegenwind muss man dann irgendwann vom Sprung- zum Topspin-Aufschlag aus dem Stand wechseln.

Bei Rückenwind braucht es andere Aufschläge. Sprungaufschläge müssen nun flach übers Netz, mit viel Topspin und möglichst platziert. Denn wenn der Annahmespieler den Ball nicht sauber und flach nach vorne schieben kann, verstärkt sich die Rotation nach der Annahme, der Wind treibt dabei die Annahme wieder zurück und der Ball muss weit entfernt vom Netz zugespielt werden. Mit diesem Konzept können auch Sprungflatteraufschläge angewendet werden, wobei es hier außer auf Präzision ganz besonders auf die Variabilität in der Aufschlaglänge ankommt. Abwechselnd lange Sprungflatter Richtung Grundlinie und kurze Sprungflatter hinters Netz haben

ANMERKUNG

„Die Aufschlag-Annahme wird mit steigender Windstärke immer spielentscheidender."

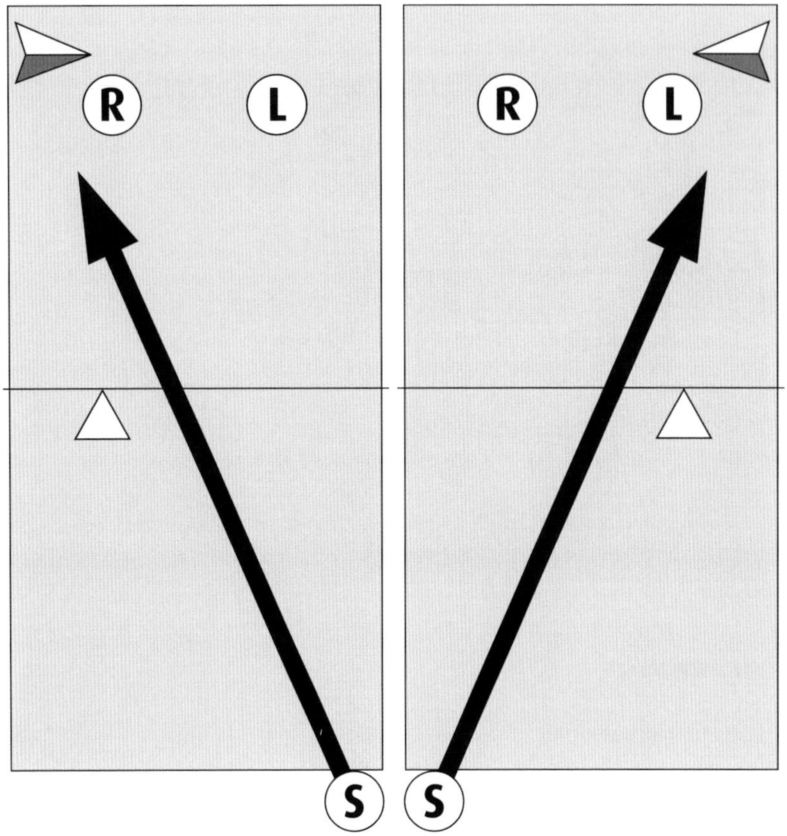

Abbildung 46: Aufschlagrichtungen bei Seitenwind.

auch auf der Mitwindseite ihre Wirkung. Gut geeignet als Mitwindaufschläge sind auch die so genannten Lollipops Richtung Grundlinie, die der Annahmespieler erst einmal gegen den Wind sauber nach vorne baggern muss. Zur Abwechslung eingestreute kurze Aufschläge sollten dann den sich weiter hinten postierenden Annehmer wieder ein Stück nach vorne zwingen.

Will man auch mit dem Wind im Rücken hart aufschlagen, sollte man den Sprungaufschlag 2 bis 3 m von der Grundlinie entfernt ausführen. Der Ball ist dann zwar länger unterwegs, kann aber auf Grund seiner Härte zu einer zu hohen Annahme führen.

Insbesondere bei sehr starkem Rücken- oder Gegenwind kann man auch wieder zum Sunserve greifen. Bei dem jetzt kleineren Spielfeld ist diese Aufschlagvariante aber mit einem besonderen Risiko behaftet.

Wird der Wind so stark, dass man Mühe hat, überhaupt noch einen Aufschlag übers Netz zu bekommen, sollte man den Ball beim Anwurf mit dem Körper vor dem angreifenden Wind schützen. Je stärker der Wind und je schwieriger die Verhältnisse, desto sicherer muss der Aufschlag ins Feld gebracht werden!

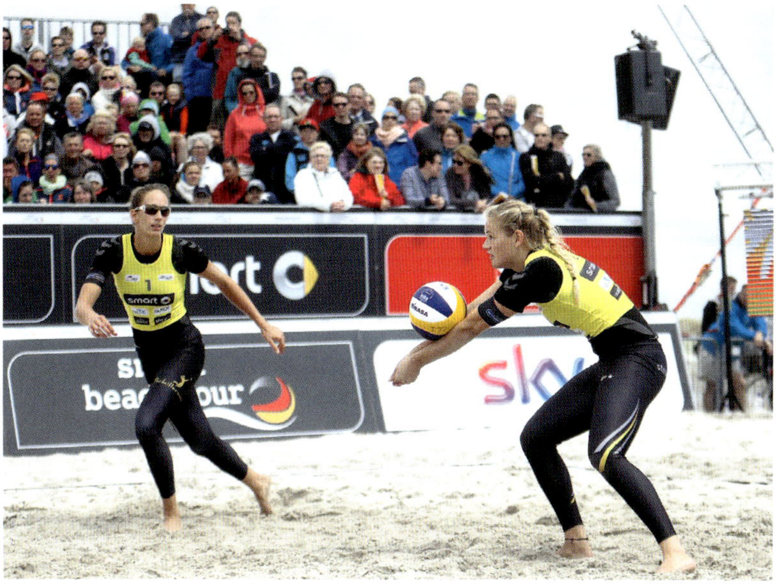

Bild 184

ANMERKUNG

„Spiele bei Wind noch konzentrierter, da der Wind keine Ungenauigkeiten verzeiht."

Annahme

Egal aus welcher Richtung er weht, die Annahme muss bei Wind flacher gehalten werden. Vor allem muss man nun den Ball tief annehmen, um bei der Annahme Zeit zu gewinnen. Und man muss mit leichter Rotation und gerade nach vorne annehmen, um dem Wind nicht zuviel Angriffsfläche zu bieten. Zudem muss man insbesondere die Annahmeposition und den Annahmeriegel den Windverhältnissen anpassen.

Bei Gegenwind sollte man sich ruhig ein wenig weiter nach hinten stellen, um lange Aufschläge möglichst flach und gerade nach vorne baggern zu können. Spielt man mit Rückenwind, sollte man eine Anfangsposition weiter vorne wählen, um nicht von kurzen Topspin-Aufschlägen überrascht zu werden. Mit langen Aufschlägen des Gegners gegen den Wind über die eigene Annahmeposition ist erst ab dem

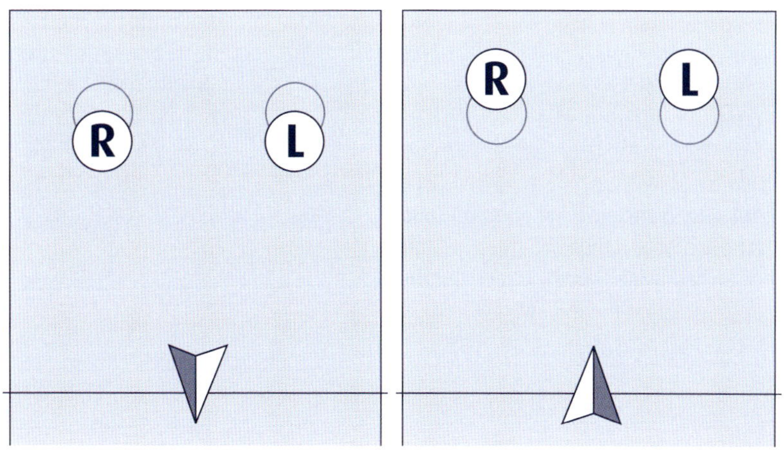

Abbildung 47: Verschiebung des eigenen Annahmeriegels bei Rückenwind (links) und Gegenwind (rechts).

ANMERKUNG

„Auf der Mitwindseite wird die Annahme schon mal zur Abwehraktion."

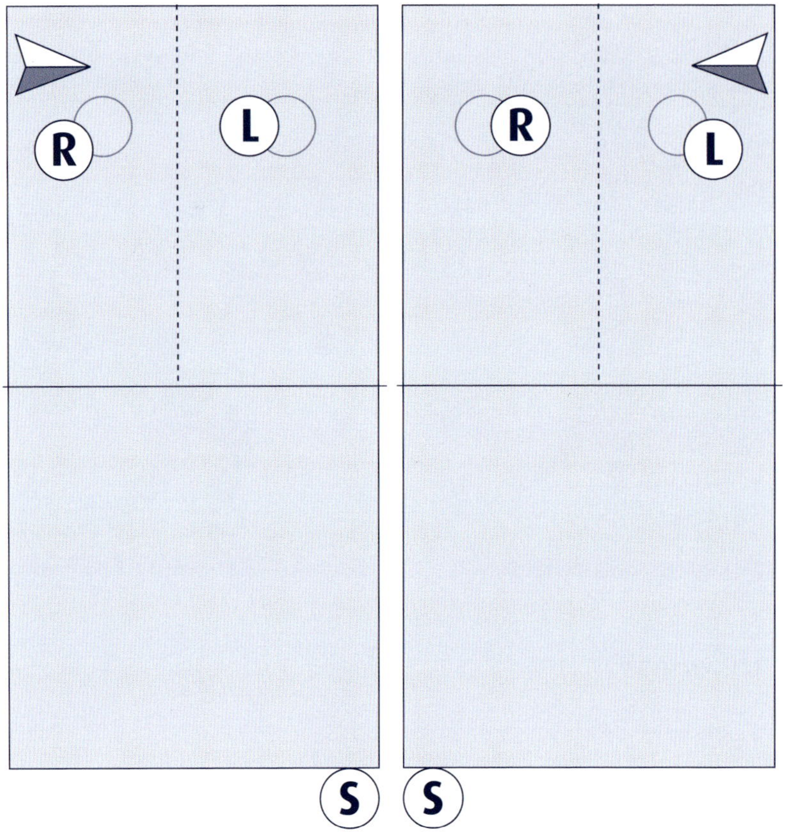

Abbildung 48: Verschiebung des Annahmeriegels bei Seitenwind.

mittleren Leistungsbereich der Männer und ab dem Leistungsbereich der Frauen zu rechnen. Solche Aufschläge kann man dann behelfsmäßig auch oben annehmen. Bei Seitenwind muss der Spieler, der den Wind von der Feldinnenseite her hat, einen größeren Teil des Felds übernehmen, da er im Angriff klare Vorteile hat. Sein Partner sollte ein wenig nach vorne rücken (siehe Abbildung 48), um nicht von kurzen diagonalen Aufschlägen überrascht zu werden.

Wird trotz Seitenwind immer nur auf einen Spieler aufgeschlagen und hat der Probleme mit dem Sideout, können die Spieler des annehmenden Teams die Annahmepositionen tauschen, damit dieser Spieler auf jeder Seite gegen den Wind angreifen kann.

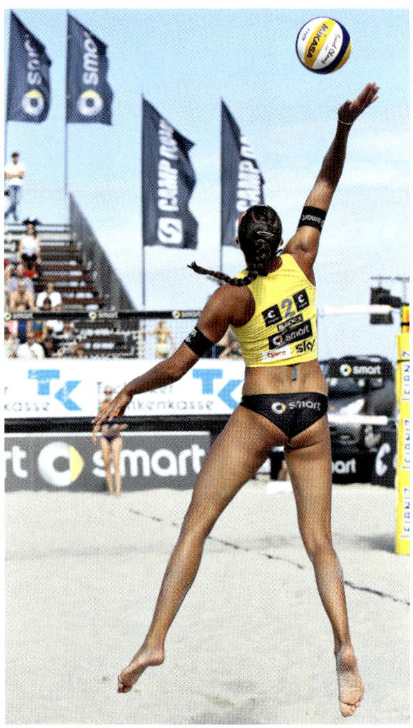

Bild 185: Sprungaufschlag bei Seitenwind (Ilka Semmler).

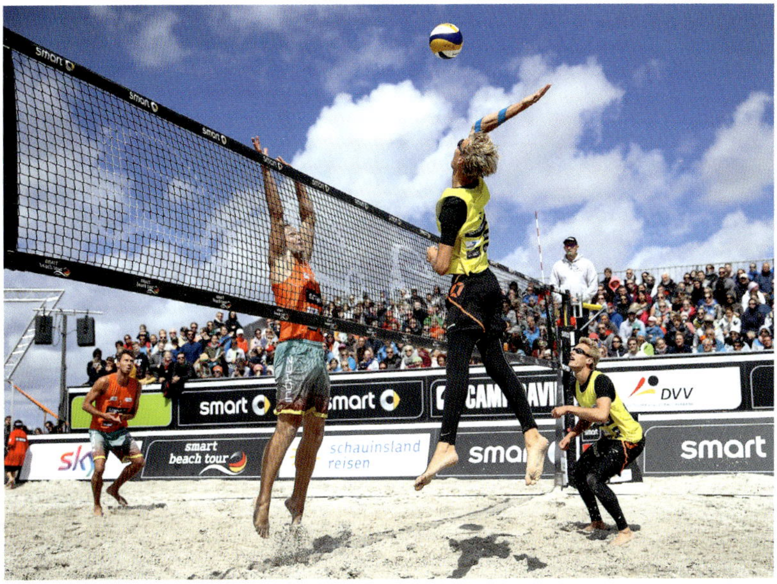

Bild 186

ANMERKUNG

„Bei Gegenwind mit viel Topspin angreifen."

Zuspiel und Angriff

Auch hier gilt: Je stärker der Wind, desto flacher muss das Zuspiel gestaltet werden. Das hohe Zuspiel im Wind wird nur von ganz wenigen internationalen Topteams angewendet, da es nicht nur eine besonders gute Technik, sondern auch ein hohes Maß an Training bei solchen Witterungsbedingungen voraussetzt.

Ganz besonders bei direktem Wind von vorn oder von hinten muss man die Ausgangsposition beim Zuspiel korrigieren. Wenn der Zuspieler ohne Wind mit seiner Schulterachse etwa senkrecht zur Zuspielrichtung steht, muss er sich bei Gegenwind weiter zum Netz und bei Rückenwind weiter zu seinem Partner drehen. Wie weit,

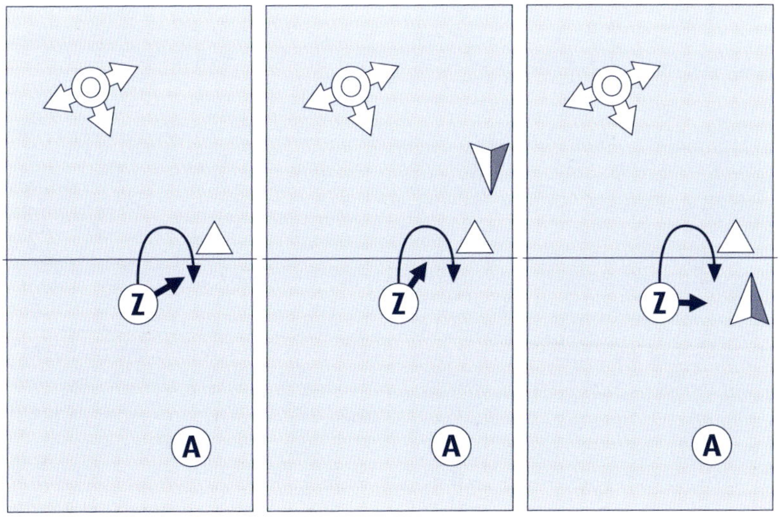

Abbildung 49: Stellung der Schulterachse beim Zuspiel (zeigt senkrecht dazu): links: ohne Wind, Mitte: bei Gegenwind, rechts: bei Rückenwind.

ANMERKUNG

„Vergiss bei Rückenwind die Möglichkeit des Blockanschlagens nicht."

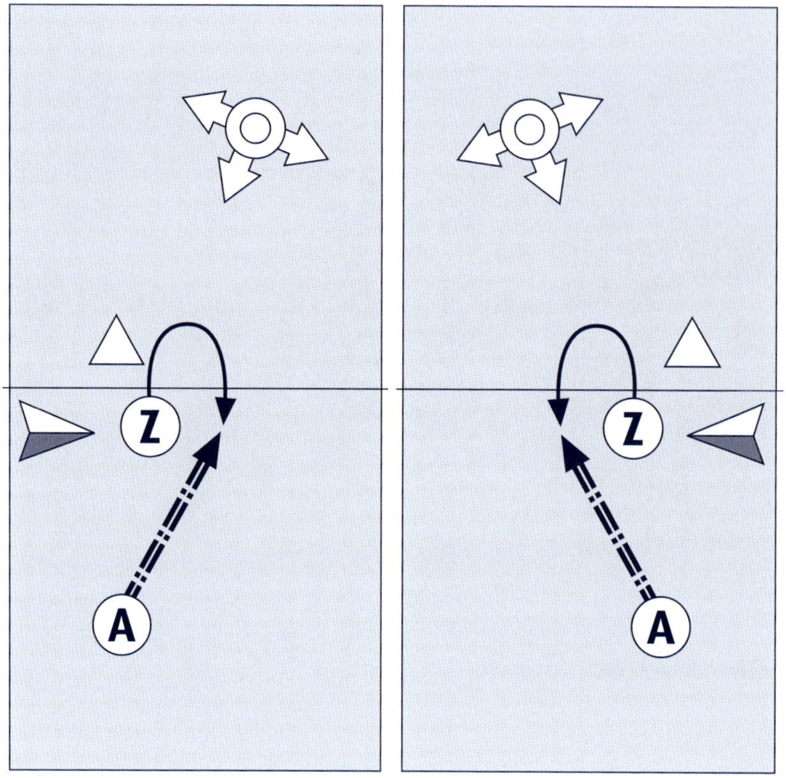

Abbildung 50: Zuspiel über Kopf bei Seitenwind.

das ist von der Windstärke abhängig. Muss der Zuspieler den Ball wegen einer flachen Annahme dicht am Netz gerade hochbaggern, kann er den Windeffekt dadurch ausgleichen, dass er dem Ball eine Rotation gegen den Wind mitgibt. Bei Angriff gegen den Wind sollte man beim Absprung auf genügend Abstand zum Ball achten und den Angriffsschlag mit möglichst viel Topspin führen, um die Wirkung des Windes auszunutzen. Bei Angriffen mit dem Wind sind lange Shots in Windrichtung sehr fehleranfällig. Stattdessen sollte kurz über oder am Blocker vorbei abgelegt werden.

Bei starkem Seitenwind hat besonders der Angreifer Probleme, der beim Diagonalangriff mit dem Wind schlagen muss, da seine Bälle sehr viel leichter ins Aus gehen als die bei Angriffen gegen den Wind. Abhilfe kann hier ganz einfach dadurch geschaffen werden, dass ihm über Kopf zugespielt wird und er damit gegen den Wind angreifen kann.

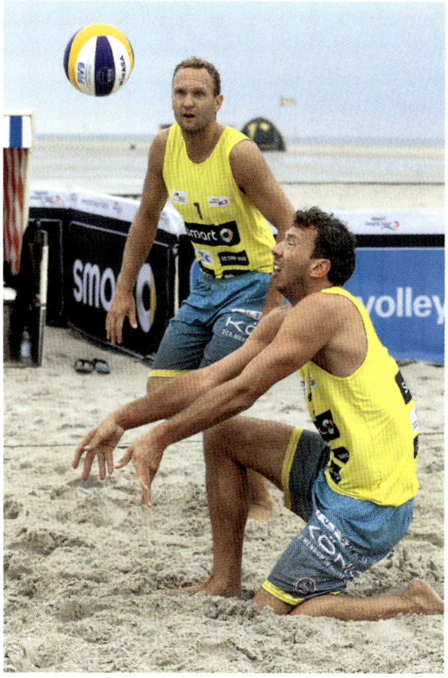

Bild 187: Annahme im Wind (Björn Andrae).

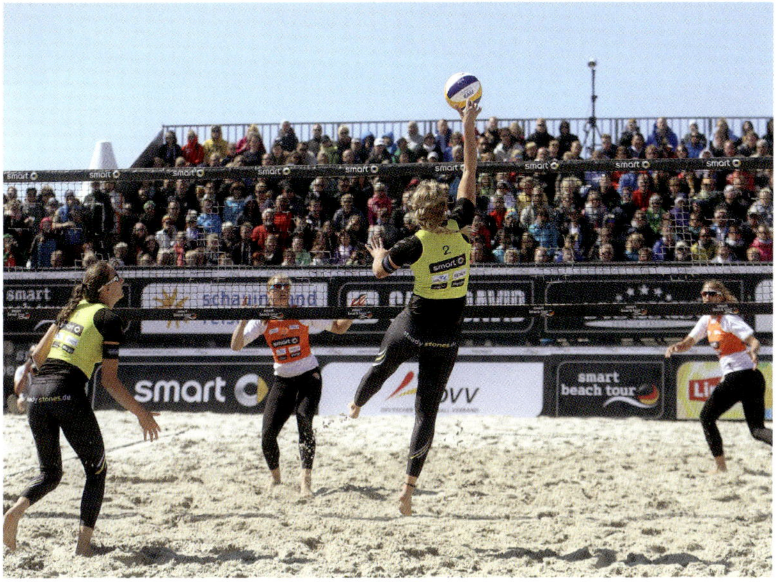

Bild 188

ANMERKUNG

„Bei Gegenwind kann auch der Abwehrspieler blocken, wenn er sich erfolgreicher zurückzieht."

Block-Abwehr

Da der Wind natürlich auch das Zuspiel des Gegners beeinflusst, also auch für ihn entweder zum Netz hin oder vom Netz weg weht, muss vor allem der Blocker, aber auch der Abwehrspieler einiges beachten: Spielt man selbst mit dem Wind, der Gegner also gegen den Wind, sollte der Blocker, sich eher zurückziehen, da der Ball häufiger vom Netz weggeweht wird. Spielt man gegen den Wind, der Gegner also mit ihm, sollte der Blocker sich seltener zurückziehen, da die Zuspiele tendenziell dichter ans Netz kommen.

Der Abwehrspieler sollte sich bei Rückenwind des Gegners etwas weiter nach vorne begeben, da lange Shots des Gegners leichter ins Aus gehen. Für Gegenwind lässt sich keine eindeutige Aussage treffen, da der sowohl die langen als auch die kurzen Shots eher nach unten drückt. Das sind natürlich nur allgemeine Hinweise für den normalen Spielaufbau. Erkennt der Blockspieler dagegen, dass der Angreifer auf der Mitwindseite weiter entfernt vom Netz angreifen muss, sollte er sich ebenso vom Netz zurückziehen, da der Angreifer mit dem Wind im Rücken nicht mehr so druckvoll schlagen kann, ohne einen Schlag ins Aus zu riskieren.

Bei Seitenwind hat der Blocker eher die Aufgabe, die Mitwindseite abzudecken, während der Abwehrspieler für die Gegenwindseite zuständig ist. Da bei Seitenwind auf den Mitwindangreifer

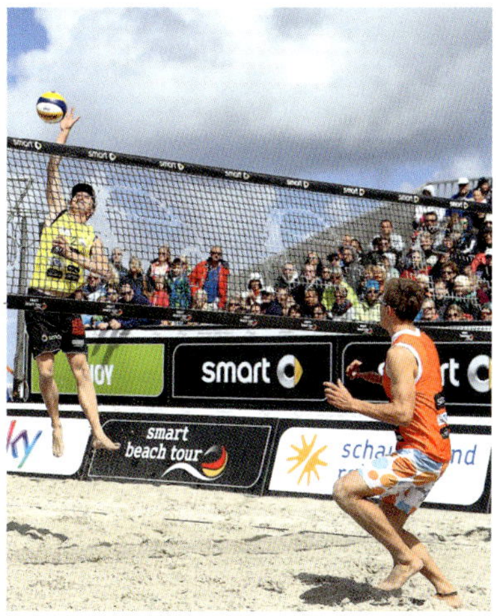

Bild 189: Zurückziehen des Blockers auf der Gegenwindseite (Bennet Poniewaz).

ANMERKUNG

„Vorsicht bei Shots in Windrichtung."

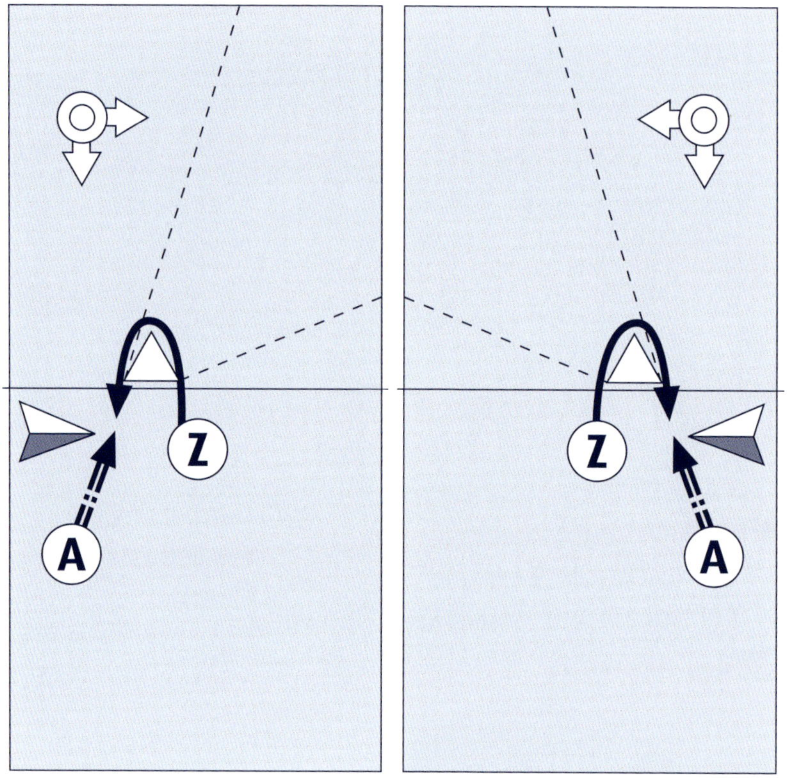

Abbildung 51: Block-Abwehr bei Seitenwind und Aufschlag auf die „Mitwindseite".

aufzuschlagen ist, muss der Blocker also die Diagonale abdecken, weil der Wind das Zuspiel immer weiter in diese Richtung drückt, je länger der Angreifer wartet. Da Shots über den Blocker nun Gefahr laufen, vom Wind ins Aus gedrückt zu werden, kann der Abwehrspieler sich vorwiegend auf die Gegenwindseite konzentrieren (siehe Abbildung 51).

Alle diese taktischen Grundsätze greifen umso mehr, je stärker der Wind weht.

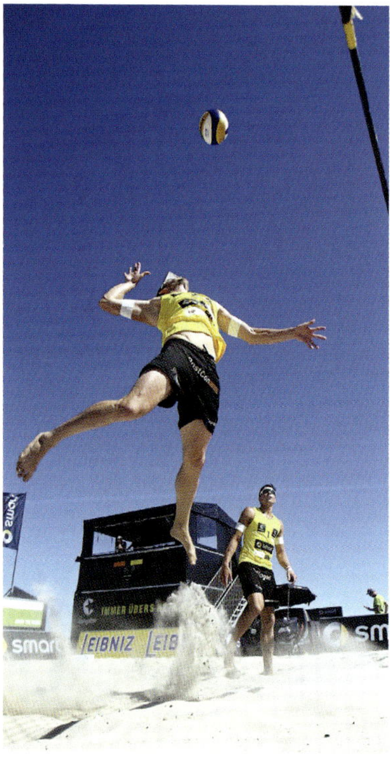

Bild 190: Topteams spielen auch im Wind perfekt zu.

DIE 10 GOLDENEN REGELN FÜR DAS SPIEL IM WIND

1. Annahme und Zuspiel müssen nun flacher gehalten werden.
2. Die Gegenwindseite ist die bessere Seite.
3. Bei Gegenwind hart in die Mitte aufschlagen.
4. Bei Seitenwind diagonal in den Wind aufschlagen.
5. Bei Rückenwind nicht so hart, aber präzise aufschlagen.
6. Den Annahmeriegel entsprechend verschieben:
   - bei Gegenwind nach hinten
   - mit dem Wind nach vorne
   - bei Seitenwind der Gegenwindangreifer nach hinten und zur Mitte, der Mitwindangreifer nach vorne und nach außen.
7. Je stärker der Wind, desto sicherer muss man aufschlagen.
8. Bei Seitenwind durch Überkopfzuspiel den Angriff gegen den Wind erzwingen.
9. Bei Rückenwind muss der Blocker häufiger zurückgehen, bei Gegenwind dagegen eher am Netz bleiben.
10. Bei Seitenwind sollte der Blocker die Mitwindseite abdecken, der Abwehrspieler eher die Gegenwindseite abdecken.

NOTIZEN

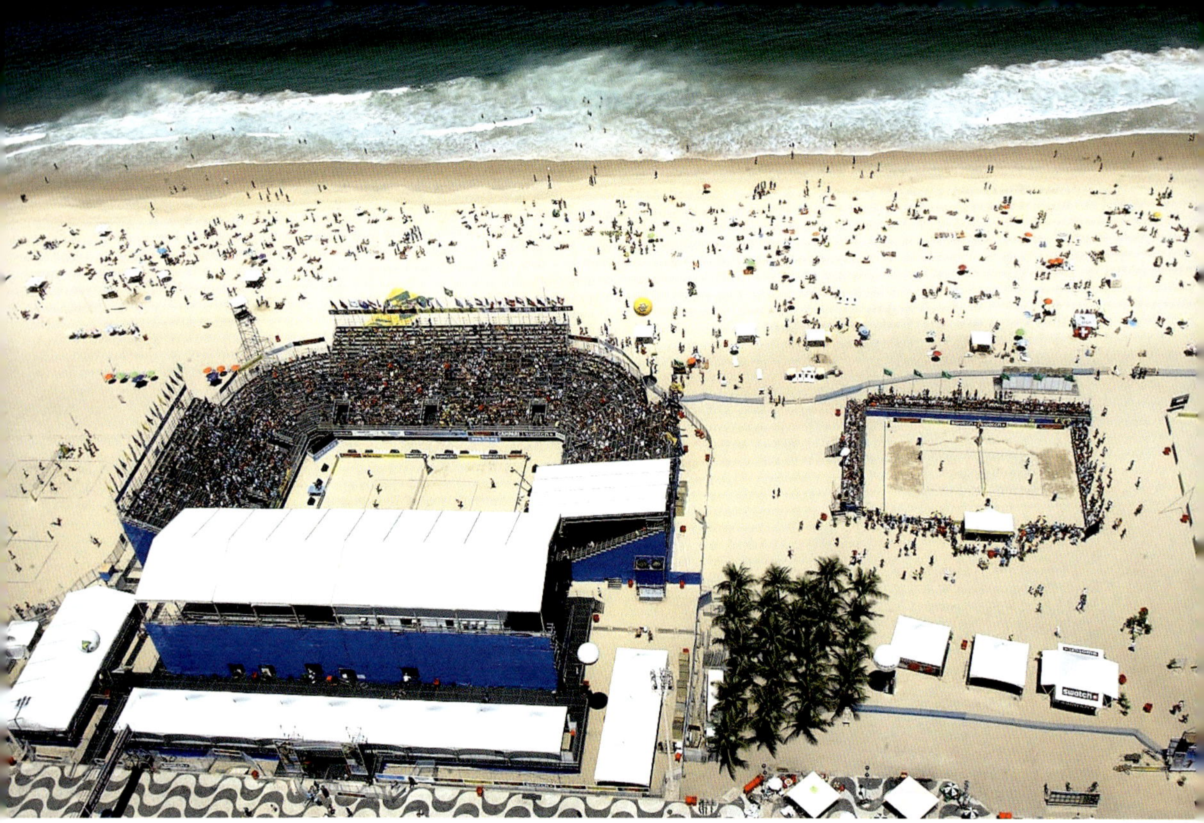

Extreme Temperaturen und Regen

World-Tour-Event 1995 in Pusan (Süd-Korea). Aufgrund eines Taifuns musste das Turnier unterbrochen werden. Die hinzugerufene Armee brauchte zwei Tage, um Strand und Stadion wieder in einen bespielbaren Zustand zu versetzen.

Auch wenn es sich noch so banal anhört: Für jeden Beach-Volleyball-Spieler sollte es selbstverständlich sein, dass er sich gegen die schädlichen Wirkungen der Sonnenstrahlen schützt. Das fängt damit an, dass er sich früh genug mit einem geeigneten Sonnenschutzmittel eincremt, damit er das nicht gleich mit den ersten Bewegungen wieder ausschwitzt. Je nach Hauttyp und Sonnenintensität muss er entsprechend nachcremen, insbesondere Gesicht, Schultern und Nacken.

Er sollte außerdem eine Kappe oder Vergleichbares als Kopfschutz tragen. Auch wenn nicht jeder Spieler mit Sonnenbrille spielen kann – zwischen den Spielen ist das Tragen zum Schutz der Augen Pflicht.

ANMERKUNG

„Im Allgemeinen führt nur ein Gewitter zur Unterbrechung eines Turnieres."

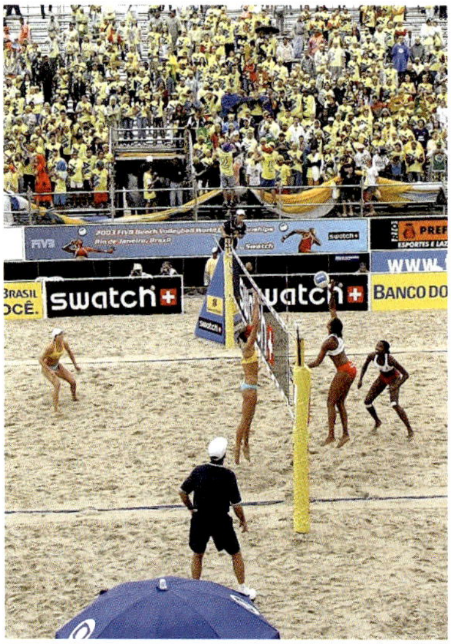

Bild 192:
Gespielt wird auch in Brasilien bei Regen.

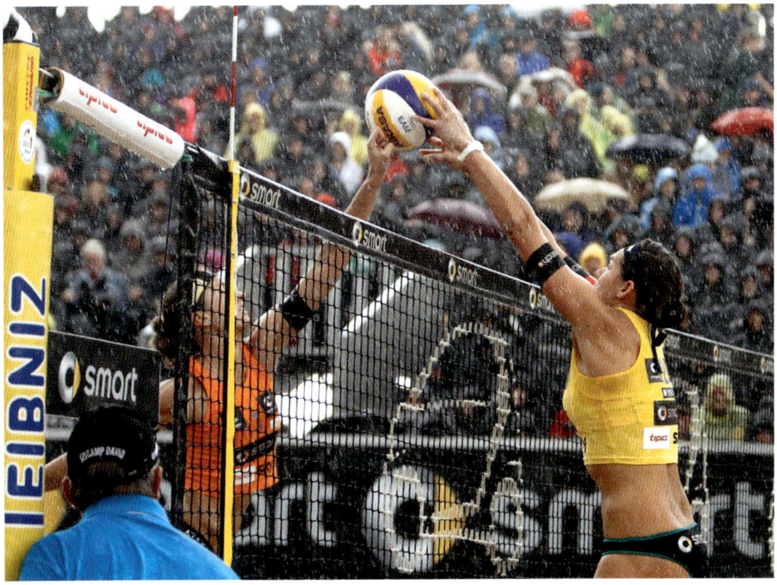

Bild 193

ANMERKUNG

„Eine Kappe hilft nicht nur bei Sonne, sondern auch bei Regen gegen die mögliche Sichtbehinderung."

Sonne und Regen: Den Durchblick bewahren

Das Entscheidende ist aber, dass die Sonne in bestimmten Spielsituationen einen blenden kann. Daher ist die Seite mit der Sonne im Rücken ganz klar die bessere. Steht die Sonne seitlich oder im Zenit, kann sie für beide Seiten ein Problem sein – das sich aber in den meisten Fällen einfach lösen lässt.
Etwa, indem man beim Sprung- bzw. Sprungflatteraufschlag eine andere Position an der Grundlinie wählt.
Müsste man beim oberen Zuspiel in die Sonne sehen, kann man auf den Zuspielbagger ausweichen. Stört einen die Sonne beim Angriff, kann man sich auf vielfältige Weise helfen: Bei hoch stehender Sonne kann man sein Zuspiel flacher gestalten oder über Kopf angreifen. Bei untergehender Sonne bleibt einem meist nur der Angriff über Kopf.
Da es für den Abwehrspieler fast unmöglich ist, einen aus der Sonne kommenden Ball abzuwehren, sollte man bei tief stehender Sonne nicht auf den Spieler aufschlagen, der die Sonne im Rücken hat. Greift der Gegner doch „aus der Sonne" an, sollte der Blocker die Richtung abdecken, in die die Sonne scheint, um dem Abwehrspieler einen Blick auf Angreifer und Ball zu ermöglichen. Einzig und allein bei der Annahme ist man der blendenden Sonne ausgeliefert. Da kann der Annahme-

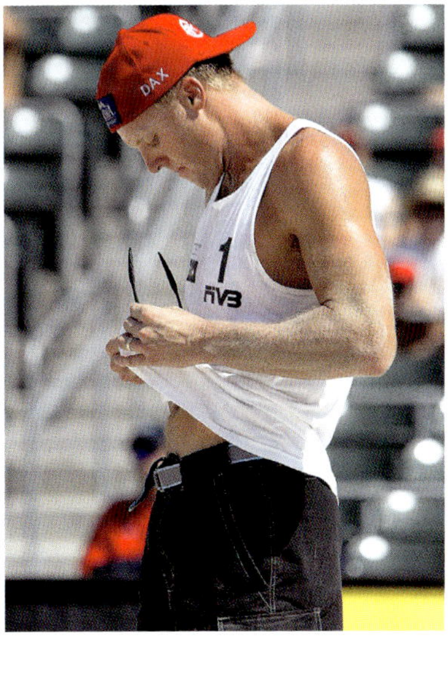

Bild 194:
Immer den Durchblick bewahren (Daxter Holdren).

ANMERKUNG

„Meide die Sonne zwischen den Spielen und halte dich möglichst im Schatten auf."

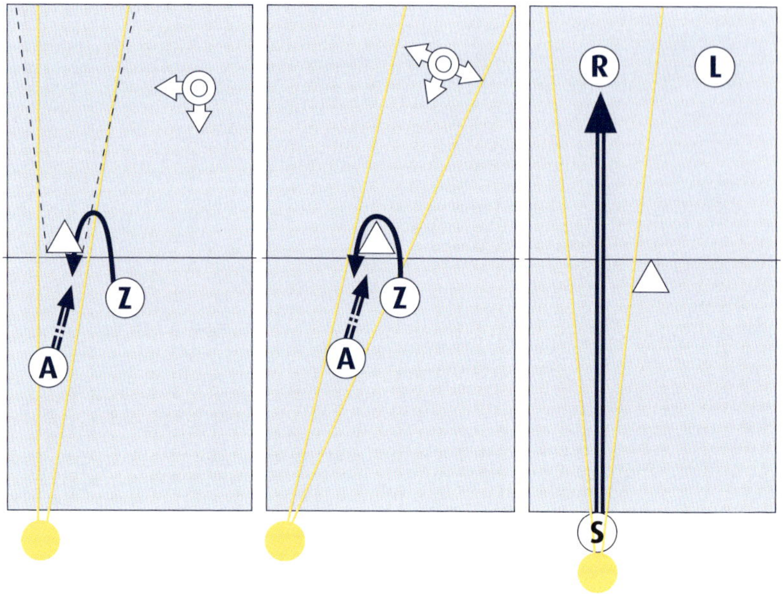

Abbildung 52:
Spiel mit der Sonne:
links: Block-Abwehr,
Mitte: Sideout,
rechts: Aufschlag.

spieler nur möglichst tief gehen, um ihren Strahlen zu entgehen.

Dafür kann man aber die Sonne für das eigene Spiel nutzen: Beim Aufschlag muss sich der Aufschläger so stellen, dass sein Schatten genau in Richtung gegnerischer Annahmespieler fällt. Damit muss er den gesamten Ballweg aus der Sonne verfolgen – und muss auch noch gegen die Sonne angreifen. Hat man die Sonne im Rücken, sollte man seinen Angriffspunkt so verlagern, dass der gegnerische Abwehrspieler genau in die Sonne schauen muss und somit kaum zu einer kontrollierten Abwehr in der Lage ist.

Stellt man selbst fest, dass es auf einer Seite Probleme mit der Sonne gibt, sollte man den Gegner genau in diese Situation bringen, um davon zu profitieren oder ihm ein ungeliebtes Spiel aufzuzwingen, wie z. B. Zuspiel im Bagger oder Angriff über Kopf.

Aber auch der Regen kann zum Problem werden. Weniger zum Sichtproblem – da reicht eine Sonnenbrille mit einem hellen Glas oder eine Kappe fast völlig als Schutz! Sondern beim Ballhandling: Der Ball wird nass und rutschig und mit der Zeit immer schwerer, was vor allem das Pritschzuspiel erschwert. Spieler im Hobbybereich und im mittleren Leistungsbereich sollten daher frühzeitig auf das untere Zuspiel umstellen, um keine unnötigen technischen Fehler zu begehen.

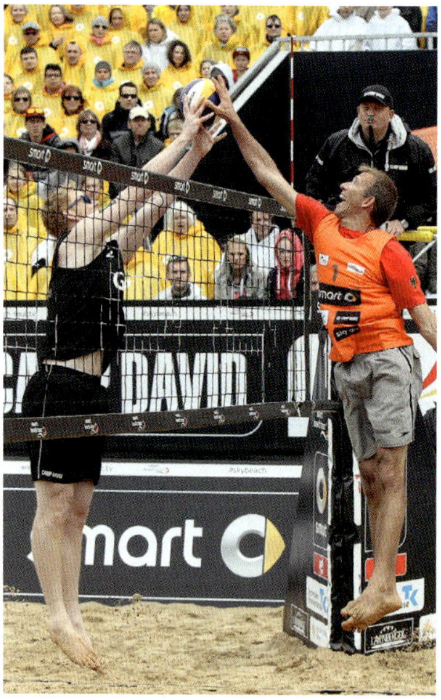

Bild 195:
Regen in Deutschland.

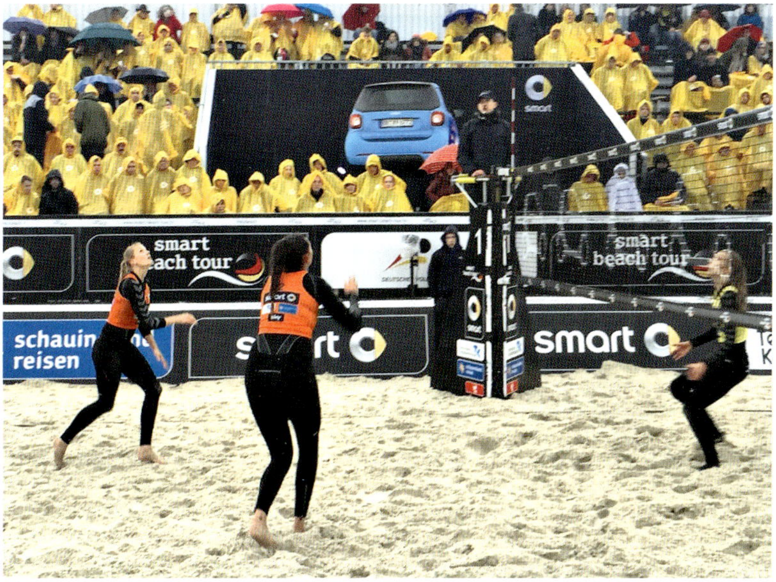

Bild 196

ANMERKUNG

„Wenn du Durst spürst, ist es schon fast zu spät."

Kälte und Hitze: Den Körper auf Betriebstemperatur halten

Nicht immer hat man das Glück, bei Wohlfühltemperaturen von ca. 25 °C spielen zu können. Gerade in Deutschland machen Temperaturen unter 20 °C den Beach-Volleyball-Sport zu einer manchmal sehr kühlen Angelegenheit. In solchen Fällen muss sich der Spieler entsprechend länger aufwärmen und ganz besonders gut vor dem Auskühlen schützen. Eine nicht ausreichend warme Muskulatur ist weniger leistungsfähig und sehr viel verletzungsanfälliger. Je nach Temperatur-, Regen- oder Windverhältnissen sollte man ein Thermoshirt unter dem Spielshirt tragen, um die kälteempfindlichen Bereiche von Rücken und Schulter zu schützen. Besonders bei nasskaltem Wetter sollte der Spieler spezielle Beachsocken tragen, die die Füße und die Achillessehne warm halten.

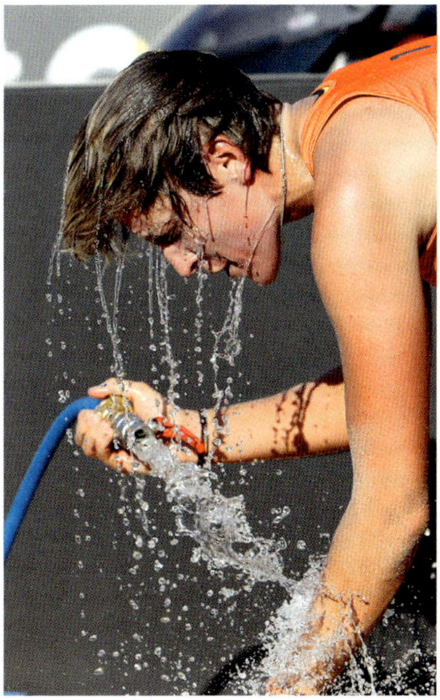

Bild 197: Abkühlung bitter nötig (Melanie Gernert).

Temperaturen von über 30 °C waren bisher für südliche Länder typisch, dürften aber auch bei uns immer häufiger werden. Bei solch hohen Temperaturen scheidet der Körper über die Haut vermehrt Flüssigkeit aus, um seine Temperatur zu regulieren. Bis zu Lufttemperaturen von ca. 31 °C beschränkt sich die Wasserabgabe auf die normale

Diffusion durch die Haut, erst bei Temperaturen über 31 °C kommt es zu einer Sekretion über die Schweißdrüsen. Eine Untersuchung in Südafrika ergab einen Flüssigkeitsverlust von bis zu 2,1 l/h im Training und bis zu 2,5 l/h im Wettkampf. Da man dem Körper sinnvoll nur begrenzte Mengen – etwa 200 ml alle 10 Minuten – zuführen kann, wären ihm also maximal 1,2 l/h zu ersetzen. Der Körper geht also trotz Flüssigkeitszufuhr im Wettkampf grundsätzlich eine Wasserschuld ein, die danach unbedingt ausgeglichen werden muss. Daher sollte man selbstverständlich schon vor dem Spiel beim Aufwärmen ausreichend trinken.

Um die Thermoregulation des Körpers zu unterstützen, kann man sich in den Auszeiten und Seitenwechseln mit Eisbeuteln abreiben oder mit kaltem Wasser abkühlen. Als dafür besonders geeignete Körperpartien haben sich Nacken, Gesicht und die komplette Beinmuskulatur erwiesen.

ANMERKUNG

„Trinken, trinken und nochmals trinken: Regeneration, Thermoregulation und Nährstofftransport, nichts geht ohne ausreichend Flüssigkeit."

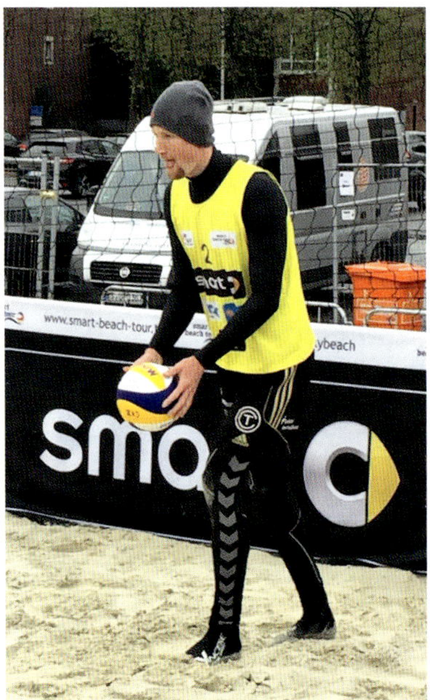

Bild 198:
Deutsche Temperaturen benötigen angepasste Kleidung.

Gerade extreme Witterungsbedingungen haben auch Einfluss auf die Individual- und Mannschaftstaktik. Bei Regen wird der Ball glitschig und mit der Zeit auch schwer, daher sollte beim Zuspiel früh vom oberen auf das Baggerzuspiel umgestellt werden. Bei extremen Temperaturen kann etwa ein spezialisierter Blocker konditionelle Probleme bekommen, wenn er auch noch jeden Ball im Sideout angreifen muss. Spielt man also bei extremer Hitze gegen ein spezialisiertes Team, sollte der Blockspieler mit taktischen Aufschlägen angespielt werden. Und das umso mehr, je mehr Spiele vorher absolviert wurden. Spielt man gegen ein Team, bei dem sich beide Spieler die Blockarbeit teilen, kann man auf den Spieler aufschlagen, der hauptsächlich hart angreift.

Wird ein eigener Spieler bei hohen Temperaturen vom Gegner dauernd angespielt, kann er beim Aufschlag sehr viel Energie sparen, indem er frühzeitig zu Aufschlägen aus dem Stand wechselt. Ein Problem ist das vermehrte Schwitzen bei Hitze ja auch beim Zuspiel – gerade nach längeren Ballwechseln ist der Ball häufig so nass, dass das Pritschzuspiel riskanter wird. Daher muss man sich in den Auszeiten immer wieder die Arme abtrocknen und sich vielleicht zwischen den Ballwechseln mit etwas Sand vor allem die Hände, aber auch die Arme trocken reiben.

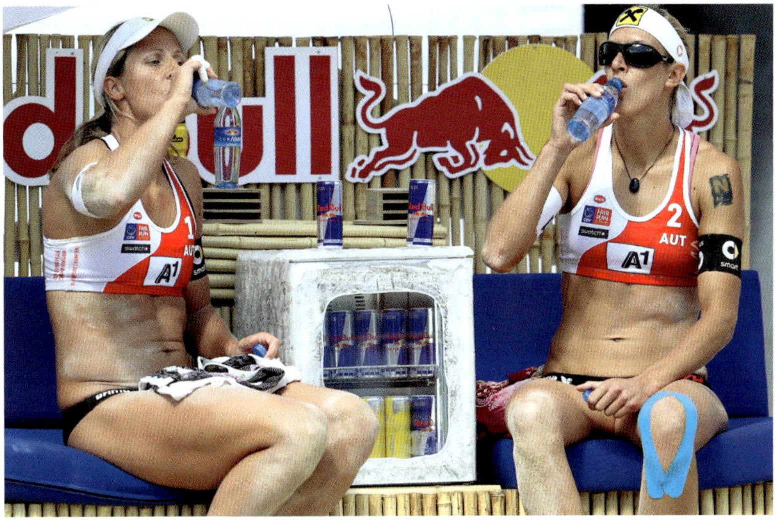

Bild 199:
Egal bei welchen Temperaturen, trinken ist immer ein Muss (Hansel/Schwaiger).

DIE 10 GOLDENEN REGELN FÜR DAS SPIEL BEI SONNE UND REGEN

1. Sich mindestens 30 Minuten vor dem Aufwärmen eincremen.
2. Immer Sonnenbrille und Kopfschutz tragen (auch bei Regen).
3. Mit der Sonne im Rücken so aufschlagen, dass der Schatten in Richtung Gegner zeigt.
4. Nicht auf den Spieler aufschlagen, der die Sonne im Rücken hat.
5. Angriffsort so wählen, dass einem die Sonne im Rücken steht.
6. Bei Regen und bei Sonne im Zenit flacher zuspielen.
7. Bei starkem Regen auf Baggerzuspiel umstellen.
8. Bei extremer Hitze:
   - auf den spezialisierten Blockspieler aufschlagen,
   - auf den häufiger hart angreifenden Spieler aufschlagen,
   - in der Auszeit zusätzlich Nacken und Beinmuskulatur kühlen.
9. Bei sehr niedrigen Temperaturen:
   - Beachsocken und T-Shirt tragen,
   - in der Auszeit vor Auskühlung schützen.
10. Bei extremer Schweißbildung Hände und Arme mit Sand trocknen.

Bildnachweis

Ahmann, Jörg:
Bild-Nr. 16-17, 55-56, 66-67, 74, 76-79, 81, 93, 109, 115-116, 118, 121-123, 125-126, 129, 138, 143, 145-146, 154, 169-174, 196, 198

de Sanctis, Mauro:
Bild-Nr. 25, 50, 83, 107, 151, 168, 181, 191-192, 194

Hoch2:
Bild-Nr. 1-15, 19-24, 26-29, 31-49, 51-54, 57-65, 68-73, 75, 80, 82, 84, 86, 88-92, 94-95, 97-102, 104-106, 108, 112, 114, 119-120, 124, 127-128, 131, 133-137, 139-142, 144, 148-150, 152-153, 155-156, 158-161, 166, 175, 177-180, 182-190, 193, 195, 197

Kurth, Conny:
Titelbild

Lemonidis, Stefanos:
Bild-Nr. 70

Daimler AG:
Bild-Nr. 110-111, 113, 117, 130, 132, 147, 157, 162-165, 167, 176, 199

Thielke, Joachim:
Bild-Nr. 18

Victor, Thomas:
Bild-Nr. 30

Wüchner, Nils:
Bild-Nr. 85, 87, 96, 103

Literaturnachweis

Hömberg, S./Papageorgiou, A.: Handbuch Beach-Volleyball. Aachen 1997.

Künzell, S./Huber, A./Hurler, A. & Schweikart, F.: Analyse des Intervalls zwischen Call und Schlag im Beachvolleyball-Wettkampf. In N. Hagemann, F. Loffing, A. Albert, S. Fischer, T. Heyer & F. Sölter (Hrsg.), Schriften der Deutschen Vereinigung für Sportwissenschaft. Abstractband zum 9. Symposium der dvs-Kommission Sportspiele vom 24.–26. September 2014 in Kassel (S. 93). Hamburg: Feldhaus, Ed. Czwalina 2014.

Lüdicke, F.: Zum Einfluss des neuen Spielballs auf die Spielstruktur im Beach-Volleyball. Unveröffentliche Examensarbeit, Institut für Sport und Sportwissenschaft der Christian-Albrechts-Universität. Kiel 2011.

Danksagung

Bedanken möchte ich mich zunächst bei den Initiatoren dieses Buches, dem Neuen Sportverlag. Ohne sie hätte ich mich nie an ein Buchprojekt gewagt. Und ohne sie wäre es sicherlich kein so lesbares Buch geworden. Dank auch an alle Käufer dieses Buches, die dafür gesorgt haben, dass die erste Auflage inzwischen vergriffen ist und mich damit zu einer Aktualisierung und Neuauflage bewegt haben.

Nicht unerwähnt bleiben dürfen wiederum die, die bereits an der Entstehung der ersten Auflage mitgewirkt haben: Unseren damaligen Trainer Burkhard Sude, ohne den wir nie so weit gekommen wären und der uns eine Vielzahl von taktischen Finessen beigebracht hat, Gunnar Hansen, der mit seinen hervorragenden qualitativen Videoauswertungen maßgeblich an unserem Erfolg in Sydney beteiligt war und meine Frau Andrea, die mir so manche wichtige Anregung für den Frauenbereich gegeben hat.

Auch wenn es lange her ist, gilt ein großer Dank meinem damaligen Partner Axel Hager, mit dem ich immer noch einmal jährlich mit großem Spaß ein Beach-Volleyball Camp auf Fuerteventura durchführe.

Für die Unterstützung beim Thema Hitze möchte ich mich bei Dr. med. Michael Tank, Verbandsarzt des DVV, bedanken.

Dank auch an die Fotografen, die mir ihr tolles Bildmaterial gratis zur Verfügung gestellt haben.

Über den Autor

Jörg Ahmann bildete 1994 zusammen mit Axel Hager die erste deutsche Beach-Volleyball-Nationalmannschaft. Sie beide haben seitdem diesen Sport in Deutschland entscheidend mitgeprägt. Zusammen gewannen sie fünf deutsche Meistertitel, holten bei Europameisterschaften Silber und Bronze und erreichten bei World-Tour-Turnieren viermal das Halbfinale. Die Krönung ihrer Karriere war jedoch die Bronzemedaille bei den Olympischen Spielen 2000 in Sydney!

Nach dem Ende der eigenen Sportlerkarriere wechselte Jörg Ahmann auf die Trainerseite und ist seit 2006 als Bundestrainer Beach-Volleyball für den Deutschen Volleyball-Verband tätig, wo die von ihm trainierten und betreuten Athleten in 6 Jahren Tätigkeit bereits mehr als 20 Medaillen bei internationalen Meisterschaften erringen konnten.

Seit 2002 besitzt er die Trainer-A-Lizenz Hallenvolleyball, seit 2006 die Trainer-A-Lizenz Beach-Volleyball und seit 2007 führt er die Ausbildung zu dieser Lizenz durch. Im März 2010 beendete er das Studium zum Diplomtrainer an der Trainerakademie in Köln mit Auszeichnung und wurde noch im gleichen Jahr in die Trainer-Kommission des Europäischen Verbandes CEV berufen.

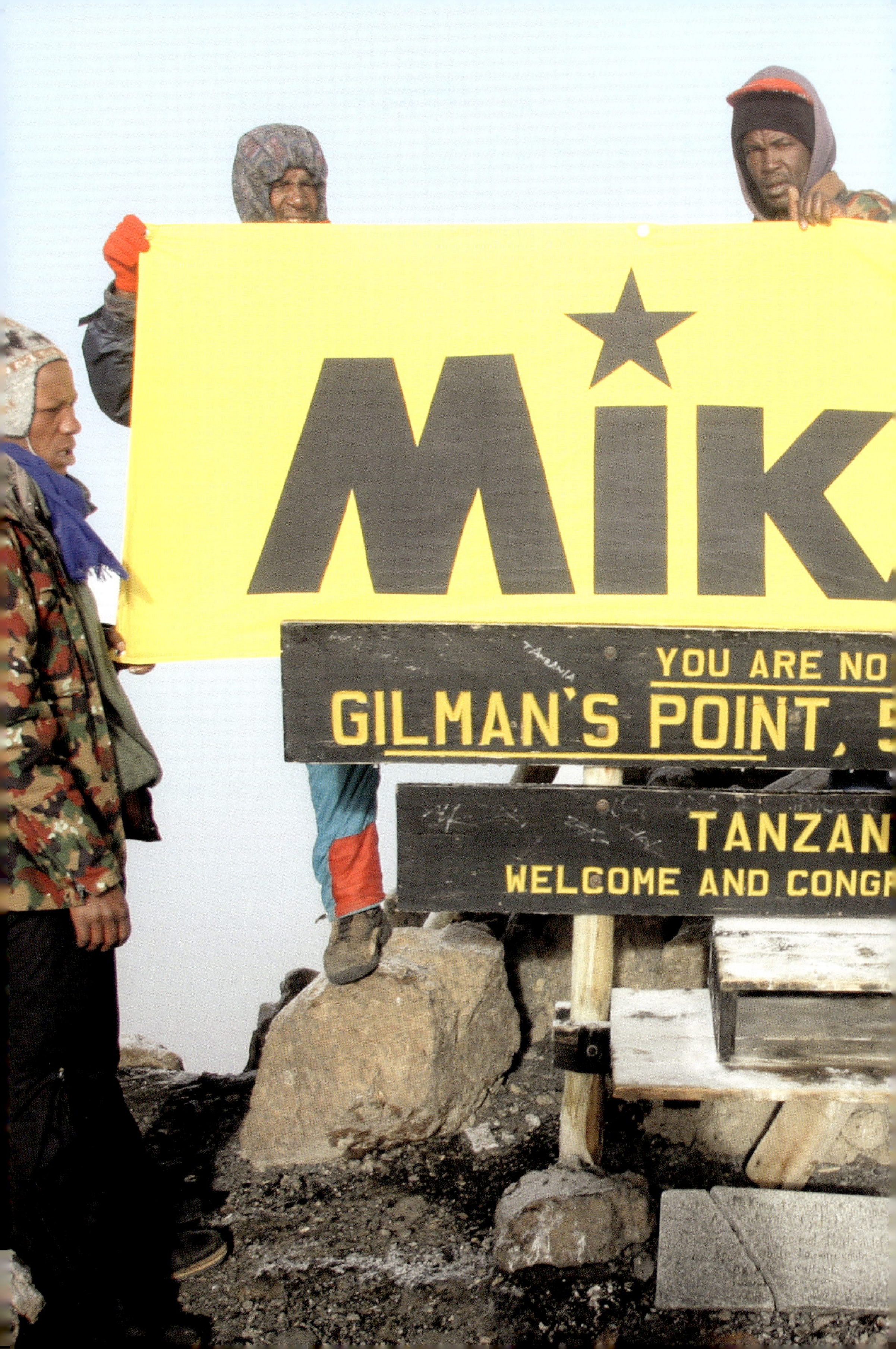
MIK
YOU ARE NO
GILMAN'S POINT, 5
TANZAN
WELCOME AND CONGR

Der höchste Sunserve der Welt!

(Abschlag am Gilman's Point des Kilimandscharo auf 5681 m)

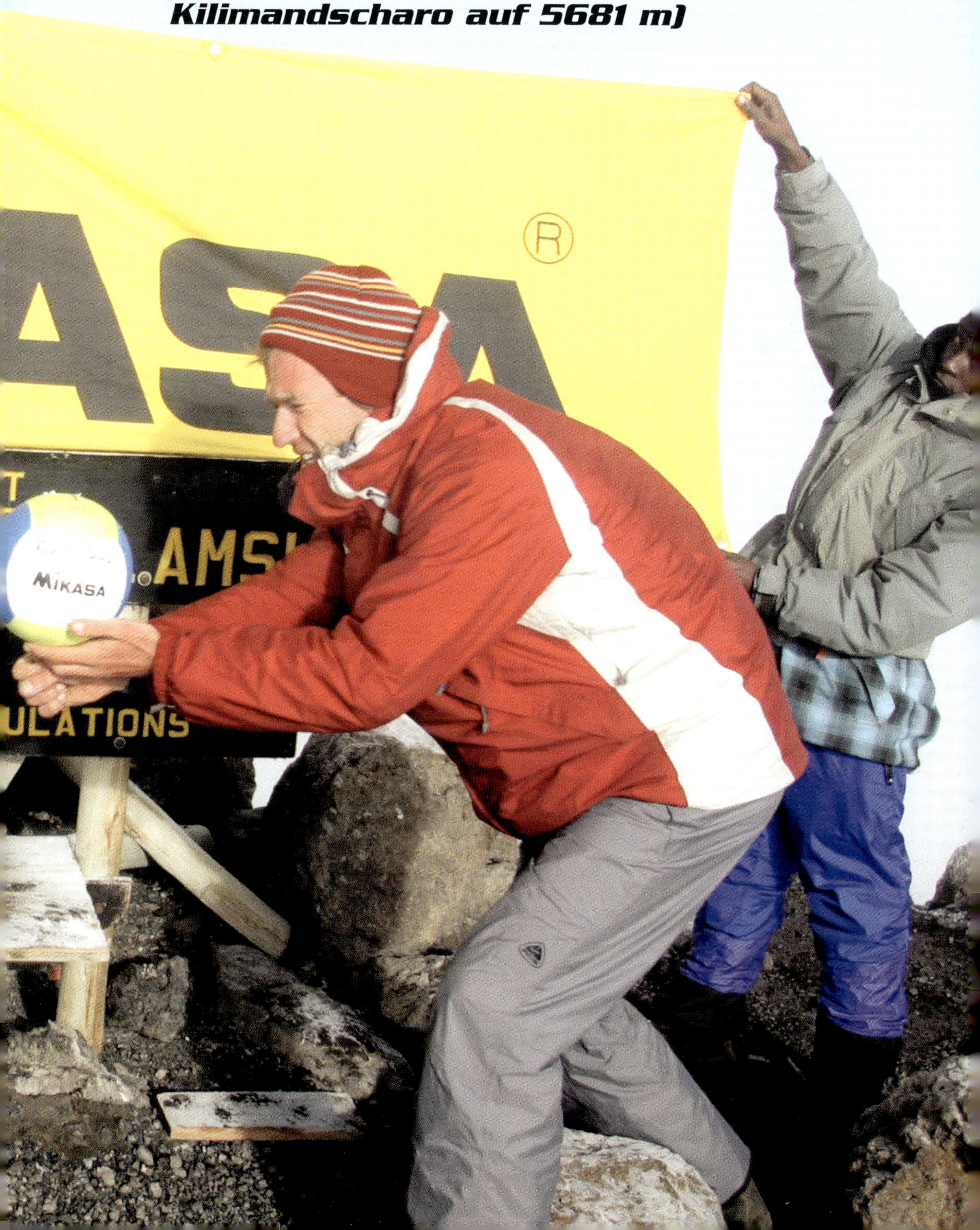

NEUER SPORTVERLAG

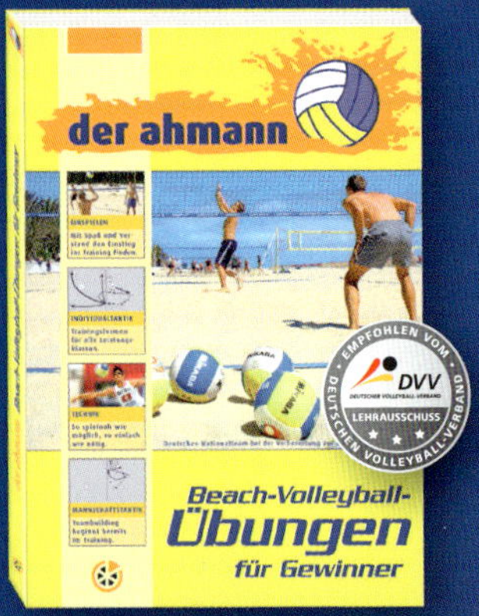

der ahmann
Beach-Volleyball-Übungen für Gewinner

Im zweiten Buch der Reihe „Beach-Volleyball für Gewinner" widmet sich Autor und Bronzemedaillengewinner Jörg Ahmann dem Thema Übungen: Auf 176 Seiten verrät der Beach-Profi umfangreiche Trainingsmethoden und Übungen aus seiner langjährigen Erfahrung als Beach-Nationalspieler und Trainer.
Übersichtliche Grafiken ermöglichen Trainern und Spielern aller Leistungsklassen einen schnellen Einstieg ins Training, gegliedert nach den Themen „Einspielen", „Individualtaktik", „Technik" und „Mannschaftstaktik".

ISBN 978-3-938023-06-8 **EUR 19,50**

Faszination Trailrunning

Beim Traillaufen geht es nicht um das schnellstmögliche Absolvieren einer Strecke, sondern vielmehr um das Erleben der Natur und das Bewältigen von auch anspruchsvollem Gelände.
Vom Einsteiger bis hin zum lauferfahrenen Sportler werden alle an die Hand genommen und ausführlich über die Themen Ausrüstung, ergänzendes Krafttraining, Ernährung und Wettkämpfe informiert. Die schon geübten Läufer werden ermuntert, die üblichen Wege zu verlassen und das Abenteuer „Traillaufen" zu starten.

ISBN 978-3-944526-24-9 **EUR 19,50**

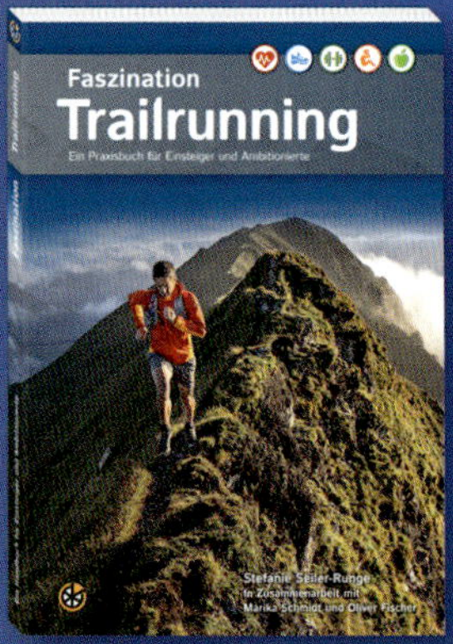

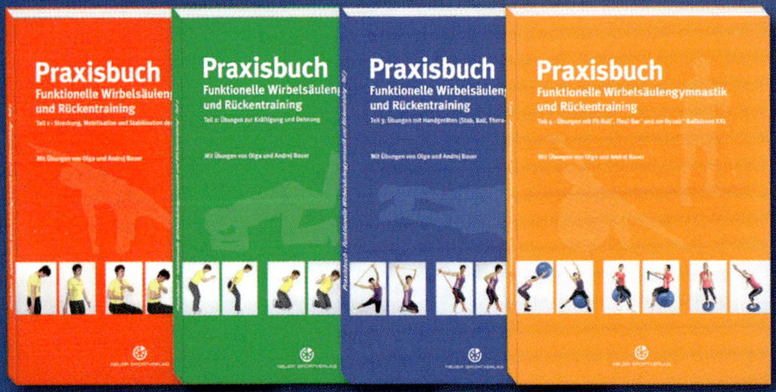

Praxisbuch funktionelle Wirbelsäulengymnastik und Rückentraining (Teil 1–4)

Die Bücher bieten eine praxisbezogene Anleitung für Menschen, die durch Gymnastik ihr Wohlbefinden und ihre Gesundheit verbessern wollen. Die Übungen sind einfach auszuführen und können individuell dosiert werden.

Teil 1: ISBN 978-3-938023-28-0, Teil 2: ISBN 978-3-938023-29-7,
Teil 3: ISBN 978-3-938023-64-8, Teil 4: ISBN 978-3-938023-75-4, **je EUR 14,90**

Weitere Publikationen finden Sie unter **www.neuersportverlag.de**